성령과 교회

성령과 교회

이영훈 지음

교회성장연구소

목 차

머리말   8

1 오순절 운동이 한국 교회에 미친 영향   13

2 한국 교회의 전도와 교회 성장   91

3 한국 오순절 운동과 신유   145

4 조용기 목사의 성령론이 한국 교회에 미친 영향   191

5 영산 조용기 목사의 '좋으신 하나님 신앙'이 한국 교회에
　 미친 영향　　　　　　　　　　　　　　　　　　　229

6 Christian Spirituality and the Diakonic Mission of
　 the Yoido Full Gospel Church　　　　　　　　271

7 예수 그리스도의 십자가: 영산의 50년 목회와 영성의
　 뿌리　　　　　　　　　　　　　　　　　　　　311

"오순절 운동이 한국 교회에 미친 영향", 「오순절 신학 논단」 1 (1998). 허가를 받아 수정, 증보 후 게재함.

"한국 교회의 전도와 교회 성장", 「신학사상」 100 (1998년). 허가를 받아 수정, 증보 후 게재함.

"한국 오순절 운동과 신유", 「성결교회와 신학」 11 (2004). 허가를 받아 수정, 증보 후 게재함.

"조용기 목사의 성령론이 한국 교회에 미친 영향", 「영산신학저널」 1 (2004). 허가를 받아 수정, 증보 후 게재함.

"영산 조용기 목사의 '좋으신 하나님 신앙'이 한국 교회에 미친 영향", 「영산신학저널」 3 (2006). 허가를 받아 수정, 증보 후 게재함.

"Christian Spirituality and the Diakonic Mission of the Yoido Full Gospel Church," *Edinburgh 2010: Mission Today and Tomorrow* (Oxford: Regnum, 2011): 85–97. 허가를 받아 수정, 증보 후 게재함.

"예수 그리스도의 십자가: 영산의 50년 목회와 영성의 뿌리", 2011 영산국제신학심포지엄.

머리말

오순절 성령 강림의 열매로 탄생한 초대 교회의 역사는 사도행전에 생생히 기록된 대로 성령의 역사였다. 사도행전은 '성령행전'이라 할 수 있다. 오순절 날 성령은 각 개인에게 임하셨으며, 예수 그리스도의 제자들의 공동체에 임하셨다. 이런 의미에서 성령은 '교회의 영'이시다(고전 3:16). 성령께서 창조하신 새로운 공동체에는 사도들의 가르침과 믿는 자들의 교제, (성찬의) 떡을 뗌, 그리고 기도가 중심이 되었다(행 2:42). 또한 사도들로 말미암아 기사와 표적이 많이 나타났고, 믿는 자들은 서로 나누고 섬기는 유무상통(有無相通)의 삶을 살면서 하나님을 찬양했을 때 백성의 칭송을 받아 폭발적으로 성장해 나갔다(행 2:43-47).

그런데 이와 같은 성령의 역동적인 역사가 시간이 지나가면서 교회에서 점차 사라지기 시작했다. 그리하여 어거스틴(Augustine) 이래로 서구 신학의 성령 이해는 관념과 사변에 치우친 일이 많았다. 교회와 성도 안에서 역동적으로 역사하시는 성령, 거룩한 공동체를 이루는 한 사람, 한 사람을 성령으로 충만하게 함으로써 놀라운 성령의 은사의 통로가 되게 하셔서 복음을 증거하게 하시고, 일상 생활을 통해서 귀한 성령의 열매를 맺게 하시는 성령의 역사를 '열광주의적인'(enthusiastic) 것으로 경시하고 사변적 이해를 더 중시하는 경향이 오늘날까지 이어지게 되었다. 그러므로 서구 신학의 위기와 서구 교회의 영적 침체는 이러한 성령에 대한 무관심과 절대 무관하지 않다.

우리나라에 복음이 전해진 이후의 상황도 이와 유사하다. 조선 말기 국운이 기울어갈 때 폭발적인 성령의 역사가 나타나 1903년의 원산 대부흥, 1907년의 평양 대부흥의 불길이 삼천리 반도에 순식간에 퍼져 나갔다. 그리하여 곳곳마다 새벽 기도회와 철야 기도회, 회개와 금식 운동이 펼쳐지고 전국에 걸쳐 큰 부흥이 일어났다. 그뿐만 아니라 이 시기에 한국 교회가 배출한 지도자들이 국운이 쇠해갈 때 민족 지도자로서 해야 할 역할을 훌륭하게 감당해 냈다. 그러나 일제강점기와 광복, 그리고 6·25전쟁을 겪으면서 한국 교회는 초기의 성령의 뜨거운 역사를 잃어버리고 사변적으로 흐른 나머지 신앙의 생동감을 잃어버리게 되었다.

성령은 태초부터 삼위일체의 한 위격으로 계셨으며 창조와 구속을 포함한 모든 섭리에 아버지와 아들과 함께 일하시는 하나님이시다. 성령은 우주 가운데 충만하시며 피조물을 죽음에서 생명으로 이끄시는 영이시다. 성령은 교회를 세우시고 우리에게 하나님의 능력을 체험하게 하시고 우리를 예수님을 닮은 작은 예수의 모습으로 변화시키시는 보혜사이시다. 성령은 개인을 거룩하게 하시고, 사회를 거룩하게 하시는 영이시다. 십자가의 구원도 성령의 감동을 통해서 우리에게 주어진다. 십자가의 구원을 전하는 능력 있는 증인이 되는 것도 오직 성령의 충만함을 통해서 가능한 일이다.

오순절 성령 운동은 신구약성경과 2천 년의 교회사에 어떤 새로운 것을 추가하려는 운동이 아니다. 그것은 성경이 보여 주고 있는 성령, 그리고 초대 교회가 보여 주고 있는 성령의 역사를 이 시간 이 자리에서(here and now) 재현(representation)하려는 운동이다. 오늘날 세계와 한국의 수많은 교회가 오순절 성령 운동을 통해 진정한 갱신과 부흥을 체험하고 있다. 2천 년 교회사에서 가장 괄목할 만한 사건 중의 하나인 현대 오순절 운동은 지금도 진행 중이며, 과거의 한계들을 넘어서 기독교회의 모습을 근본적으로 바꾸는 거대한 흐름을 이루고 있다.

본서는 필자가 세계 오순절 운동의 중심인 여의도순복음교회를 섬기는 목회자로서, 그리고 한 명의 교회사학자로서 오순절 운동의 역사를 연구하면서 그간 발표해 온 소 논문들을 모아놓은 논문집이다. 발표된 후 많은 시간이 지난 글들이 포함되어 있기 때문에 이번 출간을 위해서 과거의 자료들과 통계들을 수정, 보완하였음을 밝힌다. 본 논문집이 오순절 운동에 대한 학문적 관심을 높이는 데 일조하고 한국 오순절 신학의 발전에 작은 보탬이 되기를 기도한다.

2013년 3월

여의도순복음교회 담임목사 이영훈 | Ph.D., 교회사

1

오순절 운동이
한국 교회에 미친 영향

목 차

I. 들어가는 말

II. 오순절 운동의 본질 이해

  1. 오순절 운동의 정의

  2. 오순절 운동의 역사적 배경

  3. 오순절 운동의 기원

III. 한국 교회 성령 운동의 시대적 특색

  1. 1900년대의 성령 운동

  2. 1930년대의 성령 운동

  3. 1950년대의 성령 운동

  4. 1970년대의 성령 운동

IV. 한국 교회 성령 운동의 독특성

  1. 회개 운동

  2. 성령 체험

  3. 신유 운동

  4. 말씀 운동

V. 한국 교회에 오순절 성령 운동이 미친 영향

  1. 긍정적인 면

  2. 부정적인 면과 개선 방안

VI. 나가는 말 – 한국 오순절 운동이 나아갈 방향

참고문헌

들어가는 말

오순절 운동 연구의 세계적 권위자 발터 홀렌베거(Walter J. Hollenweger)는 1980년 초 오순절 성령 운동을 전망하면서 이 운동은 2000년대에 가서 2억 5,000만 명의 멤버를 갖게 되며, 개신교에서 가장 큰 세력으로 나타나게 될 것이라고 말했다.[1] 그러나 그가 예측한 지 20년이 되기도 전에 오순절 성령 운동은 벌써 약 4억 6,000만 명에 달하는 멤버를 갖게 되었다.[2]

성령 운동의 역사는 오순절 날 성령 강림과 함께 탄생한 초대 교회로부터 시작된다(행 1장, 2장). 초대 교회의 성령의 역사는 오늘날에 이르기까지 교회사적으로 늘 추구되어 왔고, 추구해야 했던 기

---

[1] Walter J. Hollenweger, "After Twenty Years' Research on Pentecostalism," *Theology* 87 (November 1984), 403.
[2] Vinson Synan, "Perspectives on the Holy Spirit Movements of the Twentieth Century," 『교회사에 나타난 성령의 역사』, 국제신학연구원 편, 제4회 국제신학학술세미나 자료집 (서울: 국제신학연구원, 1996), 162.; 2010년 현재 퓨 포럼(Pew Forum) 리서치에 의하면, 전통 오순절주의자들의 숫자는 약 2억 8,000만(전 세계 기독교인 21억 8,000만 명 중 12.8%)이며, 은사주의자들의 숫자는 약 3억 5,000만으로서(전 세계 기독교인 숫자의 14.0%) 양자를 합치면 오순절 계통의 기독교인 숫자는 약 5억 8,408만 명으로 전 세계 기독교인 숫자의 26.7%를 차지하고 있다. www.pewforum.org/christian/global-christianity-exec.aspx를 참조하라.

독교 영성의 참 모습이다. 현대 오순절 운동은 초대 교회로부터 역사상 이어져 왔던 성령 운동의 큰 흐름 안에서 금세기에 일어난 성령의 역사의 파도라고 말할 수 있다.

현대의 성령 운동은 1900년대 초기에 시작된 정통 오순절 운동(Pentecostal Movement)에서부터 1960년대 개신교회뿐 아니라 가톨릭교회까지 참여하게 된 신(新)오순절주의 운동(Neo-Pentecostal Movement)의 은사주의 운동(Charismatic Movement), 1980년대 이후 현재까지 제3의 물결(The Third Wave)이라는 이름 아래 성령의 역사를 환영하는 모든 교파와 교회에 파급되었다.

이 역사는 20세기 초, 전 세계에서 동시 다발적으로 일어났다. 미국에서는 1906년 로스앤젤레스 아주사 거리에서,[3] 유럽의 노르웨이[4]와 스웨덴[5]에서는 각각 1906년과 1907년에, 남미의 칠레[6]

---

[3] Frank Bartleman, *Azusa Street: The Roots of Modern-day Pentecost* (Plainfield: Logos International, 1980)를 참조하라.
[4] 노르웨이의 감리교 목사인 토마스 볼 바랏트(Thomas Ball Barratt)는 1906년 오슬로의 도시 선교를 위해 모금하러 뉴욕에 왔을 때 아주사의 부흥 운동 소식을 듣고 로스앤젤레스로 가는 대신 편지로 아주사 부흥의 지도자들에게서 방언 받는 법을 가르침 받고 3개월 동안 매일 12시간 정도 기도하여 1906년 10월 7일 성령 침례와 방언을 받고 그해 12월 오슬로로 돌아가서 오순절 부흥 운동을 일으켰다. 스웨덴, 영국, 독일에서 목사들이 성령 침례를 받으러 왔고 이들은 또 돌아가서 자기들 나라에서 오순절 운동을 전개하였다. 서철원, 『성령신학』(서울: 총신대학출판부, 1995), 25.
[5] 스웨덴 침례교회 목사였던 레위 페드루스(Lewi Pethrus)는 1907년 1월에 오슬로에서 열린 토마스 볼 바랏트의 부흥회에 참석하고 스톡홀름으로 돌아가서 부흥 운동을 전개하여 하나님의성회를 조직하였다. Stanly H. Frodsham, *With Signs Following* (Springfield: Gospel Publishing House, 1946), 77-82.
[6] 남아메리카의 오순절 운동은 칠레 선교사인 윌리스 후버(Willis C. Hoover)에 의해 시발 되었다. 윌리스 후버가 담임하는 발파라이소(Vaparaiso)교회에서 기도회 시간에 오순절 체험을 하게 되는데 이 때문에 1909년 천여 명이 교회에 참석하게 되었고 1910년 오순절 감리교회를 시작한 후 백만 명이 넘는 교단으로 성장하였다. Vinson Synan, *In the Latter Days* (Ann Arbor: Servant Publications, 1991), 57-62.

와 브라질[7]에서는 1909년과 1910년에, 아시아 지역인 인도[8]와 한국[9]에서는 각각 1905년과 1907년에, 그리고 아프리카도 같은 시기에 하나님의 복음이 성령의 능력과 함께 전해 졌다.[10] 그 결과로 세계 곳곳에 놀라운 부흥의 역사가 일어났다.

90년이 지난 지금, 전 세계에서는 불과 백 년도 안 되는 역사를 가진 오순절 교단들이 개신교 중에서 가장 큰 교세를 형성할 만큼 놀라운 교회 성장의 역사를 이루어 왔다. 특별히 제3세계에 속한 나라들에서의 급속한 성장은 전 세계 교회의 주목을 받고 있다.

1907년에는 평양에서 '한국의 오순절'(Korean Pentecost)이라고 불리는 대부흥 운동이 일어났는데, 이 운동은 곧 전국으로 확산되어 한국 교회 전체에 큰 부흥을 가져오게 되었다.[11] 그 후 35년간의 일제강점기를 지나는 가운데 길선주, 이용도, 김익두 목사를 중심

---

[7] 스웨덴계 미국 이민자였던 다니엘 버그(Daniel Berg)와 군나르 빙그렌(Gunnar Vingren)이 오순절 성령 체험을 하고서 1910년 브라질에 선교사로 가서 하나님의성회(the Assembly of God)를 세우면서 오순절 운동이 시작되었다. Ibid., 62-64.
[8] 인도의 부흥 운동은 영국 웨일즈의 부흥 운동을 목격한 선교사 존 로버트(John Robert)를 통해 인도 동북부 카시아 고원에서부터 시작되었다. 인도의 부흥 운동에 관해서는 Frederick Downs, *History of Christianity in India* (Bangalore: Church History Association of India, 1992)를 참조하라.
[9] 한국에는 1907년 장대현교회에서 열린 사경회에서 1,500여 명의 교인들이 다투어 공개적으로 자복하고 회개하는 운동이 일어나면서 부흥 운동이 퍼져 나갔다. G. S. McCune, "The Holy Spirit in Pyeng Yang," *The Korea Mission Field* (January 1907)를 참조하라.
[10] 1908년 로스앤젤레스에서 온 두 사람이 오순절 메시지를 전파하면서 아프리카에서도 오순절 운동이 크게 번졌다. 이 운동으로 유럽 선교사들에 의해 하나님의성회가 생겨났다. Stanly H. Frodsham, *With Signs Following*, 155-63.
[11] 1907년 한국 교회는 이 땅에 복음이 전파된 이후 가장 강력한 영적 각성이 일어났다. 그것이 바로 1907년 평양 대부흥 운동이다. 그 이전에는 여러 부흥 운동들이 있었지만 아직 한 지방의 부흥에 불과하였다. 그러나 1907년 평양 대부흥 운동은 한국 교회를 새롭게 태어나게 하는 전기가 되었다. 백낙준, 『한국개신교사』 (서울: 연세대학교출판부, 1973), 385.

으로 한 부흥 운동이 전개되어 절망에 처한 한국인에게 새로운 희망과 용기를 가져다주었다. 해방되면서 한국 교회는 새로운 전기를 맞게 되었고, 1950년대 초반 미국 오순절 교단에서 파송된 선교사들의 협력으로 한국에 오순절 계통의 교회들이 재건되고 새롭게 세워져 지속적인 성장을 하게 되었으며, 오늘날 성령 운동은 초교파적으로 확산되었다.[12]

본 논문은 한국 교회에 나타난 오순절 성령 운동의 독특성을 연구해 봄으로 21세기 교회의 유일한 대안이 결국 오순절 성령 운동임을 규명하는 데 그 목적이 있다.

---

[12] 6·25전쟁은 한국인에게 비극적인 사건이었으나 영적 갈급함의 필요를 채워주는 기회가 되었다. 1950년 4월 9일 일제강점기의 수난 속에서 선교 활동을 해오던 한국의 오순절 교회는 '제1회 대한기독교오순절대회'를 순천오순절교회에서 개최하였고 그 후 2, 3차 대회로 모이면서 1953년 4월 8일 '기독교대한하나님의성회'가 결성되었다. 이때부터 조직화된 오순절 운동이 시작되었다. 순복음교육연구소, 『하나님의성회 교회사』(서울: 서울서적, 1990), 160-62.

II 오순절 운동의 본질 이해

1. 오순절 운동의 정의

오순절은 '제50일'이라는 의미인 헬라어 '펜테코스테'에서 온 말이다. 구약 시대에는 이날을 '맥추절'(출 23:16), '칠칠절'(출 34:22; 신 16:10), '처음 열매의 날'(민 28:26) 등으로 불렀는데, 이 절기는 그 해 첫 번째 추수와 관련된 절기로 유월절, 초막절과 함께 유대인의 3대 절기 중의 하나이다.

후에 유대교에서는 이날과 시내 산에서 율법을 주신 날을 겸하여 절기를 지켰다. 그리하여 오순절은 율법일과 추수일을 겸한 중요한 절기가 되었다.[13] 신약 시대에 와서 오순절 날 예수 그리스도께서 약속하신 성령이 강림하심으로, 이날은 영적 추수가 시작된 날이요, 율법 대신 은혜의 성령을 받은 날이 되었다. 이 오순절 성령

---

13) 류형기 편, 『성서사전』(서울: 한국기독교문화원, 1996), 648-49.

강림으로 교회가 탄생하게 되었다.

교회는 성령의 산물로서 성령의 역사에 따라 부흥, 발전했으며 성령 안에서 예수 그리스도의 재림 시까지 이 땅에서 하나님의 나라를 확장해 나가는 선교 공동체로 존재하게 되었다. 이러한 관점에서 볼 때, 20세기 오순절 성령 운동은 갑자기 출현한 운동이 아니라 초대 교회 이후로 오늘날까지 교회사에서 그 생명력을 유지해 온 영적 운동의 계승이다. 그러므로 기독교회사 전반을 살펴볼 때, 오순절 성령 운동은 성령의 역사 가운데 여러 모양으로 그 모습을 드러내고 있다.[14]

오순절 성령 운동은 기독교의 '지류'(branch)가 아니라 '뿌리'(root)이다. 이 운동은 사도 교회의 생명력과 메시지를 오늘날 다시 회복시키려는 움직임이기도 하다. 그러므로 오순절주의자들에게 있어서 신약은 과거 어느 한 시대에 일어났던 사건의 기록이 아니라, 예수님의 재림이 있기까지 모든 세대에 걸쳐 일어나야 할 사건들에 대한 청사진이다.[15]

성경적으로 볼 때, 영적 부흥은 하나님의 말씀에 대한 강조와 헌신에 뒤따르는 산물이었다(왕하 18:6; 대하 15:8-19).[16] 이와 마찬가지로 오순절 운동은 새로운 종교적 혁신이 아니라 성경으로 돌아

---

14) John T. Nichol, *The Pentecostals* (Plainfield: Logos International, 1966), 19.
15) 프레드릭 데일 브루너, 『성령신학』 김명용 역 (서울: 나눔사, 1989), 17.
16) Vinson Synan, *Aspects of Pentecostal-Charismatic Origins* (Plainfield: Logos International, 1975), 9.

가자는 운동이며, 이성 중심적 신학에 치우친 현대 신학의 문제점을 지적하고 말씀 교육과 성경적 체험을 중시하는 운동이다.[17]

그러므로 오순절 운동은 단순히 감리교 운동과 미국의 부흥 운동 및 성결 운동의 산물이 아니라 이러한 운동들의 공통점, 즉 하나님의 말씀을 사모하고 영적 체험을 갈망한다는 점에서 그 맥락을 같이 한다고 볼 수 있다.

2. 오순절 운동의 역사적 배경

오순절 운동은 구체적으로 19세기와 20세기 초 감리교 운동, 전천년주의, 신유를 강조한 미국과 영국의 부흥 운동 및 성결 운동에서 이미 태동하고 있었다.

1) 현대 오순절 운동의 선구자인 감리교 운동

본래 감리교 운동은 18세기 영국의 극단적인 칼뱅주의에 대항하여 일어난 알미니안주의적 운동이다.[18] 칼뱅주의자들은 오직 선택받은 자들만이 구원을 받는다고 가르친 반면, 감리교도들은 누구든지 구원받을 수 있다고 주장하였다. 또한, 칼뱅주의자들은 자신이 선택의 범주에 속해 있는가를 결코 확신할 수 없었던 데에 비해

---
[17] John T. Nichol, *The Pentecostals*, 2.
[18] 한국교회사학연구회, 『한국 기독교 사상』 (서울: 연세대학교출판부, 1998), 47.

감리교도들은 회심의 위기적 체험(crisis experience of conversion)을 통해 자신이 구원받았음을 알 수 있었다. 그러므로 감리교 신학은 이러한 의식적인 종교 체험(conscious religious experience)을 처음부터 크게 강조하였다.[19]

존 웨슬리(John Wesley)는 성도들에게 있어서 구별된 두 가지 체험을 강조하였다. 첫째는 회심 내지 칭의이다. 이는 회개한 죄인이 실제로 행한 죄악에 대해 용서를 받고 성도가 되는 과정을 말한다. 그러나 '내적인 죄의 잔재'는 그에게 여전히 남아 있다. 이 남아 있는 죄는 아담의 타락의 결과이며, 이것은 '두 번째 축복'(second blessing)에 의해 처리되어야 한다. 그러므로 두 번째 체험은 성도의 내적인 죄를 정화시키고 하나님과 사람을 향한 '완전한 사랑'(perfect love)을 부여하는 것이다.[20] 이러한 체험에 대한 확신으로 존 웨슬리는 성령의 내적 감화(inward impression)를 들고 있다. 즉 하나님의 성령께서 성도들의 영혼에 그들이 하나님의 자녀가 됨을 직접적으로 증거하시는 것이다.[21]

이처럼 교리적인 측면에서 볼 때, 감리교 운동이 중생(또는 칭의, justification) 이후 '은혜의 두 번째 사역'(second work of grace)을

---

[19] Vinson Synan, *The Holiness-Pentecostal Movement in the United States* (Grand Rapids : Wm. B. Eerdmans Publishing Company, 1989), 14.
[20] Ibid., 18.
[21] Donald W. Dayton, *Theological Roots of Pentecostalism* (Grand Rapids: Francis Asbury Press, 1987), 43.

강조하는 것은 오순절 성령 운동이 중생 이후 성령 침례를 강조하는 것과 같은 구조, 즉 중생 이후 또 다른 은혜의 사역이 있음을 강조하는 이중 구조에서 그 맥락을 같이한다.

2) 미국 부흥 운동

존 웨슬리의 감리교 운동이 오순절 성령 운동에 신학적으로 영향을 미쳤다고 한다면, 미국의 부흥 운동은 방법론적으로 영향을 미쳤다고 할 수 있다. 19세기 영적 대각성 운동 및 각종 부흥 운동으로 이어진 미국의 부흥 운동, 특히 찰스 피니(Charls Finney)와 드와이트 무디(D. L. Moody)에 의해 주도된 부흥 운동은 미국 기독교인의 신앙의 한 형태를 형성케 했다. 즉 영적 대각성 운동은 '미국 신학의 알미니안주의화'(arminianizing of American theology)에 크게 공헌한 것이다.[22]

당시 칼뱅주의적 부흥 운동가였던 찰스 피니는 알미니안적 입장을 채택하여 구원의 현재 시점과 인간의 자유 의지를 강조하였다. 그의 신학에서 주목할 것은, 중생 이후의 성령 체험을 가리켜 '성령 침례'라고 말한 것이다.[23] 그러나 이 교리는 그에게 있어 주된 강조점이 아니라 부흥 운동에 있어 한 방편으로 사용되었을 뿐이다. 그는 부흥사로서 연약한 인간들이 하나님의 뜻에 순종하기 위

---

22) Ibid., 70.
23) Ibid.

해 개인적으로, 감정적으로 영적인 경험을 체험케 하는 데 힘썼다.

이처럼 미국 부흥 운동은 죄인들을 회심시키려는 목적과 이미 성도 된 자들을 일깨워 성결의 삶을 살게 하려는 이중의 목적을 가지고 회개를 위한 감정에 호소하는 즉흥 설교와 회심자를 초청하는 자리를 마련함으로써, 급속도로 비인간화되어 가는 문명사회 속에서 기독교 신앙의 개체화(individualizing)와 정서화(emotionalizing)를 꾀한 데서 그 의의를 찾아볼 수 있다.[24]

그러므로 오순절 운동은 영적 부흥 운동의 정착이라고 할 수 있다. 오순절 운동을 통해 부흥 운동은 천막과 공회당을 떠나 조직화된 기독교 및 수많은 지역 교회 속으로 자리 잡게 된 것이다. 따라서 존 웨슬리의 경험주의적 신학과 부흥 운동의 경험주의적 방법론을 이어받은 오순절 운동은 체험을 갈망하는 세계 속에 뛰어들어 큰 반응을 얻게 되었다.[25]

3) 성결 운동

성결 운동은 미국 내 감리교 운동이 남북 전쟁 이후 다시금 존 웨슬리의 성결을 강조함에 따라 생겨난 운동으로서, 당시 기계적이고 수동적으로 이끌려가던 형식주의적 예배에서 벗어나 감정적이고 체험적인 '마음의 종교'(heart religion)로의 전환을 시도

---

24) Robert M. Anderson, *Vision of the Disinherited* (Peabody: Hendrickson Publishers, 1992), 28.
25) 프레드릭 데일 브루너, 『성령신학』, 37

하였다.[26)]

이러한 성결 운동의 주된 목적은 당시 제도화된 교회들 가운데 팽배해 있던 세속화 현상을 벗어나 종교적 경건성을 다시금 살리자는 데에 있었다. 또한, 이 운동의 신학적 중심은 존 웨슬리의 영향에 따라 성서적 성결, 성화 또는 완전한 사랑으로 불리는 제2의 체험이었다. 그들은 이 체험을 성경적 용어로 '성령 침례'라고 불렀다. 니콜(Nichol)은 그의 저서에서 다음과 같이 말했다.

> "성도는 자신의 모든 노력을 포기하고 성령께서 자신 안에서 그리스도의 삶을 이루어 나가시도록 허락할 때 비로소 완전한 성결을 이룰 수 있다. 그러므로 성령께서 내주하실 때 이는 성도의 명확한 감정적 체험을 통해 나타나게 된다. 이것이 바로 그의 제2의 축복인 성령 침례이다."[27)]

따라서 성결 운동의 영향을 받은 모든 사람은 점차로 '영적 침례'(spiritual baptism)라는 개념에 익숙해지기 시작하였고, 이후의 오순절 운동은 바로 '성령 침례'라는 표현을 그대로 도입하게 되었다.

그러나 이후 성결 운동 내에서는 두 번째 체험의 결과에 대한 견

---

26) Vinson Synan, *The Holiness-Pentecostal Movement in the United States*, 22.
27) John T. Nichol, *The Pentecostals*, 5–6.

해의 차이가 생겨나게 되었다. 한편에서는, 성화의 체험(성령 침례 또는 제2의 축복)은 순간적으로 이루어지는 것으로서 죄로부터의 완전한 정화 또는 하나님께 대한 지속적인 헌신으로, 종종 통성 기도나 격렬한 움직임, 또는 계속된 부르짖음 등과 같은 외적 현상을 동반하게 된다고 규정지었다. 반면에 다른 한편의 견해는, 이러한 체험은 반드시 환상, 꿈, 방언 등과 같은 초자연적 표적에 의해 확증되어야 한다는 것이었다. 후자는 당시 학자들에 의해 성결 운동의 좌파로 불렸으며, 후에 오순절 운동에 합류하게 되었다.[28]

4) 케스윅 운동과 아처 토레이(R. A. Torrey)

케스윅 운동[29]의 기원은 1820년대 영국 국교 내의 '성서 운동'(Back-to-the-Bible Movement)으로 출발하여 1870년대 드와이트 무디의 부흥 운동에서 결실을 보게 되었다. 케스윅 모임의 지도자들은 현재 기독교 시대와 더불어 시작된 은혜의 세대가 장차 그리스도의 재림으로 끝나고 곧 천년왕국의 시대로 돌입하게 된다는 존 넬슨 다비(John Nelson Darby)의 세대주의적 구조를 받아들였

---

28) Ibid., 6.
29) 고차원의 삶을 위한 운동으로 알려져 있는 이 운동은 영국판 성결 운동이다. 성경적 성결의 증진을 위한 두 번의 예비 모임이 1874년 옥스퍼드에서, 1875년에 브라이턴에서 열렸다. 그런 후 첫 번째 모임인 실질적 성결의 증진을 위한 단합 모임이 1875년 6월 29일부터 7월 6일까지 케스윅에서 열렸다. 그때부터 매년 정기적으로 케스윅에서 회의가 소집되었으며, 케스윅에서의 모임이 전 세계 사경회 모임의 효시가 되었다. David D. Bundy, "Keswick Higher Life Movement," in *Dictionary of Pentecostal/Charismatic Movements*, edited by Stanley Burgess and Gary McGee (Grand Rapids: Zondervan Publishing House, 1988), 518.

다. 또한 그들은 '그리스도 재림의 표적'이 될 성경 예언을 집중적으로 연구한 결과, 이 표적은 전 세계적 부흥으로서 현재 살아 있는 모든 이가 마지막으로 복음을 받아들일 수 있는 기회라고 결론을 내렸다.[30] 그러므로 그들은 성결 운동이 성령님께서 급속한 세계 복음화를 이루기 위해 성도들에게 특별한 권능을 부여하는 제2의 오순절이 되리라고 기대하였다.

그러나 그들은 영국 국교회와 칼뱅주의적 배경으로 인한 웨슬리안 완전주의(Wesleyan Perfectionism)를 거부하고, 결국 독자적인 성령 침례의 교리를 낳게 되었다. 그들은 성화나 성령 침례가 하나이며 같은 경험이라는 정통 성결 교리를 거부하였다. 오히려 그들은 성화란 회심의 순간에 시작되어 은혜 가운데 평생 진행되는 과정이라고 보았으며, 성령 침례는 이와는 별개의 '능력 부여'라고 주장하였다.[31] 여기서 내적 죄의 근절(eradication of inward sin)의 개념이 능력 부여의 개념으로 바뀌게 됨에 따라, 열심 있는 성도가 갈망하는 체험은 '정화'(cleansing)가 아닌 '기름 부음'(anointing)이 되었다. 또한, 성령의 은사들에 대한 강조는 성결 운동과의 간격을 더욱 멀어지게 하였다.[32]

그중 오순절 운동에 가장 큰 영향을 미친 것은 고든(A. J. Gordon),

---

30) Arthur T. Pierson, *Forward Movement of the Last Half Century* (New & London: Garland Publishing, Inc., 1984), 42–43.
31) Robert M. Anderson, *Vision of the Disinherited*, 40–41.
32) Vinson Synan, *Aspects of Pentecostal-Charismatic Origins*, 86.

메이어(F. B. Meyer), 심슨(A. B. Simpson), 머레이(Andrew Murray), 그리고 아처 토레이의 성령론이다.[33] 특히 아처 토레이[34]는 오순절 운동의 기원에 있어서 존 웨슬리와 찰스 피니 이후 가장 영향력을 끼친 인물이라 할 수 있다.[35]

5) 전천년주의

역사적으로 볼 때, 오순절 운동과 같은 성령 운동은 언제나 종말론(eschatology)과 성령론(pneumatology)이 결합되어 있다. 즉, 개인적으로 성령의 충만함을 강렬하게 체험한 자들은 언제나 그리스도의 재림과 그에 상응하는 세계 질서의 대변혁을 손꼽아 기다려 왔던 것이다. 그러므로 오순절주의자들이 가장 빈번하게 사용하는 성경 본문 가운데는 이러한 두 가지가 결합된 개념이 잘 나타나 있다.

예를 들면, 오순절 사건(행 2장)에서 베드로는 요엘의 예언을 인용하여 오순절에 일어난 일은 이미 예언된 바 있는 마지막 날의 성령 강림이라고 주장하였다. 또한, 해밀턴(N. Q. Hamilton)은 "바울

---

33) 프레드릭 데일 브루너, 『성령신학』, 43.
34) 아처 토레이의 성령론에 관한 견해는 R. A. Torrey, *Baptism with the Holy Spirit* (New York: Fleming H. Revell, 1897); Torrey, *What the Bible Teaches* (Grand Rapids: Fleming H. Revell, 1898); Torrey, *The Person and Work of the Holy Spirit: As Revealed in the Scriptures and in Personal Experience* (London: James Nisbett, 1910); Torrey, *The Holy Spirit , Who He Is and What He Does* (Westwood: Revell, 1927)를 참조하라.
35) 프레드릭 데일 브루너, 『성령신학』, 44.

서신들 가운데서 '현재와 미래의 간격을 메우는 것은 오직 성령'이라는 사상이 나타나므로 여기서도 분명히 성령과 종말론은 서로 연결되어 있음을 알 수 있다."[36]고 말했다. 이 같은 종말론에 대한 강조는 초대 교회 이후 예수 그리스도의 재림을 사모하는 모든 성도의 신앙에서 나타난다.

이러한 성령론적 종말론의 개념은 '전천년주의'에서 찾아볼 수 있다. 그 기원을 먼저 살펴보면, 1820년대 존 넬슨 다비의 세대주의적 종말론을 들 수 있다. 존 넬슨 다비는 7년 환난 전에 교회가 휴거되고, 7년 환난 후에는 그리스도께서 천년 왕국을 통치하신다고 가르치면서, 임박한 그리스도의 재림에 앞서 성도의 개인적 성결과 적극적 복음 전도를 강조하였다. 이러한 그의 가르침은 후에 오순절적 종말론의 형성 과정에서 중요한 역할을 담당하게 되었다.[37]

세계 복음화의 성취가 지연되고 사회가 전반적으로 퇴보함에 따라 성결 운동 내에서 점차로 존 웨슬리의 '실현된 종말론 또는 후천년주의'에 회의를 품고 신유와 함께 전천년주의로 전환하게 된 사건에서 우리는 오순절적 동기를 발견할 수 있다. 즉, 인간의 적극적인 노력으로 점진적인 사회 개혁 및 복음화가 이루어져, 결국 역

---

36) Donald W. Dayton, *Theological Roots of Pentecostalism*, 144.
37) Edith L. Blumhofer, *The Assemblies of God*, vol. I (Springfield: Gospel Publishing House, 1989), 23.

사 내에서 모든 죄악의 요소들이 멸절되고 지복의 상태가 이루어진다는 후천년주의의 개념에서 전천년주의의 즉각적인 변혁의 사건과 하나님의 주도적 역사, 그리고 축복을 위한 인간의 기다림을 강조하는 성령 침례의 개념으로 바뀌게 된 것이다.[38]

6) 신유 운동

19세기 전천년주의와 함께 대두된 '회복주의'는 사도적 권능과 영적 은사에 대하여 새로운 관심을 불러일으켰다. 특히 신유는 신약에 나타난 체험이 오늘날에도 나타날 수 있다는 신학을 바탕으로 크게 주목을 받게 되었다.[39] 사실상 오순절 운동에 있어서 성령 침례의 교리 못지않은 중요성을 띤 것이 바로 '신유의 교리'라고 할 수 있다. 왜냐하면 오순절주의에 있어서 건강과 치유는 그리스도의 대속 가운데 중요한 부분이며, 또한 신유는 교회 내에 하나님의 권능이 임재해 있는 증거이기도 하기 때문이다.[40]

본래 초대 교회는 부활 교리와 함께 신유를 강조하였다. 즉 인간의 삶을 괴롭히는 악의 세력에 대해 그리스도께서 승리를 거두셨음을 강조하는 대속 교리의 실제적인 면을 부각시켰던 것이다. 그러나 이러한 신유 개념은 콘스탄틴(Constantine) 대제의 기독교 공

---

38) Donald W. Dayton, *Theological Roots of Pentecostalism*, 165.
39) Edith L. Blumhofer, *The Assemblies of God*, 26.
40) Donald W. Dayton, *Theological Roots of Pentecostalism*, 115.

인 이후 성인(sainthood) 된 표식으로 격하되거나 종유성사라는 성례전 속에 갇히게 되었으며, 또한 개혁 신학과 이후의 세대주의적 관점에서 과거의 일시적인 은사로 전락하게 되었다.[41]

그러나 19세기 중반에 들어섬에 따라 신유에 대한 새로운 관심이 점차 고조되기 시작하면서 초대 교회적 은사의 회복에 대한 강조, 그리스도의 임박한 재림에 대한 기대, 신유를 강조하는 운동이 활발하게 전개되었다. 이러한 운동은 단지 그리스도를 구세주로만 강조하던 복음주의적 메시지를 크게 보완하면서 오순절 운동의 터전을 닦는 역할을 하였다. 또한, 마지막 시대를 위한 전 세계적 부흥에 대한 기대감은 그 실현을 위한 기도와 금식의 열기를 더해 갔고, 종말론적 선교 활동을 위한 영적 능력의 필요성을 그 어느 때보다도 더욱 민감하게 느끼게 하였다. 그리하여 성결과 권능의 원천으로서 성령을 새롭게 부각시키고자 하였던 많은 이들의 노력이 회복주의와 전천년주의 및 신유의 메시지를 통해 그 돌파구를 찾을 수 있었던 것이다.[42]

3. 오순절 운동의 기원

남북 전쟁 이후 미국 개신교 내에는 영적 침체와 도덕적 무기력

---

41) Ibid., 115–17.
42) Edith L. Blumhofer, *The Assemblies of God*, 35–36.

현상이 자리를 잡게 되었다. 전쟁 전에는 열렬한 부흥주의자였던 이들이 이제는 정서적 체험의 가치를 무시함으로써, 교회의 출석 교인 숫자는 늘어나는 반면에 그들의 영적 건강 상태는 계속 떨어지기 시작하였다. 또한, 교회가 점차 부유해지고 제도화됨에 따라 일찍이 '가난한 자들의 교회'로 알려진 교회들이 '중산층 계급을 위한 교회'로 탈바꿈하면서 가난한 이들은 소속감을 잃게 되었고 마음의 종교를 상실하게 되었다.[43]

이처럼 종교적으로 무기력하고 열정을 잃은 형식주의를 탈피하기 위해 많은 신자가 기도와 금식과 성경 공부에 몰두하기 시작했다. 그들은 교회의 마지막 시대를 향한 하나님의 뜻을 알기 원했던 것이다. 그래서 점차 그들의 모임의 주제는 마지막 시대에 성령을 부어 주시겠다는 하나님의 언약에 초점이 맞추어졌다. 여기에는 아처 토레이의 강해 설교가 큰 힘이 되었다.

1) 토피카 부흥

토피카 부흥의 주인공인 감리교 목사 찰스 팔함(Charles F. Parham)은 형식주의적이고 번영과 자만에 빠져 있는 교회를 일깨우기 위해서는 그 무엇보다도 성령의 능력 부여가 필요하다는 사실을 깨달았다. 그는 케스윅 운동의 가르침을 따르는 전형적인 성

---

[43] John T. Nichol, *The Pentecostals*, 25–26.

결 운동가로서 복음 사역을 위한 성령의 새로운 체험을 갈망하였다. 그는 벧엘신학교(Bethel Bible College)에 모여든 학생들에게 그들 대부분이 성령 침례라고 부르고 있는 체험이 사실상 '성화' 또는 '내주하는 기름 부음'에 불과하다고 가르쳤다. 따라서 그들의 임무는 진정한 성령 침례를 발견하는 것이었다.[44]

그래서 벧엘신학교의 약 40여 명의 학생은 최고의 권위를 지닌 성경을 토대로 철저히 연구하기 시작하여 '방언'이 성령 침례의 최초의 증거라는 결론을 얻었다. 그들은 이 결론을 그대로 믿었고, 곧 직접 체험하게 되었으며, 이를 통해 현대 오순절 운동이 시작된 것이다.[45]

또한, 네브래스카 주에서 온 성결교 계통의 아그네스 오즈만(Agnes N. Ozman)이라는 여학생의 방언 체험은 성령 침례와 연관된 방언 체험으로써 큰 의미가 있다. 사실상 방언 현상들은 교회 역사를 통해 간헐적으로 나타나고 있었다. 프랭크 바틀만(Frank Bartleman)에 따르면, 런던에서는 1831년 에드워드 어빙(Edward Irving)의 사역과 1875년 드와이트 무디의 사역을 통해 이미 방언 현상들이 나타나고 있었던 것이다.[46]

그러나 그 시기에 나타난 방언 현상은 바울 서신에 언급된 성령

---

44) Robert M. Anderson, *Vision of the Disinherited*, 52.
45) Vinson Synan, *Aspect of Pentecostal-Charismatic Origins*, 9.
46) Vinson Synan, *The Holiness-Pentecostal Movement in the United States*, 98–99.

의 은사 중 하나로 여겨졌다(고전 12:10, 14:39). 그러므로 토피카에서 나타난 방언 현상의 중요한 점은 예전과는 달리 처음으로 성령 침례의 개념이 외적 현상인 방언과 연결되었다는 데 있는 것이다. 그 이후 정통 오순절주의자들에게 있어서 성령 침례를 받은 증거는 곧 다른 방언을 하는 것이 되었다.[47] 즉 성령 침례의 첫 번째 혹은 최초의 증거는 방언이며, 성령의 다른 은사들이나 열매는 2차적 증거가 된 것이다.[48]

2) 아주사 부흥

찰스 팔함 이후 오순절 부흥은 윌리엄 시무어(William J. Seymour)에 의해 더욱 발전, 확산되었다. 찰스 팔함의 제자요, 이름 없는 성결교 흑인 설교자였던 윌리엄 시무어는 소규모의 지역적 운동에 불과했던 오순절 운동을 국제적인 운동으로 발전시키는 주역이 되었다. 따라서 토피카 부흥이 오순절 운동의 시초라면, 세계적 운동으로서의 아주사 부흥은 오순절 운동의 공식적인 기초를 놓은 것으로 볼 수 있다.

1906년 윌리엄 시무어가 주도했던 아주사 거리의 부흥 운동은 매우 충격적인 것이었다. 많은 경건한 신자가 방언 현상에 관해 관심을 갖게 되었으며, 이는 초대 교회의 은사와 권능의 회복을 위해

---

[47] John T. Nichol, *The Pentecostals*, 28.
[48] Vinson Synan, *In the Latter Days*, 48.

기도해 왔던 성결 운동의 많은 분파의 기대감을 충족시키는 것이었다. 또한, 1904년 이반 로버츠(Evan Roberts)의 웨일즈 부흥에 고무되어 로스앤젤레스 지역 내에서 많은 부흥회가 열리게 됨에 따라 오순절 운동의 도입이 훨씬 쉽게 되었다.[49]

사실상 오순절 운동과 같은 초자연적 체험을 받아들이는 데 있어서 가장 큰 영향을 끼친 사건은 '웨일즈 대부흥'이다. 웨일즈 부흥 운동의 특징 중 하나는 성령께 순종하여 겸손한 자가 되어 자발적인 참여로 이루어졌다는 것이다.[50] 사도적 기독교의 원형 그대로의 아름다움과 권능으로 회귀하려는 움직임이 일기 시작했던 것이다. 그 대표적인 인물로서는 메이어와 제일 침례교회 목사인 조셉 스메일(Joseph Smale) 및 그의 영향을 받은 프랭크 바틀만을 들 수 있다. 이들은 모두 이반 로버츠의 웨일즈 부흥을 직접 목격한 후 로스앤젤레스에서의 '새로운 오순절'(new pentecost)의 재현을 위해 기도하며 노력하였다.[51]

이러한 옥토에 윌리엄 시무어의 오순절 메시지는 결정적으로 불길을 댕긴 셈이다. 아주사의 기적이라 불리는 윌리엄 시무어의 집회는 3년 동안이나 여러 교파와 인종들이 뒤섞인 가운데 오전 10시부터 밤 12시까지 정해진 순서나 광고 없이 기도, 설교, 간증 등

---

49) Roberts M. Anderson, *Vision of the Disinherited*, 78.
50) 웨슬리 듀웰, 『세계를 뒤바꾼 부흥의 불길』 안보연 역 (서울: 생명의 말씀사, 1996), 235.
51) 이 부분에 관해서는 Frank Bartleman, *The Azusa Street Revival* (L.A.: Frank Bartleman Publisher, 1925), 15-40을 참조하라.

으로 매일 계속되었다. 그러나 집회에서 실제로 설교를 하는 경우는 드물었고, 설사 설교를 한다 할지라도 사도행전 2장 4절과 마가복음 16장 17절에서 18절을 주제로 하여 짧게 끝내는 것이 일반적이었다. 그리고 대부분의 시간은 찬송과 간증과 기도로 보내곤 하였다. 또한, 성령의 권능 아래 사람들은 방언과 방언 통역, 예언, 축사(逐邪), 신유 등을 행하였다.[52]

이곳에서는 사실상 초대 교회에 일어났던 모든 역사가 재현된 것이었다. 그리고 성령의 각종 은사 가운데 특별히 신유의 능력이 놀랍게 일어났다. 이 집회는 현대 오순절 운동의 중심이 되었다.

3) 신오순절 운동(Neo-Pentecostal Movement/Charismatic Movement)의 등장

20세기 중반 새로운 오순절주의자들이 나타났다. 성령 침례와 방언이라고 하는 오순절 현상이 오순절 교단을 뛰어넘어 비오순절 교회까지 퍼지게 된 것이다. 이들은 자기가 소속된 교단을 떠나지 않으면서 방언과 성령의 은사들을 추구하며, 초대 교회의 신앙을 회복하고자 노력했다. 이처럼 오순절 교회 밖에서 오순절주의를 따르는 자들을 가리켜 신오순절주의자라고 부르게 되었다. 신오순절주의자들은 개신교 성도들이었으며 몇 년 후에는 가톨릭교 성도

---

52) Roberts M. Anderson, *Vision of the Disinherited*, 68.

들도 참여하였다. 신오순절 운동은 점차적으로 '카리스마 운동'이라는 이름으로 불리게 되었고 오늘날에는 이 명칭을 널리 쓰고 있다. 이 운동은 캘리포니아 성공회 성 마가 교회를 담임하던 데니스 베넷(Dennis Bennett) 신부에 의해 시작되었다고 본다.[53]

신오순절주의자들은 고전적 오순절 운동과 관련되었던 감정적 흥분이나 열광적인 광신을 피하고, '카리스마적 성령 체험' 즉 성령 침례와 은사에 관심이 있었다. 신오순절 운동은 영적 능력의 결핍으로 곤란에 빠진 개신교 목사들과 평신도들이 은사를 수반하는 성령 침례를 통해 개인적, 공동체적 차원에서의 영적 생활의 능력을 덧입을 수 있다[54]고 주장하면서 급속히 확산되었다.

4) 가톨릭 은사주의 갱신 운동(Catholic Charismatic Renewal Movement)

오순절 역사 가운데 가장 놀라운 일은 1967년에 가톨릭에서 오순절주의가 갑자기 등장한 것이다. 대부분의 개신교 성도들은 가톨릭교인을 기독교인으로 취급하지 않았고, 더욱이 가톨릭교인이 성령 침례를 받을 자격이 있다는 생각은 전혀 하지 않았다. 한편 가톨릭에서는 제2차 바티칸 공의회 이전에는 개신교 성도들을 이단

---

53) Karla Poewe (ed.), *Charismatic Christianity as a Global Culture* (Columbia: the University of South Carolina Press, 1994), 4.; John Dart, "Charismatic and Mainline", *Christian Century* 123 (2006, March), 22-27을 참조하라.
54) 프레드릭 데일 브룬너, 『성령신학』, 53-54.

자 내지는 저급한 기독교인으로 보아 왔었다.

가톨릭 은사주의 운동은 1966년 듀케인대학에서 처음 시작되었다. 이 대학의 신학 교수인 랄프 키이퍼(Ralph Kiefer)와 빌 스토리(Bill Storey)는 학생들과 함께 영적 체험을 갈망하던 중, 데이비드 윌커슨(David Wilkerson)의 『십자가와 잭크나이프』(The Cross and the Switchblade)와 존 쉐릴(John Sherrill)의 『다른 방언을 하는 사람들』(They speak with other tongues)을 읽은 후 한 성공회 사제의 도움으로 성령 침례 체험과 방언을 하게 되었다.

듀케인대학에서 점화된 불길은 곧 노트르담대학(University of Notre Dame)으로 옮겨졌다. 그곳의 몇몇 학생과 교수들은 교회의 영적 갱신에 지대한 관심이 있던 버트 게지(Bert Ghezzi)의 아파트에 모여 성령 침례를 받게 되었다. 그러나 성령 체험에 따르는 외적 은사들이 나타나지 않자 그들은 도움을 얻기 위해 하나님의성회 목사인 레이 블라드(Ray Bullard)를 초청하였다. 그 결과 그들은 방언 체험을 하게 되었다. 이후 가톨릭 교단 내에 은사 운동이 급속히 파급되었다.[55]

---

[55] Ralph Lane Jr., "The Catholic Charismatic Renewal Movement in the United States: A Reconsideration," *Social Compass* (1978), 25.; Vinson Synan, *The Holiness-Pentecostal Tradition* (Grand Rapids: Wm. B. Eerdmans Publishing Company, 1997), 246.

5) 제3의 물결

1983년에 이르러 가톨릭과 개신교 주요 교단에 속한 교회의 많은 은사주의 지도자의 주된 관심사는 은사주의를 체험한 많은 평신도가 교회를 떠나 오순절 지역 교회나 독자적인 은사주의 교회들로 옮겨 가는 비율이 점차 증가하고 있는 점이었다.

당시 미네소타 지역을 중심으로 행해진 조사 결과, 주요 교단의 많은 성도는 자신의 신앙에 신중한 태도를 보이고 있다는 사실이 밝혀졌다. 즉 응답자 중 90% 이상이 형식화되고 구태의연한 전통 예배 형식과 기도보다는, 더욱 자유로운 형태로 하나님과 교통하기를 원하고 있었다.[56] 사실 그들 대부분은 루터파 교회와 가톨릭에 속한 사람들이었다. 이처럼 그들의 삶에 간섭하시고 그들을 인도하시는 하나님과 직접적이고도 자유로운 관계를 맺기 원하는 소망이 그들로 하여금 오순절 및 은사주의적 기도와 예배에 참석하게 한 것이다.

제3의 물결은 이러한 성도들의 욕구에 대처하기 위한 주요 종파의 교회들의 반응에서 비롯된 것이라고 할 수 있다. 많은 교회가 교회 내에서 더욱 자유롭고 은사주의적인 예배를 드리게 되자, 교회를 떠나는 성도들의 수가 점차 줄어들게 되었다. 이처럼 초기 오순절 운동과 은사주의의 결합으로, 단지 이러한 명칭에 구애됨 없이

---

[56] Robert M. Anderson, *Vision of the Disinherited*, 138.

전통적인 주요 종파에 그대로 속해 있는 복음주의자들을 가리켜 제3의 물결이라고 하며[57], 그 대표적인 인물로는 풀러신학교의 피터 와그너(Peter Wagner)를 들 수 있다.

그는 제3의 물결에 대해 다음과 같이 설명하였다.

"나는 나 자신을 은사주의나 오순절주의자로 보지 않는다. 나는 레이크 에비뉴 회중 교회의 성도이다. 나는 회중 교회주의자이다. 우리 교회에도 은사주의 성도들이 있으나, 교회 자체는 은사주의 교회가 아니다. 매주 월요일 밤 가정에서 모이는 은사주의 기도 모임이 있을 뿐이다.

그러나 우리 교회는 점차로 예배를 드릴 때 성령께서 은사주의자들 가운데 행하시는 것과 똑같은 방식을 적용하고 있다. 예를 들면, 매 예배 후(우리는 주일 아침 세 번 예배를 드리고 있다) 교역자가 육체적 치유와 내적 치유가 필요한 사람들을 불러내어 기도실로 데리고 가서 기름을 바른 후 기도해 주고 있다. 우리는 이러한 병자들을 위한 기도에 정통한 전문 사역팀이 있다.

우리는 이러한 사역을 은사주의 방식이 아닌 회중 교회 방식

---

57) 이 용어는 풀러 신학교의 교수였던 피터 와그너에 의해서 1982년에 만들어졌다. Ibid., 138.

으로 하는 것이 타당하다고 생각한다. 그러면서도 우리는 은사주의와 똑같은 결과를 얻고 있다. 나는 오순절주의자들이나 은사주의자들과는 여러 가지 주요한 신학적 차이점을 갖고 있다. 이러한 점이 서로의 사역에 방해가 되는 것은 아니지만 나 자신을 은사주의자라고 부르는 것은 꺼리게 된다."[58]

---

58) Peter Wagner, "The Third wave?" *Pastoral Renewal* (July-August 1983), 1-5.

# 한국 교회 성령 운동의 시대적 특색

1. 1900년대의 성령 운동

1) 시대적 상황

    1900년대의 한국의 정치 및 사회 정세는 동북아시아의 국제 정세의 암운과 전화에 시달리면서 망국의 비운을 맞았다.[59] 혼란 속에서도 마지막 안간힘을 다하여 국가 수호의 뜻을 통상수교거부정책으로 버텨 보려 했으나, 시시각각 밀어닥치는 열국의 손길을 뿌리치지는 못했다. 이와 같은 외세의 침략이 노골화되면서 이에 대한 반발로 동학 운동이 일어나게 되었다. 그러나 이는 조선에 대한 야심을 품고 있던 청·일 양국의 충돌 계기가 되어 청일전쟁이 발발하게 되었다. 결국, 전쟁에 승리한 일본이 러시아 세력을 축출하고 한국에서의 정치, 군사, 경제상의 우위를 국제적으로 독점하게

---

[59] 민경배, 『한국 기독교회사』 (서울: 대한기독교서회, 1978), 215.

되었다. 1904년 2월에는 한일 의정서가 조인되어 일본의 내정 간섭과 군사기지를 내어 주게 되었고, 고문 정치를 하도록 규정지은 3조문의 제1차 한일 협약이 이루어졌다. 1905년 11월에 보호 정치와 통감부 설치를 결정한 을사늑약이, 1907년 7월에 차관 정치를 결정한 한일 협약이, 1910년에는 국권 침탈 조약이 성립됐다.[60] 이 기간에 명성황후가 일본인 암살자에 의해서 그의 침전에서 시해되고, 고종황제가 폐위당하는 등 극도의 비운이 겹쳐지게 되었다.

2) 전개

깊은 좌절감과 두려움이 한국 전체를 엄습하는 상황에서 교회는 각성의 새로운 국면을 맞게 되어 놀라운 성장을 하게 되었다. 영국의 선교사학자 라투렛(K. O. Latourrette)은 이 시기를 평가하기를 "이러한 비운 때문에 한국 교회는 정신적인 충격을 받았고 이 충격은 각성을 촉구하게 되어서 결국 한국 교회는 급격히 부흥하게 되었다."고 했다.[61] 이 시기 부흥의 발단은 1903년 원산에서 열린 기도회가 시작이었다. 원산 지역에서 활동하고 있던 감리교 선교사들은 중국에서 활동하던 여선교사 화이트(M. C. White)의 내한을 계기로 기도회를 했고, 그 기도회는 원산 창전교회에서 계속되었다.

기도하던 가운데 캐나다 출신 의료 선교사였던 하디(R. A. Hardie)

---

60) 이성근 편, 『한국사』 (서울: 진단학회, 1964), 669.
61) 김진환, 『한국 교회 부흥 운동사』 (서울: 서울서적, 1993), 94.

가 자신의 무력함을 고백하는 통회의 기도를 드렸는데, 바로 이것이 부흥의 발단이 되었던 것이다. 그는 과거 3년간 강원도 일대에서 나름대로 최선의 노력을 하였으나 아무런 결실이 없었다고 하며, 자신의 무능력함을 솔직히 털어놓았다. 그뿐 아니라 실패의 원인이 자신의 신앙적인 허물, 곧 한국인 앞에 백인으로서의 우월의식과 자만심에 가득 찼던 권위주의에 있었음을 고백하였다.[62]

이처럼 하디의 회개로 가득 찬 고백은 이날 참석한 모든 사람들에게 감명과 은혜가 되는 한편, 하디 자신이 놀라운 성령의 임재를 체험하는 계기가 되었다.[63] 한 선교사의 고백적인 기도가 발단이 된 이 운동은 그 후 평양 일대와 전국 각지의 부흥 운동과 회개 운동으로 퍼져 나가기 시작했다. 1904년 1월 원산에서 다시 개최된 교파별 연합 기도회에서 캐나다 장로회 선교사 럽(Robb)이 성령을 체험하는 역사가 있었다.[64] 원산에서 시작되어 전국적으로 확산된 부흥 운동은 먼저 사경회로 시작하여 뜨거운 기도를 통하여 부흥회가 준비되었다. 이렇게 선교사로 시작된 기도회는 선교사뿐만 아니라 장로교와 감리교 및 다른 교파의 교인들도 참석하여 뜨거운 성령 체험을 하게 되었고 그들은 거리에 나아가서 성령의 은사를 전파했다.[65] 이러한 부흥회의 열기는 삼남지방 목포에까지 전

---

62) 전택부, 『한국 교회 발전사』 (서울: 대한기독교출판사, 1987), 157.
63) 민경배, 『한국 기독교사』, 251.
64) 한국기독교역사연구소, 『한국 기독교의 역사』, I (서울: 기독교문사, 1989), 269.
65) 민경배, 『한국 기독교회사』, 266.

해져, 통회하고 자복하는 기도 소리와 부흥의 불길이 솟기도 하였다. 이러한 과정을 거쳐 1907년 평양의 장대현교회에서 대부흥 운동의 불길이 점화되었는데, 이는 한국 교회사에 큰 획을 긋는 사건이었다.[66] 장대현교회의 부흥 사경회는 첫날부터 대대적인 회개 운동이 일어났다. 이 부흥 사경회는 망국의 한에 우는 민족에게 새로운 희망을 가져다 주었다. 사경회 기간에 있었던 회개의 역사는 개인의 내면적인 죄만을 고백하는 데 그치지 않고, 사회 도덕적으로 이웃에게 피해를 준 행위에 대한 깊은 뉘우침과 용서를 비는 실천적인 회개 운동도 함께 진행되었다.[67] 이 대부흥 운동을 통하여 말씀을 사모하고 기도에 힘쓰는 기독교의 순수한 신앙과 정신이 한국 기독교에 뿌리를 내리게 되었다. 그리고 그간에 있었던 선교사와의 갈등이 해소되어 서로 간에 이해 증진에 한몫하였으며, 교인들의 회개와 자복함으로 도덕성을 향상시킴과 동시에 한국 교회의 경건성의 바탕이 되었다.

---

[66] 1907년 1월 6일 10여 일간 평양 장대현교회에서 있었던 사경회 기간에 절정에 이르렀던 대부흥 운동은 선교사들의 기도회 모임이 도화선이 되었다. 한국기독교역사연구소, 『한국기독교의 역사』 I, 268.

[67] 집회의 마지막 날인 14일과 15일에 성령의 강권적인 역사가 일어났는데, 14일 저녁 길선주는 회중 앞에서 자신의 죄를 고백했다. 자신을 아간과 같은 자라고 운을 뗀 길선주는 1년 전 세상을 떠난 자기 친구로부터 재산을 관리하도록 부탁을 받았으나 그 일부는 자신이 사취했던 죄를 고백하고 공개적으로 회개했다. 길선주의 죄 고백은 1907년의 대부흥 운동의 도화선과 같아서 여기저기에서 회개를 하기 시작했다. 김양선, 『한국기독교사연구』 (서울: 기독교문사, 1971), 74-75.

3) 성격

1900년대의 성령 운동은 하디가 인간적인 전도 방법의 실패에 대한 회개 운동을 펴면서부터 영적인 불길이 타오르기 시작했다. 일본의 압박으로 육적인 생활이 불안정하고 정신적인 불안감이 증가하던 터에 이와 같이 영적 불이 붙게 되자 많은 사람이 교회로 들어오게 되었다. 이 시기의 오순절 성령 운동은 성경 중심의 사경회를 통한 부흥사 자신의 철저한 회개를 바탕으로 하는 운동이었다. 설교자의 회개는 듣는 자들에게 큰 감명을 주었다. 이러한 부흥 운동은 일제강점기에서 헐벗음과 굶주림에 고통받는 한국인들에게 주체의식을 심어 주었고, 소망에 찬 삶을 개척할 수 있도록 새로운 소망을 제공했다.[68] 그래서 이 시기의 운동은 가장 웨슬리적이요-내적 신앙의 확신이 외적 사회적 행동으로 표현되었기에-건전한 복음주의라고 알버트 이우틀러는 해석하였다.[69] 개인적인 내면의 성화와 사회적 외향적 성화가 가장 잘 조화된 시대가 1907년부터 1919년까지의 한국 교회이며, 이 시대의 한국 교회 성도들은 대부분 '자기 의'에 도취되지 않고 오히려 구원의 확신과 영생의 확신을 사회 참여와 독립운동으로 표현하는 모습을 보여 주었다.[70] 이 시대의 복음적 힘은 일제 식민 통치에 항거하는 독립운동의 모습

---

68) 민경배, 『한국 기독교회사』, 113-15.
69) 김홍기, 『세계 기독교 역사 이야기』 (서울: 예루살렘, 1992), 228.
70) Ibid., 228.

으로 다양하게 나타났으며 사회 개혁과 해방의 힘으로 표출되었다. 존 웨슬리가 말한 내면적 복음의 신앙이 외면적 사회 행동으로 표현된 사회적 성화의 모습으로 연결되었던 것이다. 여기서 우리는 신앙과 애국이 하나이며, 개인의 성화와 사회적 성화가 하나임을 볼 수 있다.

2. 1930년대의 성령 운동

1) 시대적 상황

일제는 1930년대에 식민지 정책 2단계로서 무단 정치에서 문화 정치로 전환했다. 교사들의 제복과 칼을 폐지하고 언론의 창달을 도모한다며 1920년 1월에는 민간 신문으로 〈조선일보〉, 〈동아일보〉 등을 허가해 주었다. 그러나 이것은 한국인의 격양된 민족적인 반항을 무마하려는 일제의 기만적 술책이었을 뿐 일선 융화의 표어 아래 동화 정책을 계속하였다. 1930년대에는 일제가 제국주의 침략 전쟁으로 일관한 시기였다. 1931년 만주사변을 일으켰던 때에 일제의 파쇼체제는 식민지 조선에서 더욱 강화되어 어느 식민지에서도 볼 수 없었던 일본식 성명 강요, 민족 언어의 말살과 같은 야만적인 정책이 시행되었다.[71] 이때부터 일제는 노골적으로 군국주

---

71) 강만길, 『한국 현대사』 (서울: 창작과 비평사, 1990), 18.

의 색채가 짙어지면서 대외적으로는 팽창정책을 강화하고 조선에 대한 가혹한 식민 통치를 자행했다. 일제는 결국 형식적인 문화정치마저 포기하였다. 〈동아일보〉와 〈조선일보〉를 폐간시키고, 1937년부터 각급 학교에서 한글 교육을 폐지하고 일본말만을 사용하게 하였으며 '황국신민서사' 라는 것을 만들어 매일 제창하도록 하는 등 악랄한 방법을 동원하여 한국 민족 말살 정책을 시행하였다.[72)]

2) 전개

일제강점기 중 가장 극심하고 장기적인 기독교 탄압은 신사참배를 통해서 이루어졌다. 신사참배는 '가미'(神)에 대한 신앙과 제사 의식이며, 가미란 일본의 수백만의 자연신 및 조상신을 지칭하는 말이다. 이 신앙은 일본의 메이지 유신 때 천황을 절대 신으로 섬기는 국가 통치의 원리로 일본 내에 급속히 보급되기 시작하였다. 그러다가 1930년대 일본이 대륙 침략을 재개하면서 이 정책은 더욱 강조되었다. 1935년 이후부터는 한국을 일본에 동화시키는 정책의 일환으로 한국의 모든 관청, 학교, 교회 등에 강제로 신사를 설치하고 숭배를 강요하기에 이르렀다.

이에 한국의 각 기독교 학교들과 교회에서는 즉각 반발하고 나섰다. 그러나 신사참배가 종교의식이 아니라 국민의례라는 주장과

---

72) 한국기독교역사연구소, 『한국기독교의 역사』, II (서울: 기독교문사, 1990), 274.

아울러 일본의 회유와 협박이 계속되자, 1938년 9월, 예수교 장로회는 제27차 총회에서 신사참배를 교단적으로 시행키로 결의하였다.[73] 그리하여 신사참배를 우상 숭배로 여겨 끝까지 반대했던 목사와 성도들은 만주를 비롯한 국외로 피신하거나 투옥되었으며, 한국 기독교는 복음 전래 이후 가장 큰 수난을 당하게 되었다. 그러므로 1930년대부터 1945년 해방 때까지 한국 기독교는 극심한 시련기를 보냈으며, 해방 후에도 북한에 공산 정권이 수립되고 1950년에 6·25전쟁이 일어남으로써 한국 기독교의 시련은 계속되었다.

오순절 성령의 역사로 부흥하던 한국 기독교는, 이처럼 너무도 절망적이고 희망을 찾아볼 수 없는 시련기를 지나면서, 현실 참여보다는 내세 지향적인 신비적 신앙 형태로 변화하는 추세를 보였다. 즉, 이 세상에 대한 관심보다는 저 세상에 대한 관심을 갖게 되었고, 또 실현될 수 없는 현실적인 축복보다는 내세적인 축복을 추구하게 되었다. 이 세상에 임박한 대환난과 주님의 재림을 앞둔 사탄의 최후의 지배 시대로 이해하였다. 이런 현상은 당시의 부흥 사경회의 주제가 말세론과 7년 환난, 계시록 등에 집중되어 있음을 보아도 잘 알 수 있다.

길선주 목사는 1930년대 이전에는 복음 전파와 함께 사회 참여에도 상당한 관심을 보였다. 그러나 감옥 생활을 하면서 요한계시

---

73) 조선예수교장로회 총회, 〈조선예수교장로회 제27회 회의록〉 (1938), 9.

록을 무려 800번이나 읽고 전부 외워 버린 후인 1930년대 이후의 부흥회에서는 현실 참여보다는 신비적, 종말적 성격의 집회를 인도하였다.[74]

김익두 목사도 신유의 이적과 아울러 내세 지향적인 메시지로 전국적 부흥회를 인도하였다. 어찌할 수 없는 역사의 거대한 억압적 분위기 속에서 그의 부흥회는 내세 지향적이며 신비적인 형태를 띠게 되었다. 이 전통은 이성봉 목사에게까지 계승되었다.

이성봉 목사는 1930년대에 평안도 일대에서 소문난 부흥사였다. 그는 성결교뿐만 아니라 장로교, 감리교 등 타 교단으로부터도 초청을 받았으며, 1936년에 평양의 경창문 밖에서 천막을 치고 부흥회를 인도할 때에는 수천 명의 사람이 운집하여 예수님을 믿고 중생의 체험을 하였다. '할렐루야 아줌마'로 알려진 최자실 목사도 이 무렵 어린 소녀로서 이성봉 목사의 부흥회에서 신유의 기적을 목격하고, 어머니를 전도하여 구원받게 하는 큰 은혜를 체험하였다.[75] 최자실 목사가 어린 시절 부흥회에서 직접 목격한 놀라운 성령의 역사 체험은 후에 조용기 목사와 함께 여의도순복음교회를 오순절적 성령 운동으로 개척하는 데 많은 영적 도움을 주었다.

이성봉 목사가 황해도 재령 율포 교회에서 인도한 집회에서는 연

---

74) 길선주는 계시록을 통해 말세 신앙의 체계를 세우고 출옥 이후 전국 곳곳에서 말세 신앙을 전하였다. 신광철, "초기 한국 교회의 영성을 이끈 길선주 목사", 『목회와 신학』 83(1996.5), 182.
75) 최자실, 『나는 할렐루야 아줌마였다』 (서울: 서울서적, 1990), 60-61.

주창으로 고생하던 여자가 깨끗이 고침을 받았고,[76] 군산 구임 교회 집회 때는 앉은뱅이가 기적적으로 일어나는 역사가 있었다. 그의 집회는 흉금을 찌르는 말씀의 선포와 함께 놀라운 이적들이 뒤따르는 집회였다. 길선주, 김익두 목사가 장로교 출신의 오순절 성령 운동의 선구자이고 이성봉 목사가 성결교 출신의 선구자라면, 감리교의 이용도 목사는 이러한 내세적 신비적 신앙 전통을 1930년대 초 감리교에 더욱 신비적, 정열적으로 계승시켰다. 그는 33세의 젊은 나이로 세상을 떠났으나 당시 침체된 한국 교회에 새로운 성령의 바람을 불러일으켰다. 그는 '기도의 힘을 주는 성령', '회개와 사랑의 실천을 하게 하는 원동력' 등의 제목으로 설교하면서 암울하기만 했던 암흑기에 성령의 역할을 강조하고, '땅에서 천하고 천국에서 귀하자'라는 등의 설교를 통해 내세적인 신앙을 강조하며 신비적 은사의 부흥을 일으켰다.[77]

3) 성격

민경배 교수는 1930년대 성령 운동의 성격을 다음과 같이 정의한다.

---

[76] 이성봉, "부흥사업순회약보", 『활천』 192(1938), 42.
[77] 이용도의 사역에 관해서는 성백걸, 『사랑과 정의 사도, 이용도의 삶과 사상』 (서울: 장안문화사, 1995)을 참조하라.

"점점 다가와 목을 조이듯 한국 교인의 감정 속에 인간 상실, 민족의식 상실의 위기를 가져왔고 따라서 한국 교회는 서구의 경우와는 달리 신앙의 철저한 내면화, 경건화의 경향을 띠게 되었다. 이 세대 속에 기대되는 소망의 근거는 전혀 없었다. 그래서 사람들은 자연히 세속적이고 그 신앙의 형태는 신비주의로 기울지 않을 수 없었다."[78]

이용도 목사는 정치적으로나 사회적으로 질식할 수밖에 없었던 당시의 현실 속에서 살아갈 길이 있다면 그것은 영적인 그리스도를 모시는 길뿐이라고 설파했다. 그리스도를 모시고 그의 고난에 동참함으로써 한국 민족의 수난이 극복되고 개인의 고난이 해소되어 영광으로 변할 것이라고 했다. 또한, 그리스도의 무한한 사랑의 포옹만이 비운에 찬 한국 백성을 위로할 수 있다고 했다. 이러한 1930년대 한국 교회의 순수 신앙적 부흥 운동은 고난 중에서도 오직 그리스도만을 믿고 의지하게 함으로써 신앙으로 암울했던 일제 강점기를 극복하게 했다. 지금도 순수 신앙 부흥 운동을 하는 기독교인들은 교파나 교리와 상관없이 "예수 그리스도는 하나님의 아들이요, 세상의 구주이다."라고 믿고 시인하는 사람들을 형제 기독교인으로 인정해 주어 다양성 가운데 하나 됨(unity in diversity)을

---

[78] 민경배, 『한국 기독교회사』, 95.

추구하는 성숙한 분위기를 이끌어 가야 할 것이다.

3. 1950년대의 성령 운동

1) 시대적 상황

1945년 8월 15일 일제의 항복과 함께 해방을 맞이한 조국은 이러한 해방과 독립을 맞이할 준비가 되어 있지 못했다.[79] 그리하여 한반도 전체는 혼란을 맞이할 수밖에 없었고 더구나 강대국들은 38선을 경계로 남북을 분단해 놓았고 모스크바 3상회의에서 신탁통치를 결의함으로써 이에 대한 찬성과 반대 집단끼리의 극단적 투쟁이 끊이지 않았다. 결국 우리 민족의 최대 비극인 6·25전쟁은 우리에게 사회, 정치, 문화, 경제 모든 부문에서 걷잡을 수 없는 혼란을 빚어냈다. 그리고 이승만 정권은 이제 막 민주주의로 발돋움하려는 기회를 완전히 짓밟았다. 결국 3·15 부정선거와 정치 타락으로 4·19혁명을 불러일으켰고, 박정희 군사정부에 기회를 제공하게 되었던 것이다.

2) 전개

1950년대는 해방 직후의 혼란과 교단의 분열, 또 그다음으로 이

---

79) 유동식, 『한국신학의 광맥』 (서울: 전망사, 1986), 143.

어지는 6·25전쟁의 비극 속에서 성령 운동이 진행된 시기이다. 이 때에 많은 기독교인이 삶과 죽음의 갈림길에서 기적적인 구원을 체험하고 하나님의 도우심을 깨닫게 되었다. 그리하여 성도들은 성령을 위기 속에서의 구원자, 또는 죽음에서의 해방자로 이해하게 되었다.

전쟁의 공포, 기아로부터의 구원과 해방을 위한 운동은 서울 수복과 동시에 서울운동장에서 열렸던 빌리 그래함(Billy Graham)의 전도 집회로 더욱 활기를 띠게 되었다. 또한 이성봉, 박재봉 목사 등이 일으킨 많은 부흥 운동이 전쟁으로 많은 상처를 받은 우리 민족의 마음을 위로하고 재생의 힘을 길러 주었다.

이성봉 목사는 해방 이후에도 전국을 다니며 부흥회를 인도하면서 사중복음의 전파와 성결교의 재건에 힘썼다. 그는 1천 교회 확장 집회, 미국 순회 집회, 1959년 성결교 희년 전도 대 순회 집회 등을 계속하였다.[80] 그의 부흥회에서는 김익두 목사의 집회에서와 마찬가지로 놀라운 신유의 이적이 일어났다.

이와 같은 성령 운동의 결과로 이 시기에는 교회가 다시 부흥하는 한편, 사회의 혼란기를 틈타 이단 종파가 우후죽순처럼 일어나기 시작하기도 했다.

박태선 장로의 '한국예수교전도관부흥협회'는 6·25전쟁 후의

---

80) 한영제 편, 『한국 기독교 인물 100년』 (서울: 기독교문사, 1987), 69.

교계와 일반 민중 사이에 불길처럼 확대되어 갔으며,[81] 문선명의 '세계기독교통일신령협회'도 문교주가 자신이 하늘의 계시를 받아 기록했다는 '원리강론'을 전파하며 놀랍게 번져 나갔다.[82] 이외에도 수많은 신흥 종파가 여기저기서 생겨나 전국 곳곳에 뿌리를 내리게 되었다. 이처럼 신흥 종파가 뿌리를 내리게 된 것은, 해방 후 6·25전쟁, 4·19혁명, 5·16군사정변 등에 따른 사회 혼란과 한국 교회가 사소한 이유로 사분오열되고 분쟁을 일삼음으로써 영적 지도력을 상실했기 때문이었다.

3) 성격

1950년대 한국 교회는 사회적 혼란과 교회의 분열 속에서 영적 지도력을 상실하고 말씀 중심의 성령 운동을 이끌어 가지 못함으로써 이단 종파의 발흥을 방관, 나아가 촉진하는 결과를 초래했다. 민경배 교수는 "한국인의 소박한 종교성의 갈망인 영적 본향을 기대하는 마음을 한국 교회가 '샤머니즘'이라는 한 마디로 일축함으로써 신흥 종파들의 발생을 방관했다."고 지적하고, "이에 대한 근본적인 개념 규정과 자성(自省)을 하지 않을 수 없다."고 말했다.[83] 한편, 이 시기에는 한국에서 오순절 성령 운동을 교단적 차원에서

---

81) 탁명환, 『기독교이단연구』 (서울: 국제종교문제연구소, 1986), 164를 참조하라.
82) Ibid., 129.
83) 한영제 편, 『한국 기독교 인물 100년』, 477.

전개해 나가는 '기독교대한하나님의성회'가 설립[84]되었다는 점도 주목할 만하다.

4. 1970년대의 성령 운동

1) 시대적 상황

1960년대 이후 한국의 상황은 '경제성장'과 '안보'라는 명분 아래 정치력이 집중화되고 절대화되어 갔다. 국민의 기본권은 정치적 이념과 여건 아래 유보되고 이에 저항하는 국회, 정당정치, 민주적 언론은 물리적 억압이 가중되면서, 행정과 통치의 기능만이 비대해지는 일이 일어났다. 이와 같은 상황은 '관료적 권위주의' 성격을 띠게 되었는데 정경유착의 부조리가 생겨나고, 조직의 운영 방식과 결정 과정이 관료 중심의 기술 합리성을 추구함으로써 대중을 정치로부터 격리시켜 왔다. 이러한 정치 부재의 상황은 국민의 기대를 만족시켜 줄 수 없었고, 따라서 사람들은 안정을 찾게 되

---

[84] 6·25 전쟁이 한창인 때 미국 종군 목사인 엘라우드(Ellowed)가 1950년 6월 한국에 입국하여 한국 오순절 교회의 현황을 파악하다가 허홍 목사를 만나게 되었고, 1951년 한국을 떠나 미국으로 돌아가서 한국 오순절 교회와 미국 오순절 교회를 연결시키는 중요한 역할을 하였다. 엘라우드 목사의 노력으로 1952년 여름에 미국 하나님의성회 동양 선교부장인 오스굿(Osgood) 목사가 한국을 방문하였다. 그는 허홍, 박성산, 배부근 목사 등을 만나 한국 오순절 교회의 현황을 직접 조사한 후 귀국하였고, 그해 12월 15일 정식으로 미국 하나님의성회 선교사인 아더 체스넛(A. B. Chesnut)을 파송하여 1953년 4월 8일 서울 용산 남부교회에서 열한 명의 창립 발기인을 시작으로 한국 하나님의성회를 창립하였다. 기독교대한하나님의성회 30년사 편찬위원회, 『기독교대한하나님의성회 30년사』 (서울: 종려문화사, 1981), 29.

었다.

사회적 현실도 나쁘기는 마찬가지였다. 6·25전쟁 이후 한국 사회에는 미국을 중심으로 한 서구의 물질 문화와 자유주의 사조가 미군의 주둔과 함께 물밀 듯이 흘러들어왔다. 한국 사회는 서구의 문물과 행동 양식이 들어오면서 전통적 관습과 의식구조는 가늠할 수 없이 도태되고 이른바 물질주의와 세속주의에 압도되기 시작했다.

2) 전개

물질주의의 팽배와 더불어 정신문화에 대한 무관심 때문에 사회적 현실 부정이 일반 대중의 밑바탕에 깔리게 되자 한국 사회는 정신 공황에서 벗어날 대상을 찾게 되었다. 이 시기에 기독교가 크게 부흥했으며, 신앙생활에서 초자연적인 신앙 체험과 이 체험의 외적 증거로서 주어지는 은사를 추구하는 오순절 운동이 확산되었다. 이 은사만이 20세기의 과학문명, 물질주의, 세속주의 등의 아성을 무너뜨릴 수 있다고 확신하면서 '성령의 불'을 외치게 된 것이다.[85]

이때부터 기독교인의 신앙생활과 의식구조는 교파적 신앙의 영역을 벗어나기 시작했다. 이것이 가능하게 된 것은 은사와 체험은

---

85) 이종성, "성령과 교회부흥", 「성령」 신학연구논문 2집 (서울: 영산출판사, 1982), 53.

개인적이며 주관적인 동시에 범신앙적이기 때문이다. 이와 더불어 부흥회가 개 교회 단위를 벗어나 범교회적 대중운동으로 변모하기 시작했다.

1965년 김활란 박사의 주도하에 전국의 복음화 운동이 처음으로 시도되었다. '3천만을 그리스도에게로!' 라는 표어를 내건 이 운동은 서울을 비롯한 대도시를 순회하면서 400여 명의 지도자가 회합을 갖고 100만 명 이상의 인원이 동원되었으며 1년 이상 계속되었다.[86] 이를 시초로 해서 '73 빌리 그래함 서울 전도 대회'[87], '엑스플로 74 전도 대회'[88], '77 민족 복음화 성회'[89], '80 세계 복음화 대회'[90], '84 한국 기독교 100주년 기념 선교대회'[91] 등 굵직한 대회를 치르면서 한국 교회는 놀랍게 부흥했다. 특기할 만한 사실은 이러한 대성회를 개최함에 있어, 분열을 거듭해 오던 한국 교회가

---

[86] 이영헌, 『교회의 발자취』 (서울: 예수교장로회총회 교육부, 1969), 225.
[87] 빌리 그래함의 서울 전도 대회는 5월 30일부터 6월 3일에 걸쳐 여의도 광장에서 열렸다. 대회 첫날 5월 30일 밤에 참석한 수는 51만여 명이었으며 마지막 날인 6월 3일 주일 오후에 최대 인원인 115만 명이 모여 장사진을 이루었다. 이 대회는 연인원 334만 명이 모였고 결신자 수는 대회 기간에 4만 4,000명이며, 성가대로 동원된 인원이 4만 2,000명이었다. 김진환, 『한국 교회 부흥 운동사』, 250.
[88] 엑스플로 74 전도 대회는 사상 그 유례를 찾아볼 수 없는 연인원 약 650만 성도가 운집한 가운데 개최되었다. 국내 결신자 수는 27만 명이며 외국인 결신자 수는 1,192명이었다. Ibid., 250–51.
[89] 이 성회는 1977년 8월 14일부터 18일까지 여의도 광장에서 새벽, 낮, 밤, 철야 기도회로 계속되었다. 22회 집회를 22명의 강사가 인도하였고, 733만 명의 인원이 동원되었으며 약 7만 명의 결신자가 나왔다. 〈교회연합신보〉, 1977년 8월 21일 자를 참조하라.
[90] 이 대회는 8월 12일부터 15일까지 여의도 광장에서 연인원 1,700만 명이 모였고 결신자 70만 명과 10만 명의 세계 선교 지망자들을 얻었다. 김길송 편, "예수한국 과시한 80세계 복음화 대회", 〈크리스챤 라이프〉 154(1980.8–9), 32–33.
[91] 이 대회는 1984년 8월 15일부터 19일까지 개최되었으며 100년 만에 개신교 여러 교파가 참석하여 350만 명을 모으는 최대의 동원력을 과시했다. 김춘수, "개신교 100주년 선교대회의 결산", 『기독교 사상』 316(1984.10), 196.

모두 교파의 담을 헐고 서로 협조하고 참여했다는 데 있다.[92] 혹자는 이러한 대성회를 비난하여 물량적 겉치레를 과시하는 데 그쳤다고 평가하기도 했으나, 거듭된 대성회가 한국 교회 발전에 미친 영향은 말할 수 없이 크다.

이와 같은 대성회가 한국 교회 부흥의 초석이 되었음은 두말할 나위 없다. 아울러 이러한 대성회는 교회 부흥에 있어 성령 운동이 절대적이라는 것과 교회 일치는 성령 운동으로만 가능하다는 사실을 보여 준 좋은 예가 되었다.

또한, 1970년대 개 교회로서 한국 교회 성령 운동의 흐름에 큰 영향을 미친 교회가 있었으니, 바로 조용기 목사가 담임하고 있던 여의도순복음교회이다. 여의도순복음교회는 조용기 목사의 메시지를 중심으로 개인 전도, 문서 전도, 방송 전도 등을 통하여 한국은 물론 전 세계에 성령 운동을 확산시켰다. 김진환 목사는 그의 저서에서 조용기 목사의 메시지를 "긍정적이며 소망적"이라고 말하면서 "순수한 성서에 입각한 믿음을 주장하며 성령의 역사를 주장한다."고 덧붙였다.[93]

또한, 크리스챤 아카데미에서는 여의도순복음교회가 한국 교회 성령 운동에 미친 공로를 인정하여 『한국 교회 성령 운동의 현상과

---
[92] 이러한 집회들은 몇몇의 교파를 제외하고는 모두 적극 참여하고 협조하였다. 이와 같은 현상은 교회의 불신이 막바지에 다다른 1970년대에 교회의 단합을 보여 주는 좋은 기회가 되었다. 김진환, 『한국 교회 부흥 운동사』, 267.
[93] Ibid., 243.

구조』라는 책을 출간하기도 했다. 크리스챤 아카데미 원장 강원용 목사는 이 책의 간행사를 통해 다음과 같이 말하였다.

"그러나 1970년대 후반부터는 이런 대립의 양상이 아주 달라졌습니다. 한국 교회에 관심 있는 분들은 누구나 한국에서 일어나는 전혀 새로운 사태에 깊은 관심을 보여 왔는데, 그 새로운 양상이란 한편으로는 거의 기적적이라고도 볼 수 있는 한국 교회의 급성장 현상입니다. 이것은 성령 운동, 삼박자 축복, 안수 치료와 축귀를 통한 치병 운동 등을 내용으로 하는 운동으로, 요원의 불길같이 전국으로 번지고 한국인이 살고 있는 세계 곳곳에서 일어나게 된 일입니다. 이 운동은 한국 교회 안에서만 큰 충격을 주는 일이 아닙니다. 전 세계 교회들의 주목을 받고 있으며, 한국 사회 전체에 긍정적, 혹은 부정적인 반응을 불러 일으키게 되었습니다."[94]

3) 성격

1970년대의 성령 운동은 그 성격을 크게 두 가지로 나눌 수 있다. 하나는 역사의식을 가지고 사회 개혁에 신앙적 관심을 쏟은 지식층을 중심으로 한 성령 운동과 다른 하나는 역사나 정치, 사회 체

---

94) 강원용, "이 책을 간행하며", 『한국 교회 성령 운동의 현상과 구조』 (서울: 크리스챤 아카데미, 1982), 3-4.

제에 관한 관심보다는 소외되고 병든 민중 하나하나의 심령을 안아주고 힘을 주며 치유해 주려는 성령 운동이었다. 이에 대해 서광선 교수는 다음과 같이 설명하였다.

> "역사의식을 가지고 사회 개혁에 신앙적 관심을 둔 것은 부성적 성령 운동이라 할 수 있고 이는 한국의 유교적 전통에 뿌리내린 것으로 외향적이며 투쟁적인 소수의 엘리트가 감행한 것이며, 소외되고 병든 민중 하나하나에 관심을 두고 치유해 주는 성령 운동은 모성적 성령 운동으로서 한국의 무교적 전통에 뿌리를 내린 내향적이며 개인 지향적이고 포용적이므로 일반 대중을 수용할 수 있는 운동이다. 이런 모성적 성령 운동이 한국 교회에 양적인 급증 현상을 초래하게 해 주었다"[95]

---

[95] 유동식, "한국 교회와 성령운동", 『한국 교회 성령운동의 현상과 구조』 크리스챤 아카데미 편 (서울: 대화출판사, 1982), 17-18.

IV. 한국 교회 성령 운동의 독특성

1. 회개 운동

한국 교회에 나타난 성령 운동의 특성 첫 번째는 회개 기도 운동이다. 1907년 대부흥 집회는 회개 기도의 도가니였다. 당시의 상황에 대해 선교사들은 다음과 같이 진술하였다.

> "수백 명에 달하는 사람이 자신들의 죄지음의 심각함을 느낀 나머지 무서운 번민에 싸여, 서서 자신들의 죄를 고백하고 옷을 길길이 쥐어뜯고 마루에 엎드려 구르면서 죄의 용서와 하나님의 자비를 애원했다. … 성령의 강권하심에 앞으로 나와서 자신들의 죄를 자복했다. … 마지막 이틀 동안의 집회는 새벽 2시까지 계속되었다."[96]

---
96) 마사 헌틀리, 『한국 개신교 초기의 선교와 교회 성장』 차종순 역 (서울: 목양사, 1985), 264.

집회마다 사람들이 얼마나 울고 자복하였던지 방은덕이란 순사는 사경회에서 죄를 고백하는 사람이 많다는 말을 듣고 범인을 잡으려고 집회에 참석하였다가 도리어 자신이 회개하고 예수를 영접하였다고 한다.[97]

세계의 많은 사람은 한국 교회를 기도하는 교회로 생각하고 있고 실제도 그러하다. 한국 교회는 1907년 대부흥 운동 이래 지금까지 새벽 기도회를 하고 있다.[98] 그뿐만 아니라 매주 1회 이상 철야 기도를 한다. 그리고 성도들은 기도원을 찾아가 특별 작정 기도와 금식 기도를 함으로써, 계속적인 영적 갱신을 하고 더욱 충성 되고 역동적인 신자들로 변화되어 간다.

쟝 칼뱅(John Calvin)은 말하기를 "기도는 믿음의 최상의 실천이며, 우리는 이것을 통해 매일 하나님의 은혜를 받는다."고 했다.[99] 여의도순복음교회의 조용기 목사는 "교회 성장의 중요한 열쇠는 기도이며, 기도는 교회 성장의 근거가 될 뿐 아니라 성공적인 그리스도인의 생활을 하는 열쇠가 된다."고 말했다.[100] 또한, 조용기 목사는 성도가 질적으로 성장하는 데 있어서도 기도가 매우 중요하다고 강조했다. 조용기 목사는 "기도는 하나님과 교제하며, 개인의 삶을 변화시키고, 깊은 영적 생활을 하며, 사탄의 능력을 실질적으

---

97) 길진경, 『영계 길선주』 (서울: 종로서적, 1980), 186.
98) 박아론, 『새벽 기도의 신학』 (서울: 세종문화사, 1980), 60.
99) 쟝 칼뱅, 『기독교 강요』 김종흡 외 3인 역 (서울: 생명의 말씀사, 1986), 408.
100) C.G.I., *Church Growth International* No. 4. (Seoul: C.G.I., 1992), 27.

로 파괴하는 것이다."라고 말했다.[101]

2. 성령 체험

한국 교회에 나타난 성령 운동의 특성 두 번째는 성령 체험이다. 1907년 대부흥 운동에 대한 당시 선교사들의 기록들을 보면, '성령'이란 말이 오늘날만큼이나 쉽게 사용되고 있는 듯한 느낌을 받는다.

"잠잠히 고개를 숙인 채 기도에만 열중했을 때 성령은 역사하셨다. … 성령과 음성이 하모니를 이루는 가운데 모든 영혼이 하나로 뒤섞여 억제할 수 없는 파도와 같이 기도의 물결을 타고 몰려갔다. … 이들도 성령의 강권하심 앞으로 나와서 자신들의 죄를 자복했다. … 마치 지붕이 날아가 버리고 하나님의 성령이 눈사태처럼 우리 위에 무겁게 내렸다."[102]

또한, 선교사 데이비스(G. T. B. Davis)는 그의 보고서에 다음과 같이 그 당시 또 다른 한국 교인들의 신앙 모습에 대해 기록하였다.

---

101) Ibid., 28.
102) 마사 헌틀리, 『한국 개신교 초기의 선교와 교회 성장』, 263-65.

"지난겨울 송도에서 부흥회가 몇 차례 있었는데, 교인들은 으레 밤 집회 후에는 산에 올라가서 얼어붙은 맨땅에 엎드려 성령 강림을 위하여 하나님께 울며 기도하였다."[103]

이 집회 기간 중 성령의 뜨거운 역사에 대한 또 다른 증거로 한 가톨릭 신부의 고백을 들 수 있다. "그동안 나는 성령이 역사하시는 기적을 친히 보았습니다."[104]라는 그 신부의 증언을 미루어 보아도 장대현교회의 집회는 성령의 역사가 강하게 나타난 초대 교회와 같은 집회였다는 것을 알 수 있다.

오순절 운동의 핵심은 성령의 인격과 능력에 대한 직접적인 체험에 있다. 오순절 계통의 교회에서는 성령의 임재와 활동을 논하는 대신, 그것을 기대하고 바라고 의지한다. 오순절 예배는 회중 가운데 역사하시는 하나님의 직접적이고 인격적인 나타나심에 초점을 두고 있다.

나일선 박사는 한국 교회의 성장 요소 중의 하나로 부흥 운동과 부흥회를 꼽고 있으며,[105] 이원규 박사는 한국 교회 성장은 역사적으로 유례를 찾아볼 수 없이 경이적이라고 하면서, 그것을 신앙적으로 표현한다면 성령의 역사라고 할 수 있다고 말하고 있다.[106]

---

103) 한국기독교역사연구소, 『한국 기독교의 역사』, Ⅰ, 275.
104) 길진경, 『영계 길선주』, 190.
105) 나일선, "한국 교회 성장의 비결들", 「목회와 신학」(1990. 2), 59.
106) 이원규, "한국 교회 성장의 사회학적 고찰", 「월간목회」 70 (1983. 2), 45.

결국 오순절 운동의 핵심인 성령 체험은 한국의 교회 성장에 결정적인 영향을 미치고 있음이 분명하다고 할 수 있다.

3. 신유 운동

한국 교회에 나타난 성령 운동의 특성 세 번째는 신유 운동이다. 1920년대에 활약한 김익두 목사는 집회 때마다 신유의 이적을 크게 나타냈다. 1920년 4월 17일부터 23일까지 경북 경산읍교회의 집회에서는 수십 명에게 신유의 은사가 임하였다. 다음 주인 4월 21일부터 5월 1일까지 대구 남성정교회에서 인도한 부흥회는 기적과 은사의 집회였다. 그의 집회에서 신유의 은사를 체험한 사람은 수백 명에 달하였다.[107]

당시 이러한 김익두 목사의 신유 집회는 〈동아일보〉, 〈조선일보〉와 같은 일간지에 보도되면서 더욱 널리 알려지게 되었다. 1920년 6월 21일에 시작한 평양 장대현교회의 부흥 집회에는 5,000명의 군중이 운집하여 성황을 이루었다. 당시 〈동아일보〉는 이 집회를 두고 수천 명의 군중이 미친 듯, 취한 듯 흥분한 상태였다고 보도하였다.[108] 그리고 그해 10월 11일부터 두 주간 서울에서 열린 집회에는 일만 명이 넘는 인파가 참석하였으니, 당시까지 한국 교회사

---

107) 한춘근, 『죽지 않는 순교자 김익두』, (서울: 성서신학서원, 1993), 112.
108) 〈동아일보〉, 1920년 7월 3일 자를 참조하라.

중에 이렇게 많은 인파가 모인 것은 처음이었다.[109]

그가 부흥회를 통해 얻은 열매로는 결신자가 총 28만여 명, 병 고침을 받은 자가 1만여 명에 이른다.[110] 이러한 김익두 목사의 신유의 이적은 너무도 유명해서, 장로교 황해 노회 내의 다섯 명의 목사와 두 명의 장로가 '이적 명증회'(異蹟 明證會)를 구성하고 이를 조사하여 1921년 7월에 『조선 예수교회 이적 명증』이란 책자를 통해 이것이 사실임을 입증하였다.[111]

피터 와그너는 "만일에 어떤 교회가 성령의 은사를 소유하지 못하고 또 사용하지 않는다면, 나는 그와 같은 교회는 하나님께서 원하시는 교회가 아니라고 믿는다."고 말하고 있다.[112] 그는 또한, 성령의 은사에 대한 무지를 경고하면서 성령의 은사의 발견은 곧 생애에 대한 하나님의 뜻의 발견이며 자유와 활기를 주는 것이라고 말하고 있다.[113]

한국 내의 오순절 계통의 교회들은 성령의 은사를 적극 활용함으로써 비약적인 성장을 계속하고 있다. 은사는 대개 기적의 체험을 통하여 나타나는데, 성령의 은사 중 가장 흔히 나타나는 것은 신유의 은사이다. 비약적인 성장을 한 한국 오순절 교회들의 특징은 신

---

109) 박용규, 『김익두 목사 전기』 (서울: 생명의 말씀사, 1991), 120.
110) Ibid., 70-71.
111) 한국기독교역사연구소, 『한국 기독교의 역사』, I, 188. 이 책은 모두 3권까지 출판되었다.
112) 피터 와그너, 『효과적인 교회 성장』, 권달천 역 (서울: 생명의 말씀사, 1983), 142.
113) 피터 와그너, 『성령의 은사와 교회 성장』, 권달천 역 (서울: 생명의 말씀사, 1982), 30.

유 은사가 활발하게 나타난다는 것이다.

4. 말씀 운동

한국 교회에 나타난 성령 운동의 특성 네 번째는 말씀 운동이다. 성령 운동이 말씀 중심의 운동이 되지 않을 때 자칫하면 신비주의에 빠지게 된다. 1900년 초부터 한국 교회에 일어난 부흥 운동은 철저한 사경회 중심의 건전한 성령 운동이었다. 하나님의 말씀을 사모하고 중요시하는 이 전통은, 기도와 함께 한국 교회의 신앙 형태를 형성하는 데 결정적인 영향을 미쳤다. 그 결과로 오늘날 한국 교회는 말씀을 중시하고, 말씀의 가르침과 훈련에 많은 노력을 기울이고 있다. 1970년대 세계 최대 교회로 급부상한 여의도순복음교회 역시 부흥 이면에는 말씀 운동이 전제되어 있었다. 여의도순복음교회는 성령 운동이 말씀 중심의 운동이 되기 위하여 성경학교, 성경대학 등의 평신도 성경 교육을 통해 평신도들에게 조직적인 성경 공부를 실시하고 있다.[114]

---

[114] 여의도순복음교회는 오순절 신학의 정립과 확산 및 평신도 성경 교육 강화 등을 목적으로 1978년 12월 27일 순복음교육연구소를 설립하여 평신도 성경 교육을 시행하였으며 1993년부터 본격적인 신학연구기관인 국제신학연구원으로 개편하여 그 사역을 확대하였다. 국제신학연구원, 『하나님의성회 교회사』 (서울: 서울말씀사, 1998), 274.; 국제신학연구원, 『여의도순복음교회의 신앙과 신학』 (서울: 서울서적, 1993), 192.

V. 한국 교회에 오순절 성령 운동이 미친 영향

오순절 성령 운동은 한국 교회 전반에 영향을 미쳐, 한국 교회의 성장과 성도들의 역동적인 신앙생활에 크게 이바지했다고 본다. 그러나 급성장에 따른 몇몇 문제점도 지적됐다. 오순절 운동의 과제는 어떻게 이러한 문제점을 보완하고, 사도행전적 공동체의 모습을 이 땅에 구현하여 사회 변화의 주체가 되는 운동으로 지속되어 나갈 것인가에 있다.

1. 긍정적인 면

1) 교회의 갱신과 성장

오순절 운동은 한국 교회의 갱신과 성장에 큰 영향을 미쳤다. 오순절 성령 운동은 교회를 율법주의와 형식주의로부터 탈피시켰다. 조직화된 교회는 자칫하면 영성보다 교리, 제도에 관심을 기울여 교회를 형식주의에 빠지게 할 위험이 있다. 은사의 체험은 경직화된 조직이나 제도에서 벗어나게 한다.[115] 또한, 진정한 부흥이 일어날 때 기독교인들의 삶의 변화와 양적 성장이 뒤따르게 된다. 성령 운동의 결과로 한국 교회는 불과 한 세기 만에 1,200만 성도라는 세계가 놀라는 영혼 구령의 열매를 맺게 된 것이다. 즉 교회 성장에 이바지했다는 점이다. 교회가 성장한다는 것은 살아있다는 증거요, 건강하다는 실증이다.

성경은 교회 성장과 성령 운동이 불가분의 관계임을 증명하고 있다. 왜냐하면 초대 교회는 성령의 역사 하심으로 시작하였고 성장했음을 마가의 다락방 사건에서 보여 주고 있기 때문이다.[116]

이 원리는 오늘날의 교회에도 동일하게 적용되어 교회가 성장하려면 성령 운동을 전개해야 함을 보여 준다. 특별히 20세기 세계 교회의 성장사 중에 찬란한 한 페이지를 장식한 한국 교회의 성장 역사도 성령 운동과 깊은 관계가 있다. 그러므로 오순절 성령 운동이 교회의 갱신과 성장에 크게 이바지했다고 할 수 있다.

2) 소외 계층에 대한 관심

오순절 운동이 한국 교회에 미친 두 번째 긍정적인 면은 소외 계층에 대한 관심을 들 수 있다. 1907년부터 줄곧 성령 운동은 도탄에 빠져 있는 한국인들에게 새로운 희망을 주었다. 특별히 1958년

---

115) 황승룡, "성령론적 맥락에서 본 교회", 『기독교 사상』 385(1991. 1), 115.
116) 조종남, "교회 성장과 성령의 은사", 『교회 성장』 3집 (서울: 영산출판사, 1983), 14.

5월 18일 서울 서대문구 대조동 빈민촌에서 시작한 순복음교회는 가난한 자, 소외된 자, 병든 자들에게 복음을 전파함으로써, 그들에게 예수 그리스도만이 유일한 희망임을 알게 하였다. 그 결과 순복음교회는 짧은 기간 내에 폭발적인 성장을 이룰 수 있었다. 오순절 운동은 이러한 입장에서 기독교를 소외 계층에 정착시키는 데 크게 이바지했다. 오순절 운동은 해방 이후 전쟁으로 말미암아 피폐해진 한국 사회에 새로운 희망을 불어넣어 주었다. 소외 계층을 중심으로 급성장한 여의도순복음교회의 메시지의 핵심은 '오중복음'과 '삼중축복'에 있다. 순복음이 강조하는 오중복음과 그 적용으로서의 삼중축복은 6·25전쟁 이후 경제적, 정치적, 사회적으로 암울했던 상황에서 절망에 처한 소외 계층에게 큰 희망과 용기를 주었고, 교회 성장의 주요인이 되었다.

3) 역동적인 신앙생활에 기여

오순절 운동이 한국 교회에 미친 세 번째 긍정적인 면은 역동적인 신앙생활에 이바지했다는 점이다. 오순절 운동은 일부 한국 교회가 이성적, 합리적인 면에 치우쳐 영적으로 침체하였던 것과는 정반대로 열정적인 신앙을 전개함으로써 한국 교회에 새로운 활력소를 불어넣었다. 그리하여 말씀을 지식적으로 아는 신앙에서 체험적으로 깨닫는 신앙으로의 변화를 가져왔다. 그리고 오순절주의자들은 틀에 박힌 예배 형식을 탈피하여, 은혜로운 찬양과 통성 기도 등으로 성도들이 예배에 적극적인 참여자가 되게 함으로써 예배 갱신에 크게 이바지했다. 그리하여 이 같은 예배는 종전의 엄숙한 예배, 방관자의 예배에서 축제의 예배, 참여자의 예배로의 전환을 가져왔다. 오순절주의자들에게서 많이 애창되기 시작한 복음성가는 비신자들에게는 교회에 대한 거부감을 축소시켰으며, 성도들에게는 기쁨과 열정을 가지고 찬양과 예배에 참여하게 했다. 또한, 오순절주의자들은 예수 그리스도의 재림으로 말미암아 이루어지는 하나님의 나라뿐만 아니라, 이 땅에서 하나님의 나라가 이루어질 것을 믿는다.[117] 이러한 관심은 초대 교회에서의 예수님의 치유나 축사 사역을 현재화시키는 것과 절대 무관하지 않다. 혹자는 이러한 오순절 성령 운동에서의 천국의 현재화 운동을 샤머니즘과 본질적으로 연결시키려 들지 모른다.

그러나 이재범 박사는 그의 논문에서 "샤머니즘이 오순절 운동에 직접적으로 영향을 미쳤다기보다는, 오순절 운동이 표방하는 축사와 신유 사역에 일단 관심을 끌게 하는 데 더 큰 영향을 끼쳤다."고 강조한다.[118] 즉 샤머니즘과 오순절 운동이 본질적으로 동일하게 논의되기보다는, 인간 실존의 근본 구조에서의 같은 관심사를 다루고 있다는 것을 기본적으로 이해해야 한다는 것이다. 그

---

[117] George E. Ladd, *A Theology of the New Testament* (Grand Rapids: Wm B. Eerdmans Publishing Company, 1983), 69.
[118] Jae Bum Lee, *Pentecostal Type Distinctives and Korean Protestant Church Growth* (Ph.D. diss., Fuller Theological Seminary, 1986), 213.

리고 샤머니즘은 현실적, 이기주의적 축복에 초점을 맞추고 있으나, 오순절 운동에서의 치유 사역은 궁극적으로 예수 그리스도의 사역의 계승이라는 관점에서 '예수 그리스도'께 초점이 맞추어져 있다. 치유 등의 기적을 체험한 성도들은 열정적으로 교회를 섬기며, 이웃에게 복음을 증거하고 있다.

4) 교회 일치 운동에 기여

오순절 운동이 한국 교회에 미친 네 번째 긍정적인 면은 교회 일치 운동에 이바지했다는 점이다. 감리교 선교사에 의해 원산에서 시작된 이 운동은 평양의 장로교 선교사들이 감리교 선교사를 강사로 초청하여 사경회를 개최하면서 함께 은혜를 나누었다. 이런 초교파적 연합 운동의 연장으로 1907년 평양 대부흥 운동이 일어났다는 점을 주목해야 한다. 평양 집회 이후 부흥사로 주목받은 길선주 목사는 교파를 초월하여 전국적인 지방 집회의 강사로 활동하였다. 1970년대 놀랍게 교회가 성장하게 된 것 역시 교회 연합 운동에 기인한 것이다. 1970년대 일어났던 '73 빌리 그래함 서울 전도 대회', '엑스플로 74 전도 대회', '77 민족 복음화 성회' 등 초대형 성회들은 모든 교파, 교회들을 초월하여 함께 모여 민족 복음화를 위해 힘썼으며, 그 결과 수많은 결신자를 얻게 되었고, 한국 교회에 놀라운 부흥을 가져왔다. 한국 교회의 하나 됨은 오직 성령 운동을 통해서만 가능하다. 성령은 하나 되게 하는 영이기 때문이다. 앞으로 한국 교회는 통일을 바라보면서 이를 준비하기 위해 먼저 모든 교단이 성령 안에서 하나 되는 역사를 이루고, 남북통일 후 한민족 복음화와 세계 복음화의 사명을 잘 감당할 수 있도록 준비해야 한다.

2. 부정적인 면과 개선 방안

오순절 운동이 한국 교회의 양적인 성장에는 눈부신 공헌을 한 것이 사실이나 급성장에 따른 몇 가지 문제점이 드러나게 된 것 또한 사실이다. 이 문제점은 급속한 양적 성장에 따른 질적 성장이 이루어지지 못한 데서 비롯되었다고 볼 수 있다. 다시 말하면 양적 성장이 너무 빠르게 이루어지다 보니 미처 질적인 성장이 이루어질 겨를이 없었고, 이 때문에 교회가 양과 질에 있어서 조화와 균형을 이루지 못했기 때문이다. 교회의 질적 성장이란 개인적으로는 영적으로 성숙한 책임 의식이 있는 열매 맺는 신자들을 양성해 내는 것이요, 사회적으로는 교회가 사회 변화의 주체가 되어 사회의 잘못된 것을 바로잡고, 올바른 길을 제시하며 사회 속에 하나님 나라를 확장해 나가고, 한 시대의 정신을 선도해 나가는 능력을 의미한다.

1) 영적 우월감

공동체 안에서 일어나는 성령의 다양한 은사를 너무 제한해서도 안 되지만 다양한 은사로 영적 우월감에 도취되는 것도 커다란 문제점이 아닐 수 없다. 한국 교회의 역사 가운데 성령의 은사를 체험한 일부 성도들이 영적 우월감을 가지고 교회 내에 새로운 그룹을 형성하는 경우가 종종 있었다. 이는 교회 내에 분파를 조성하고, 초신자에게 신앙적으로 상처를 입히는 결과를 가져오게 된다. 성령의 은사는 단지 자신의 만족을 위해 부어지는 것이 아니라 그 은사를 통해 이웃과 사회에 그리스도의 사랑으로 헌신하라고 주신 것이다. 은사를 받은 그리스도인은 보이는 자신을 통해 보이지 않는 그리스도의 인격과 성품을 드러내는 삶을 살아야 한다. 따라서 은사의 활용을 통하여 교회에 덕을 세우고, 그리스도의 복음을 확산시켜 나가는 일에 모든 노력을 기울여야 할 것이다.

2) 개인 위주의 신앙

성령 체험을 한 사람들이 종종 성령과의 인격적인 교통을 통해 하나님의 뜻을 이루고 하나님의 영광을 드러내려는 차원으로 성화하지 못하고, 성령을 개인의 전유물처럼 생각하여 자기의 의지에 따라 성령을 이용하려는 경향이 나타나기도 했다. 그 결과 개인의 이익만을 위한 이기주의적 기복 신앙으로 흐르는 경우가 있었다. 성령을 신유나 복을 받는 수단으로 생각하게 되면 잘못된 신앙으로 흐를 수 있다. 물질 중심적, 이기주의적 기복 신앙으로 비판받을 뿐 아니라, 때로 이러한 경향에 빠진 사람들의 윤리적 삶의 결여가 비판의 대상이 되기도 한다.

성령은 우리의 뜻대로 움직이는 분이 아니라 주권적으로 활동하시는 분이다. 그러므로 우리는 자신의 이기주의를 포기하고 성령의 주권적인 역사에 동참하여, 모든 영광을 하나님께 돌리는 신앙생활을 해야 한다. 성령을 '모든 문제의 해결사'로서 자신의 유익을 위해 이용하려는 자기중심적인 신앙 자세를 버리고, 성령과의 깊은 교제를 통해 하나님의 뜻이 이 땅에 이루어지도록 하고 하나님의 영광을 드러내는 일에 이바지하는 신앙 자세를 가져야 할 것이다.

3) 탈사회적 신앙생활

오순절 성령 운동은 그 특성상 개인 구원과 개인 체험이 강조되기 때문에 자연히 사회 참여에 대해 소극적인 자세를 취해온 것이 사실이다. 이러한 태도는 정치적 부패, 경제적 불평등, 사회적 불의에 대하여 무관심하거나 방조하는 결과를 가져오게 된다. 그러나 오순절 운동이 개개인의 삶의 변화를 기초로 하여, 변화된 사람들이 사회의 일원으로 사회에서 빛과 소금의 역할을 감당해 나감으로써 사회 구원에 참여하게 되는 것이다.

오순절 신앙은 이제 이웃에 대한 사랑과 사회적 책임 의식을 강조하는 방향으로 나아갈 필요성이 있다. 기독교한국교회협의회(NCCK)에 오순절 교단인 기독교대한하나님의성회 교단이 가입[119]한 것도 이러한 필요성을 절실하게 느끼고 있었기 때문이다.

4) 신학 교육의 빈곤

대부분의 오순절주의자가 영적 체험을 강조하다 보니 자연히 이에 대한 신학 정립에 관해서는 소홀히 해 온 것이 사실이다. 이에 따라 교리적 혼돈도 뒤따르게 되고, 잘못된 신비주의 운동도 일어나게 되었다. 이를 극복하기 위해 신학 정립을 위한 끊임없는 노력과 연구, 타 교파 학자들과의 대화, 비판적 견해에 대한 자기반성과 갱신이 뒤따라야 한다. 또한, 성도들을 철저한 말씀 교육으로 무장시켜 언제나 성경적으로 뒷받침되는 체험적 신앙으로 인도해야 한다. 동시에 신학 교육 및 정립에 치중해 영성을 상실하는 일이 없도록 주의해야 한다. 건전한 성령 운동은 언제나 말씀 운동과 함께 일어난다는 사실을 기억해야 한다.

---

[119] 기독교대한하나님의성회는 1996년 5월 정기 총회에서 한국기독교교회협의회(NCCK)의 가입을 결정하고 정식 회원으로 가입함으로써 NCCK의 8개 회원 교단 중의 하나가 되었다.

VI 나가는 말 – 한국 오순절 운동이 나아갈 방향

역사를 통해 알 수 있듯이 오순절 성령 운동이 한국 교회에 미친 영향은 실로 지대하다. 기도와 말씀 공부를 강조하는 한국 교회의 신앙 형태를 결정지은 1907년 대부흥 운동, 박해 속에서도 다가올 내세의 축복을 바라보며 현실의 어려움을 극복하게 한 1930년대 성령 운동, 사회의 혼란과 변화 속에서 하나님의 구원의 능력을 의지하도록 한 1950년대 성령 운동, 전국 교회가 초교파적으로 하나되어 선교의 폭발적인 힘을 나타낸 1970년대 성령 운동, 1970년대 이후 여의도순복음교회를 중심으로 하여 일어난 성령 침례의 체험과 신유를 강조한 오순절 운동 등은 한국 교회 신앙의 맥을 형성해 왔다.

오순절 성령 운동이 한국 교회에 미친 영향을 마무리하면서 한국 오순절 운동이 나아갈 방향에 대해 논하고자 한다.

첫째, 교회 부흥과 건전한 성장을 위해 오순절 운동은 계속되어야 한다.

성령의 능력 없이는 성공적인 신앙생활도, 교회의 성장도 기대할 수 없다. 한국 교회의 역사를 통해 알 수 있듯이 성령 운동은 한국 교회 성장에 있어서 결정적인 역할을 해 왔다. 1970년대 부흥 운동이 보여 주었듯이 건전한 성령 운동은 교회 부흥의 초석이 된다. 교회가 성령 충만에 힘쓰지 않으면 성도들의 신앙은 메마르고 교회는 피폐하게 된다. 또한, 영적 만족을 얻지 못한 성도들은 자신들의 필요를 채우기 위해 자꾸 교회 밖으로 나가게 된다. 성령 운동을 통해 교회가 날마다 새로워져야 하며, 성령 충만의 결과로 성도들의 삶에 많은 열매가 맺혀야 한다.

둘째, 오순절 운동은 말씀 중심의 운동이 되어야 한다.

하나님의 말씀을 무시한 신앙은 극단의 신비주의, 나아가 이단이 되고 만다. 우리는 한국 교회 역사를 통하여 이러한 사실을 잘 알고 있다. 그 대표적인 예가 박태선의 전도관이고, 문선명의 통일교이며, 이외에도 많은 이단을 우리는 쉽게 발견할 수 있다. 하나님의 말씀은 성령의 감동 하심으로 쓰여졌다(벧후 1:21). 따라서 성령 운동은 철저히 말씀 중심의 운동이 되어야 한다. 말씀 중심의 성령 운동은 교회를 질적으로 양적으로 부흥시킨다.

한국 교회는 이러한 좋은 전통을 갖고 있다. 1907년 대부흥 운동이 그 예이다. 한국 교회는 이 좋은 전통을 좇아 말씀 공부에 힘써, 성령 충만의 열매가 말씀의 생활화로 나타나야만 한다. 실로 오순절 성령의 참된 역사는 '오직 성경과 더불어', '하나님 말씀으로 말미암아' 일어난다.

셋째, 오순절 운동을 통하여 한국 교회는 하나가 되어야 한다.

성령 운동은 에큐메니칼 운동(교회 일치 운동)과 매우 밀접한 관계가 있다. 교회 일치 운동에 있어 교회의 창시자와 주관자인 성령의 능력을 의지하지 않으면 모든 노력이 허사가 되기 때문이다. 사도 바울은 성령의 감동하심을 통하여 "몸이 하나요 성령도 한 분이시니"(엡 4:4), "평안의 매는 줄로 성령이 하나 되게 하신 것을 힘써 지키라"(엡 4:3)고 말하였다. 한국 교회가 짧은 시기 동안 놀랍게 성장, 발전해 왔으나, 한편으로는 사소한 이유로 말미암아 교회가 나누이고 교파가 분열되는 아픔을 겪어 왔다. 교파는 민족과 문화, 지역사회 배경 등의 차이점이 원인이 되어 생겨난다. 그런데 한민족, 단일 문화, 한반도에서 반만년을 지내 온 우리 한국 민족이 수많은 교파로 나뉘어, 서로 자기 교파만을 고집하고 폐쇄적이 되어 자기 교파의 뜻과 달리하는 타 교파를 서슴지 않고 비난하는 옹졸함을 보여 왔다. 이제 성년 한국 교회는 이러한 폐쇄성에서 벗어나 모두가 성령 안에서 하나 되기를 힘써야 한다. 더는 무익한 대립을 통해 서로에게 상처 입히는 잘못을 범하지 말고, 주님의 사랑 안에서 꾸준한 대화를 통해 서로를 이해하고 힘을 모아 하나님 사업에 전력을 다해야 한다.

넷째, 오순절 운동을 통해 모인 힘은 '선교'로 나타나야 한다.

주님께서는 우리에게 절대 지상 명령을 주셨다. "오직 성령이 너희에게 임하시면 너희가 권능을 받고 예루살렘과 온 유대와 사마리아와 땅 끝까지 이르러 내 증인이 되리라 하시니라"(행 1:8) 이 말씀을 한마디로 요약하면 '선교'이다. 우리는 성령 운동을 통하여 하나님의 권능을 받아 서울, 한국 전역, 전 세계에 이르러 주님의 증인이 되어야 한다. 한국 교회는 실로 말씀과 성령이 충만한 교회가 되어 질적, 양적으로 끊임없이 성장해 나아감과 동시에, 온 세계에 주님의 복음을 전하기 위해 힘쓰는 선교 대국이 되어야 할 것이다.

끝으로, 오순절 운동은 한국 사회를 근본적으로 변화시키는 촉매가 되어야 한다.

이제 한국 교회가 내 교회, 내 교단의 부흥과 확장만을 힘쓰던 시기는 지나갔다. 하나님께로부터 받은 놀라운 축복에 대한 진정한 감사가 사회 속에 열매 맺혀지지 않을 때 하나님께서는 촛대를 옮기실 지도 모른다. "한국 사회는 여전히 죄로 물들어 가고 빈부격차는 심해 가는데 1,200만 명의 기독교인은 무엇을 하고 있는가."라는 질문에 떳떳이 답할 수 있는 한국 교회가 되어야 한다. 산처럼 쌓여 있는 한국 사회의 난제들에 대한 해답을 성령 운동에 걸어 본다. 성령 운동을 통해 사회 변혁, 영적 대각성 운동을 기대할 수 있기 때문이다.

오순절 운동의 성패는 인간이 무엇을 이루었다는 자만심을 버리고 가장 겸손한 모습으로 하나님께만 영광 돌리는 데 있다. 즉 '오직 그리스도'(그리스도 제일주의, 그리스도 중심주의)와 함께 그리스도께 받은 은혜를 힘입어, 성령의 능력으로 '열매 맺는 일'(내적 성화와 외적 사회 변화)에 얼마만큼 힘쓰느냐에 그 성패가 달려 있음을 우리는 절대 간과하지 말아야 한다.

참고문헌

강만길. 『한국 현대사』. 서울: 창작과 비평사, 1990.
강원용. "이 책을 간행하며". 3-5. 『한국 교회 성령운동의 현상과 구조』 크리스챤 아카데미 편. 서울: 대화출판사, 1982.
국제신학연구원. 『여의도순복음교회의 신앙과 신학』. 서울: 서울서적, 1993.
_____. 『하나님의성회 교회사』. 서울: 서울말씀사, 1998.
기독교대한하나님의성회 30년사 편찬위원회. 『기독교대한하나님의성회 30년사』. 서울: 종려문화사, 1981.
김길송 편. "예수한국 과시한 80세계 복음화 대회". 〈크리스챤 라이프〉 154(1980.8-9). 32-33.
김양선. 『한국기독교사연구』. 서울: 기독교문사, 1971.
김진환. 『한국 교회 부흥 운동사』. 서울: 서울서적, 1993.
김홍기. 『세계 기독교 역사 이야기』. 서울: 예루살렘, 1992.
길진경. 『영계 길선주』. 서울: 종로서적, 1980.
나일선. "한국 교회 성장의 비결들". 「목회와 신학」. (1990. 2). 58-67.
듀웰, 웨슬리. 『세계를 뒤바꾼 부흥의 불길』. 안보연 역. 서울: 생명의 말씀사, 1996.

류형기 편.『성서사전』. 서울: 한국기독교문화원, 1996.

민경배.『한국 기독교회사』. 서울: 대한기독교서회, 1978.

박아론.『새벽 기도의 신학』. 서울: 세종문화사, 1980.

박용규.『김익두 목사 전기』. 서울: 생명의 말씀사, 1991.

백낙준.『한국개신교사』. 서울: 연세대학교출판부, 1973.

브룬너, 프레드릭 데일.『성령신학』 김명용 역. 서울: 나눔사, 1989.

서광선. "민중과 성령". 302-16.『민중과 한국신학』NCC 신학위원회 편. 서울: 한국신학연구소, 1991.

서철원.『성령신학』. 서울: 총신대학출판부, 1995.

성백걸.『사랑과 정의 사도, 이용도의 삶과 사상』. 서울: 장안문화사, 1995.

순복음교육연구소.『하나님의성회 교회사』. 서울: 서울서적, 1990.

신광철. "초기 한국 교회의 영성을 이끈 길선주 목사".「목회와 신학」83(1996). 182-83.

와그너, 피터.『성령의 은사와 교회 성장』 권달천 역. 서울: 생명의 말씀사, 1982.

_____.『효과적인 교회 성장』 권달천 역. 서울: 생명의 말씀사, 1983.

유동식. "한국 교회와 성령운동". 9-21.『한국 교회 성령운동의 현상과 구조』크리스챤 아카데미 편. 서울: 대화출판사, 1982.

_____.『한국신학의 광맥』. 서울: 전망사, 1986.

이성근 편.『한국사』. 서울: 진단학회, 1964.

이성봉. "부흥사업순회약보". 「활천」 192(1938). 41-42.

이영헌. 『교회의 발자취』. 서울: 예수교장로회총회 교육부, 1969.

이원규. "한국 교회 성장의 사회학적 고찰". 「월간목회」 78(1983. 2). 44-50.

이종성, "성령과 교회부흥". 「성령」 신학연구논문 2집. 서울: 영산출판사, 1982. 53-63.

전택부. 『한국 교회 발전사』. 서울: 대한기독교출판사, 1987.

조선예수교장로회 총회. 〈조선예수교장로회 제27회 회의록〉. 1938.

조종남. "교회 성장과 성령의 은사". 44-51. 『교회 성장』 3집. 서울: 영산출판사, 1983.

최자실. 『나는 할렐루야 아줌마였다』. 서울: 서울서적, 1990.

최준수. "개신교 100주년 선교대회의 결산". 『기독교사상』 316(1984. 10), 195-202.

칼뱅, 쟝. 『기독교 강요』 김종흡 외 3인 역. 서울: 생명의 말씀사, 1986.

탁명환. 『기독교이단연구』. 서울: 국제종교문제연구소, 1986.

한국교회사학연구회. 『한국 기독교 사상』. 서울: 연세대학교출판부, 1998.

한국기독교역사연구소. 『한국 기독교의 역사』 I. 서울: 기독교문사, 1989.

_____. 『한국 기독교의 역사』 II. 서울: 기독교문사, 1990.

한영제 편. 『한국 기독교 인물 100년』. 서울: 기독교문사, 1987.

한춘근. 『죽지 않는 순교자 김익두』. 서울: 성서신학서원, 1993.

헌틀리, 마사. 『한국 개신교 초기의 선교와 교회 성장』 차종순 역. 서울: 목양사, 1985.

황승룡. "성령론적 맥락에서 본 교회". 『기독교 사상』 385(1991. 1). 95-120.

Anderson, Robert M. *Vision of the Disinherited*. Peabody: Hendrickson Publishers, 1992.

Bartleman, Frank. *The Azusa Street Revival*. L.A.: Frank Bartleman Publisher, 1925.

_____. Azusa Street: *The Roots of Modern-day Pentecost*. Plainfield: Logos International, 1980.

Blumhofer, Edith L. *The Assemblies of God*. vol. I. Springfield: Gospel Publishing House, 1989.

Bundy, David D. "Keswick Higher Life Movement." *In Dictionary of Pentecostal / Charismatic Movements*. Edited by Stanley Burgess and Gary McGee. Grand Rapids: Zondervan Publishing House, 1988.

C.G.I. *Church Growth Manual*. No. 4. Seoul: C.G.I., 1992.

Dayton, Donald W. *Theological Roots of Pentecostalism*. Grand Rapids: Francis Asbury Press, 1987.

Dart, John. "Charismatic and Mainline." *Christian Century* 123

(March 2006). 22–27.

Downs, Frederick. *History of Christianity in India*. Bangalore: Church History Association of India, 1992.

Frodsham, Stanly H. *With Signs Following*. Springfield: Gospel Publishing House, 1946.

Hollenweger, Walter J. "After Twenty Years' Research on Pentecostalism." *Theology* 87 (November 1984). 403–12.

Ladd, George E. *A Theology of the New Testament*. Grand Rapids: Wm B. Eerdmans Publishing Company, 1983.

Lane Jr, Ralph. "The Catholic Charismatic Renewal Movement in the United States: A Reconsideration." *Social Compass* 25 (1978), 23–35.

Lee, Jae Bum. *Pentecostal Type Distinctives and Korean Protestant Church Growth*. Ph.D. diss. Fuller Theological Seminary, 1986.

MaCune, G. S. "The Holy Spirit in Pyeng Yang." *The Korea Mission Field* (January 1907), 1–45.

Nichol, John T. *The Pentecostals*. Plainfield: Logos International, 1966.

Pierson, Arthur T. *Forward Movement of the Last Half Century*. New & London: Garland Publishing, Inc., 1984

Poewe (ed.), Karla. *Charismatic Christianity as a Global Culture*.

Columbia: the University of South Carolina Press, 1994.

Synan, Vinson. *Aspects of Pentecostal-Charismatic Origins*. Plainfield: Logos International, 1975.

_____. *The Holiness-Pentecostal Movement in the United States*. Grand Rapids : Wm. B. Eerdmans Publishing Company, 1989.

_____. *In the Latter Days*. Ann Arbor: Servant Publications, 1991.

_____. "Perspectives on the Holy Spirit Movements of the Twentieth Century." 『교회사에 나타난 성령의 역사』 국제신학연구원 편. 제4회 국제신학학술세미나 자료집. 서울: 국제신학연구원, 1996.

_____. The *Holiness-Pentecostal Tradition*. Grand Rapids: Wm. B. Eerdmans Publishing Company, 1997.

Torrey, R. A. *Baptism with the Holy Spirit*. New York: Fleming H. Revell, 1897.

_____. *What the Bible Teaches*. Grand Rapids: Fleming H. Revell, 1898.

_____. *The Person and Work of the Holy Spirit: As Revealed in the Scriptures and in Personal Experience*. London: James Nisbett, 1910.

_____. *The Holy Spirit, Who He Is and What He Does*. Westwood: Revell, 1927.

Wagner, Peter C. "The Third Wave?" *Pastoral Renewal* (July–August 1983), 1–5.

한국 교회의 전도와 교회 성장

목 차

I. 들어가는 말: 한국 교회의 전도와 교회 성장

II. 한국 교회 역사와 교회 성장

  1. 가톨릭의 전래

  2. 개신교의 전래 및 구한말 기독교회의 성장

  3. 1907년 대부흥 운동과 일백만 구령 운동

  4. 일제강점기 기독교회의 성장

  5. 해방 후 한국 교회의 성장

  6. 1970년대 이후 교회 성장

III. 한국 교회 성장의 원인

  1. 내적 요인

  2. 외적 요인

IV. 평가

  1. 기복 신앙의 문제

  2. 교회의 계층화 현상

  3. 사회 참여의 부재

  4. 공동체 의식의 약화

V. 나가는 말

참고문헌

들어가는 말: 한국 교회의 전도와 교회 성장

한국 교회사는 '교회 성장사' 또는 '부흥 운동사'라고도 불릴 만큼 약 120년의 역사 속에 부흥과 성장을 거듭했다. 비옥한 종교적 토양 위에 뿌려진 기독교 복음의 씨앗은 타 종교 전통과의 갈등과 대립, 혹은 때때로 서로 간의 직·간접적인 영향 속에서 깊이 뿌리내리게 되었다.[1] 이와 함께 기독교는 국운이 기울어 가던 구한말에 한국에 들어와 우리 민족과 함께 긴 고난의 역사를 헤쳐나가는 가운데 그들에게 내일을 향한 비전을 제시해 주었다. 기독교의 메시지가 고난의 극복과 내세의 소망을 담고 있기에, 기독교는 절망에 처한 한민족의 안식처가 되어 주며 고난의 역사 속에서도 줄기차게 성장할 수 있었다. 그뿐만 아니라 기독교는 일제강점기, 6·25전쟁, 4·19혁명, 5·16군사정변 등 급변하는 상황 속에서도 성장을 멈추지 않았다.

---

1) 한국의 여러 종교들과 기독교와의 상관관계에 관해서는 다음 책을 참조하라. 유동식, 『한국 종교와 기독교』(서울: 대한기독교서회, 1965).

그러나 긴긴 고난의 터널을 지나 사회가 경제적, 정치적으로 안정되면서 기독교의 성장은 점차 둔화되고, 결국 전체 인구의 25% 선에서 정체되기에 이르렀다.[2] 전 세계 선교 역사상 유례를 찾아볼 수 없는 경이적인 성장을 이루었던 한국 교회가 이처럼 정체된 현상에 대해 국내외 많은 학자가 관심을 두고 이에 대한 진단 및 연구를 진행하고 있다.

본 글을 통해 한국 교회의 역사 속에 나타난 한국 교회 성장을 시대별로 살펴보고, 이 같은 급속한 성장이 가능했던 원인을 분석해 보고자 한다.[3]

---

2) 한국 교회 성장이 둔화되고 정체되게 된 것은 1990년대 이후이다.
3) 본 글은 개신교를 중심으로 전개하고자 한다.

II 한국 교회 역사와 교회 성장

한국 교회의 경이적인 성장은 일찍부터 세계 교회의 주목을 받아 왔다. 교회사에서 유례를 찾아보기 어려운 놀라운 부흥이 복음의 불모지였던 한국에서 일어났고 이는 세계 교회의 관심을 불러일으켰다. 한국에 온 선교사들이 자국의 선교 본부에 이 사실을 계속 보고함으로써 한국의 부흥은 전 세계에 알려지게 되었다.

그런데 한국 교회의 성장 과정을 살펴보면 특이한 점이 있다. 그것은 한국에 선교사들이 들어와 복음을 전하기 이전 이미 복음이 한국에 들어와 있었다는 것이다. 한국은 가톨릭과 개신교 모두 선교사들이 들어오기 이전에 이미 자국인에 의해 복음이 전파되었다.

1. 가톨릭의 전래

가톨릭의 경우 중국 사절단의 일행이었던 이승훈이 1783년 북경에 이르러 예수회 선교사들과 만나 여러 차례 학문을 토론하는 과정에서 기독교의 오묘한 교리를 학습하게 되었고, 마침내 신앙을 갖게 되어 세례를 받았다. 그는 선교가 아니라 구도(求道)에 의해 한국 최초로 세례 교인이 된 사람이다. 그는 그 해 3월 귀국 시 여러 권의 교리서와 십자가 상, 성화, 묵주 등을 가지고 왔으며, 복음 전파에 힘썼다. 그 결과 그가 서울 근교에서 선교한 지 5년이 지났을 때 신도의 수가 무려 4천 명을 헤아리게 되었다.[4] 또한, 이승훈과 함께 선교 사역에 힘쓴 이벽(李檗)의 공헌을 간과할 수 없다. 그는 많은 지도층 인사를 집교하게 하였고 그들과 함께 수시로 모여 예배드리고 교리도 강습하였다.[5] 결국 이 모임이 확장되어 가자 조선 정부의 박해가 시작되었고, 가톨릭이 이 땅에 정착되기까지 수많은 순교자의 희생이 있었다.

2. 개신교의 전래 및 구한말 기독교회의 성장

개신교 역시 선교사가 들어오기 이전 만주와 일본에서 복음을 받아들인 우리 한국인들에 의해 복음 전파의 길이 열렸던 것을 알 수 있다.

한국에 복음을 들고 첫발을 디딘 선교사로는 네덜란드 선교회 소속 칼 구츨라프(Karl Gutzlaff)를 들 수 있다.[6] 그는 1832년 영국 상

---

[4] 민경배, 『한국기독교회사』 (서울: 대한기독교출판사, 1993), 56–57.
[5] 한국기독교역사연구소, 『한국 기독교의 역사』, I (서울: 기독교문사, 1989), 73.

선 '로드 앰허스트'(Lord Amherst)호를 타고 황해도에서 충청도에 이르는 해안 지역을 방문하여 약 한 달간 머무르면서 쪽복음 서책을 나누어 주기도 하면서 복음을 전하려고 노력하였으나 별다른 성과를 얻지 못하고 돌아갔다. 그 후 1866년 중무장한 미국 상선 제너럴 셔먼(General Sherman)호에 함께 탄 영국 선교사 로버트 토머스(Robert J. Thomas)가 대동강을 타고 평양까지 들어왔으나 조선 군인과 충돌하는 과정에서 그는 순교하게 되었다. 그는 죽음을 앞둔 순간까지 자신을 죽이려고 하는 사람들에게 끝까지 성경책을 나누어 주었는데 이는 후일 여러 사람을 개종시키는 결과를 낳았다.[7] 로버트 토머스는 이 땅의 첫 개신교 순교자로 기록을 남기게 되었다.

그다음으로 1870년대 만주 지역에 진출한 스코틀랜드 연합장로교회 선교사들의 헌신적인 복음 전파 사역을 들 수 있다. 이들 중 처남, 매부지간이었던 존 로스(John Ross)와 존 매킨타이어(John Macintyre)의 활약이 두드러지는데, 이들은 대원군의 통상수교거부 정책으로 선교의 문이 닫혀 있을 때 한국 선교를 위한 교두보를 설치하기 위해 만주를 중심으로 문서 선교 사역을 활발히 전개하였다.[8] 선교사들은 당시 통상 등의 여러 가지 목적으로 만주에 온 한

---

6) 남영환, 『한국 기독교 교단사』 (서울: 도서출판 영문, 1995), 80.
7) 곽안전, 『한국 교회사』 (서울: 대한기독교서회, 1973), 17-18.
8) 한국기독교역사연구소, 『한국 기독교의 역사』, I, 142-46.

국인들과 접촉하여 조선의 말과 글을 배우고 역사와 문화를 익히는 한편, 그들에게 기독교 진리를 전파하기 위해 모든 노력을 기울였다. 그 결과 1879년 네 명의 한국인이 만주에서 이들로부터 세례를 받게 되었으며, 이를 계기로 신약 성경의 한글 번역 작업이 활발히 전개되었다. 그리하여 1882년에는 누가복음과 요한복음이 각각 3천 부씩 간행되었고, 1887년에는 신약 성경이 『예수셩교전셔』라는 이름으로 번역, 간행되었다.[9] 그 이후 기독교는 한국인들의 자발적이고 적극적인 노력으로 한반도 전역에 전파되었다.

만주에서 성경이 번역되어 한국에 도입된 시기에 일본에서도 비슷한 일이 일어났다. 1881년 말에 일본에 사찰단으로 왔던 이수정은 친구 안종수의 권유로 기독교에 관심을 갖게 되었고, 얼마 후 미국에서 온 장로교 선교사 죠지 낙스(George Knox)와 감리교 선교사 로버트 매클레이(Robert S. Maclay)를 알게 된 후 기독교인이 되었다.[10] 그는 미국 성서공회 총무의 권유를 받고 1884년에 『현토한한신약성서』(縣吐漢韓新約聖書)를 출판한 데 이어 1885년 초에는 마가복음을 한국어로 번역, 출판하였다.[11] 같은 해 4월 한국에 공식적으로 첫 번째 선교사로 부임한 헨리 거하드 아펜젤러(Henry Gerhard Appenzeller)와 호러스 그랜트 언더우드(Horace Grant

---

9) 남영환, 『한국 기독교 교단사』, 146-52.
10) 한국기독교역사연구소, 『한국 기독교의 역사』, Ⅰ, 157.
11) 곽안전, 『한국 교회사』, 25-27.

Underwood)는 바로 이 마가복음을 가지고 들어왔다.[12]

선교사의 입국에 앞서서 자국인에 의해서 성경이 번역, 보급되었다는 사실은 세계 선교 역사상 한국에서만 볼 수 있는 특징이다. 성경 번역의 이러한 독특성은 그 뒤에 보이는 성경 연구에 대한 열심과 함께 결국 한국 교회의 성장, 발전을 가져왔을 뿐만 아니라, 한국 기독교의 성격을 규정하는 중요한 요인이 되었다. 이러한 바탕위에 선교사가 들어왔기 때문에, 그들은 한국에 입국한 지 얼마 되지 않아 선교의 열매를 풍성하게 맺을 수 있었다.

1885년 선교사들의 입국은 한국 기독교의 정착과 성장을 촉진하는 계기가 되었다. 그 뒤 19세기 말에서 20세기 초 사이 국권 피탈 기간 동안 교회에 나오는 사람들의 수가 폭발적으로 증가했다.[13] 조선 말기 정권의 타락과 사회적 불안으로 생명과 재산을 위협받고 의지할 곳 없는 백성이 기독교에서 희망을 찾고자 했던 것이다.

3. 1907년 대부흥 운동과 일백만 구령 운동

1905년부터 1910년까지 일제는 한국의 외교권을 강탈하고 군대를 해산시켰으며, 행정권 · 사법권 · 경찰권 등을 차례로 빼앗아 갔

---

[12] 남영환, 『한국 기독교 교단사』, 85; 한영제, 『한국 기독교 문서운동 100년』 (서울: 기독교문사, 1987), 18.
[13] 서명원, 『한국 교회 성장사』 (서울: 대한기독교서회, 1966), 53.

다.[14] 주목할 만한 것은 이 기간에 '대부흥 운동'과 '일백만 구령 운동'이 일어났다는 것이다. 나라의 절망적인 상황은 방향을 잃고 불안에 처해 있던 국민으로 하여금 절대자 하나님을 찾고 의지하게 함으로써 교회 성장의 새로운 계기를 마련하였다.

이 같은 사회적 배경에서 1907년 초 평양에서 일어난 대부흥 운동은 절망에 처한 한국인에게 큰 힘과 용기를 가져다주었고, 일제 강점기를 견딜 수 있는 힘을 제공했다. 이 부흥 운동은 기도와 성경 공부, 그리고 전도에 힘쓰는 한국 교회의 신앙적 특성을 형성했고, 이 운동의 결과로 교회는 질적으로나 양적으로나 급속한 발전을 이루었다.[15]

이 부흥회를 가능케 한 근본적인 배경은 1903년 원산에서 있었던 '성서 연구 모임'이다. 그해 겨울 한국을 잠시 다녀갔던 스웨덴의 목사 프란슨(F. Franson)과 중국 체제의 남감리교 선교회의 여선교사 화이트가 원산에서 하디를 비롯한 선교사들과 함께 기도와 성서 연구를 위해 한 주간을 함께 보낸 일이 있었다. 이때 캐나다인으로 남감리교 선교부에서 일하던 하디는 강원도에서 몇 년 동안 힘써 일해도 결실을 맺지 못한 것에 고민하다가, 이 모임에 참석하여 기도하던 중 자신의 선교 사업의 실패가 체험적 신앙의 전달보

---

14) 남영환, 『한국 기독교 교단사』, 156–57.
15) 이영훈, "한국 교회 성령 운동이 나아갈 길", 『성령 운동의 현주소』 (서울: 국제신학연구원, 1993), 103–6.

다 지식의 전달에 치중했기 때문이었음을 깨달았다.

그리하여 그가 회개하고 성경을 읽던 중 누가복음 11장 13절의 말씀을 통해 성령의 은혜를 체험하게 되었다. 그는 은혜를 체험한 후 곧 자신의 잘못에 대하여 먼저 자기 집의 요리사에게, 그다음은 선교사들에게, 그리고 한국 교인들에게 자신의 교만했던 모습을 회개하고, 그가 체험한 성령의 은혜에 대해 고백하였다.[16]

이와 같은 하디의 간증을 들은 한국 교인들은 모두 성령의 체험을 갈망하게 되었다. 그리하여 이듬해 봄 다시금 사경회가 열리게 되었는데 이번에는 교파가 연합하여 사경회를 개최하였고 이 사경회를 통하여 성령의 체험을 한 수많은 성도가 원산 거리를 누비며 가슴을 치면서 통회 전도하였다. 그리하여 이 부흥 운동이 점차 전국으로 확대되어 가면서 1907년 1월 평양에서 그 절정을 이루었던 것이다.

1907년 1월 평양에서 열린 사경 부흥회에는 수많은 성도가 참석했는데, 이 성회에서 놀라운 성령의 역사가 일어났다. 교인들은 눈물과 감격에 겨워 밤새워 기도하기 시작했고 그 감동의 격류는 며칠 동안 계속되었다. 통성 기도의 음성은 신비로운 조화와 여운을 가지고 있었으며 통회의 울음은 설움의 폭발이라기보다는 성령의

---

[16] 1907년 대부흥 운동의 자세한 내용과 그 영향에 대해서는 다음을 참조하라. 송길섭, 『한국신학사상사』 (서울: 대한기독교출판사, 1991.), 150–60; William Blair & Bruce Hunt, *The Korean Pentecost and the Suffering Which Followed* (Carlisle: Banner of Truth, 1977).

임재에 압도되는, 그러한 넘치는 영혼의 찬양의 물결과 같았다.[17] 이 부흥 운동의 물결은 평양, 서울, 목포를 비롯하여 전국 각지로 미쳤는데, 교회는 물론 신학교 및 각급 학교에까지 영향을 미쳐 한국 전역에 성령의 바람을 불어넣었다.

이 운동의 결과로 한국 교회 성도들은 죄를 고백하며 기도와 말씀 공부를 열심히 하고, 생활이 변화되어 이웃에게 복음을 전하게 되었다. 이 운동이야말로 한국 교회에 영원한 흔적을 남겨 놓았고 말씀 연구와 기도를 중시하는 한국 교회의 경건주의적인 신앙 형태를 결정짓게 하였다. 한국 교회에 성령 강림을 체험케 했던 이 부흥 운동은 한국 교회의 양적 성장보다는 죄의 깨달음과 용서를 체험케 한 영적 신생, 그리고 성결과 관련하여 더 큰 의미가 있다.

이 운동은 감리교를 중심으로 한 일백만 구령 운동을 태동시켰다. 일백만 구령 운동은 10만에 달하는 전도인 수와 수백만 권의 소책자, 70만 권의 마가복음이 투입된 대전도 운동이었다.[18] 당시 국가는 매우 위태로운 상황이었지만, 백만 명이 그리스도에게 나아오기만 한다면 국권을 보존할 수 있다는 희망적인 메시지는 이 운동을 가속시키는 계기가 되었다. 비록 일백만 구령 운동이 그 목표만큼의 양적 성과를 거두지는 못하였으나 이 운동은 앞서 일어난 대부흥 운동과 함께 전도 운동에 일대 전기를 마련하게 되었으

---

17) 민경배, 『한국기독교회사』, 253.
18) 한국기독교역사연구소, 『한국 기독교의 역사』, I, 280-81.

며 한국 교회의 양적 성장에 크게 이바지하였다고 할 수 있다. 한 자료를 보면 1905–1910년간에 한국에서 선교하고 있던 미국 북감리회가 180%, 미국 북장로회가 250% 성장하였고 미국 남감리회는 700%나 성장했다고 한다.[19]

4. 일제강점기 기독교회의 성장

일제강점기 초기에, 한국 교회는 꾸준히 성장해 나갔다. 이러한 성장은 일제강점기 초기에 한국인들이 나라를 잃은 설움과 시련을 하나님께 의지하는 신앙으로 전환해 갔기 때문에 가능했다. 강제적인 국권 피탈 후 선교사들은 정교 분리 정책을 추진했다.[20] 이에 따라 장로교 총회가 대대적으로 비정치적인 복음화 사업을 계획하고 이를 조직적으로 실천하기 위한 전도대 조직 및 축호 전도를 본격화했던 일도 교회 성장에 영향을 미쳤다.

기독교인들이 3·1운동 당시 주도적 역할을 수행함으로써 3·1운동은 기독교가 급성장할 수 있는 계기를 만들어 주었다. 민족 대표 33인 중 16명이 기독교인이었을 뿐 아니라, 이 운동이 전국적으로 확산될 때 교회가 전국을 연결하는 통로 역할을 맡았고 곳곳에서 주도적인 역할을 감당하였다.[21] 기독교계의 이와 같은 활동은

---

19) 서명원, 『한국 교회 성장사』, 218.
20) 한국기독교역사연구소, 『한국 기독교의 역사』, Ⅰ, 302-5.

많은 한국인에게 기독교에 대해 긍정적인 이미지를 심어 주었다. 그 때문에 복음 전파는 옥중에서도 활발히 전개될 수 있었다.

1920년대에 들어 교회 성장에 크게 이바지한 또 하나의 요인은 카리스마적 영적 지도자들에 의해 일어난 부흥 운동이었다. 그 대표적 지도자로는 장로교의 길선주, 김익두 목사와 감리교의 이용도 목사를 들 수 있다.

당시 3·1운동 이후 교회는 안팎으로 무서운 시련과 여러 가지 도전을 받게 되었는데, 그 도전은 대체로 ① 일제의 탄압 ② 반 선교사 감정 ③ 경제적 시련 ④ 사회주의 사상의 도전 등을 들 수 있다. 그 결과 한국 교회의 신앙도 외향적인 사회 관심과 참여보다는 내적인 데에 좀 더 집중하게 되었다. 이 세상에 관한 관심보다는 저 세상에 대한 관심으로, 또 이룰 수 없는 현세적인 물질적 축복보다는 내세의 정신적인 축복을 갈구하게 되었다.[22] 이러한 내세적 신앙은 3·1운동 후 감옥에서 요한계시록을 800번이나 읽고 이 책을 전부 외워버린 길선주 목사에 의해 주도되었다. 길선주 목사는 '말세'와 '재림'을 강조하는 메시지를 주로 선포하였는데 40년 교역 생활 중 2만여 회의 설교, 청강자 380만여 명, 그에게 세례받은 자가 3천여 명, 개종자는 7만여 명이었다.[23] 김익두 목사는 한국과 만주, 시베리아에 걸쳐 776회의 부흥회와 2만 8천여 회의 설교를

---

21) 이영헌, 『한국 기독교사』, (서울: 컨콜디아사, 1992), 153.
22) 한국기독교역사연구소, 『한국기독교의 역사』, II (서울:기독교문사, 1990), 41.

했고, 150여 개소의 교회를 개척했으며 병 고침 받은 자가 무려 1만여 명에 달했을 뿐만 아니라 그의 설교를 듣고 회개하여 목사가 된 사람이 200여 명에 이르렀다고 한다.[24] 이러한 내세 지향적 신비주의 신앙 전통이 1930년대 초 감리교 이용도 목사에 의해 더욱 신비적이고 열정적으로 계승되었다. 그는 33세라는 젊은 나이에 세상을 떠났지만 살아있을 당시 침체된 한국 교회에 새로운 성령의 바람을 불러일으켰으며, 그의 부흥 운동은 교회 성장에 크게 영향을 미쳤다.

이 시기의 부흥 운동은 단순한 개인적 신앙 체험이나 교회 성장만을 추구한 것이 아니라, 오히려 1920-1930년대 한국이 처한 민족적 시련을 딛고 일어서려는, 말하자면 암울한 민족 현실을 극복하려는 기독교 신앙의 한 표현으로 해석될 수 있다.[25]

한편 장로교의 김익두 목사는 동시대에 '신유와 기적을 동반하는 부흥회'를 통하여 이적 중심의 부흥 운동을 전개했다. 그의 성회에는 항상 여러 가지 병으로 고생하는 환자들과 그들의 가족, 그리고 수많은 사람이 참석하였는데 성회 가운데 그들에게 수많은 기적이 일어났다.

한편 〈경성기독신보〉 제259호는 김익두 목사의 이적을 미국 나

---

23) 박근용 외 5명, 『기독교대백과사전』 3 (서울: 기독교문사, 1982), 153.
24) Ibid., 271.
25) 한국기독교역사연구소, 『한국기독교의 역사』, II, 187.

이아가라 폭포의 물 분량 그리고 베스비우스 화산의 뜨거운 분량과 함께 세계 3대 불가사의라고 불렀다.[26] 황해 노회는 이러한 사실을 기록하고 보존하기 위해 이적명증회라는 기관을 조직하여 '조선 예수교 이적명증집'을 발간했다. 이 일을 위하여 발기인으로는 오득인, 장홍범, 유만섭, 김용승, 임택권 목사와 이택주 장로 등이 선출되었으며 이들은 김익두 목사를 수행하면서 집회 현장 사진을 찍고 상세한 설명을 달아 책으로 출간했다.[27]

일제강점기에 부흥 운동을 주도한 인물들은 길선주, 김익두, 이용도 외에 성결교의 이명직과 정남수, 감리교의 김종우, 유석홍, 신홍식, 장로교의 김인서 등을 들 수 있다.

당시 부흥회를 통해 정착된 한국 기독교인들의 '내세 지향적', '신비주의적', 그리고 '신유와 기적을 간구하는 체험적' 신앙 성격은 오늘날까지도 한국 교회의 신앙 형태에 큰 영향을 미치고 있다.

이 시기에 감리교와 장로교에서도 각각 교단적 차원에서 복음 전도 운동을 추진했다. 1918년 9월 감리교(남)에서는 선교사들과 한국 교회 지도자들이 모여 '백년전진운동'의 계획을 세웠는데 교회 성장을 위한 중보 기도, 생명과 물질의 청지기 정신, 개인 전도, 자급, 선교 헌신 등을 실천 사항으로 정했다.[28] 이 계획은 3·1운동으로 잠시 중단되었다가 1920년에 재개되었다.[29]

---

26) 한춘근, 『죽지 않는 순교자 김익두』 (서울: 성서신학연구원, 1993), 137.
27) Ibid., 107.

장로교의 경우, '진흥운동' 계획을 세우고 1919년 10월의 총회에서 선교사 방위량(William N. Blair)을 책임자로 한 '진흥부'를 신설하고, 각 노회에 3인씩 총 36인의 위원을 선정하여 진흥 운동에 박차를 가하였다.[30] 방위량은 하나의 특별한 캠페인을 위해서 열 권의 소책자를 준비하였고 모든 장로교 선교 지부를 여행하며 집회를 인도하였다. 거의 4천여 개의 장로교회들이 '진흥운동'을 위한 집회를 개최하였으며, 1920년 한 해 동안에만 5,603명이 결신했다.[31]

3·1운동 이후 한국 교회는 일제의 압박과 사회주의 계열의 비판을 받으면서도 계속 성장할 수 있었다. 1920년부터 1925년까지 5년간의 성장률은 30%에 달하였고 세례 교인도 6만 9천여 명에서 8만 9천여 명으로 증가하였다.[32] 1934년도 감리교와 장로교를 합한 교세는, 교회 수 3,498개, 한국인 전도인 수 1,458명. 선교사 수 335명, 성도 총수 36만 7,220명(이중 세례 성도 수 12만 7,067명, 세례 아동 수 3만 3,102명, 학습인 수 4만 4,692명이었다고 한다)이었으며 세례 성도는 9년 전에 비해 거의 배 이상 증가하고 있었다.[33]

일제강점기의 극한 탄압 속에서 양적 성장이 둔화되기는 했으나

---

28) Alfred W. Wasson, *Church Growth in Korea* (New York: International Missionary Council, 1934), 87-88.
29) 감리교회의 '백년전진운동'에 대해서는 위의 책 105-124를 참조하라.
30) 조선예수교장로회, 『총회록』 제8회(1919. 10), 9.
31) 서명원, 『한국 교회 성장사』, 76
32) Ibid., 79.

결과적으로 볼 때, 한국 교회는 세계 교회에서 유례를 찾아볼 수 없는 놀라운 성장을 기록했다. 장로교의 예를 들어 보더라도 세례 성도 수가 1910년에 3만 9,384명이던 것이 1942년에는 11만 2명으로 나타나 32년간 279.3%나 증가했던 것이다.[34]

5. 해방 후 한국 교회의 성장

일제강점기에 가장 많은 핍박을 받았던 한국 교회는 해방과 동시에 제일 먼저 교회 재건에 힘을 쏟았다. 이런 과정에서 국토 분단으로 인하여 남과 북이 따로 교회 재건에 착수하게 되었지만, 오히려 이 때문에 전도 운동은 더욱 활발하게 전개되었다. 1945년 12월 초에 열린 '이북 5도 연합 노회' 6개 항의 결의안에는 해방을 기념하는 전도 운동을 일으키자는 내용도 들어 있는데 이 전도 운동을 통하여 북한에서는 대대적인 성과가 있었다.[35] 남한에서는 1945년 9월 8일, 새문안교회에서 '남부대회'가 열렸으나 감리교회의 재건을 주장하는 측의 퇴장을 계기로 각 교파의 환원 운동이 일어나게 되었다. 이어서 감리교는 재건·부흥파로 분열되었고,[36] 장로교에서는 고신이 신사참배 문제로, 기장은 성경의 자유적인 해석 문제

---

33) 전택부, 『한국 교회발전사』, (서울: 대한기독교출판사, 1987), 238.
34) Bon-Woon Jeon, *Pastoral Counseling for Church Growth* (D.Min. Dissertation, Asian Center for Theological Studies and Mission, Seoul and Fuller Theological Seminary, 1987), 208.
35) 전택부, 『한국 교회발전사』, 273.

로 각각 분열되었다.[37] 교단 분열 후 각 교단의 경쟁 속에 교회 성장은 더욱 가속화되었다.

또한, 남한은 미 군정 하에 이승만 정부가 들어서게 되었는데, 이러한 기독교적 정권의 등장은 그 후의 전도와 기독교 세력의 외형적 성장에 도움이 되었다고 볼 수 있다.

한국 교회는 6·25전쟁 중에도 여러 가지 봉사 활동과 부흥 운동을 통해 계속 성장해 나갔다. 교파마다 구국 봉사 활동과 피난민 구호 활동 및 전도 부흥 운동을 전개하며 교세를 확장해 나아갔다.

장로교의 경우, 총회가 1952년을 전도의 해로 정하고 교인들을 총동원하여 1월부터 3월은 자체 신앙 부흥, 4월과 5월은 개인 전도, 집단 전도, 교회 지도 등의 단계로 나누어 부흥 운동을 진행하였다. 이를 바탕으로 1954년에 장로교회는 선교 70주년 기념사업의 일환으로 교회가 설립되지 않은 전국 500곳의 면에 교회 세우기 운동을 전개하였다. 감리교는 1953년 '웨슬리 250주년 기념 대부흥 운동'을 전개하는 한편, '100교회 세우기 운동'을 전개했다. 성결교회도 1952년 3월에 대부흥 운동을 벌였다. 그 결과 6·25전쟁의 발발에서부터 1955년까지 장로교에서 1,200여 개의 교회를 설립한 것을 비롯하여 감리교 500여 개, 성결교 250여 개, 기타 교

---

36) 민경배, 『한국기독교회사』, 456.
37) Ibid., 466-77, 527-32, 545-47 ; Young-Hoon, Lee, *The Holy Spirit Movement in Korea : Its Historical and Doctrinal Development* (Ph.D. Dissertation, Temple University, 1996), 111-15.

파 100여 개 등 전체적으로 약 2,050여 개의 교회가 설립되었다.[38]

한편 6·25전쟁 이후 서구의 여러 교파가 들어왔다. 1953년에는 '하나님의성회', 1954년에는 '그리스도교회'와 '나사렛교회' 및 '성서침례교회', 1958년에는 '루터교회', 그리고 1965년에는 '오순절교회'와 '하나님의교회'가 들어와 각각 교단을 설립하고 전도 활동을 벌여 나갔다. 그밖에 '몰몬교회'와 '여호와의증인' 등 외래 이단 종파도 들어왔다. 이런 교파들이 경쟁적으로 전도 활동을 벌이는 과정에서 한국 교회는 세계에서 유례를 찾아볼 수 없을 만큼 수많은 교파가 자리 잡게 되었다. 그러나 교파 분열 등으로 교회가 사회의 지도자적 기능을 다하지 못하고 있던 혼란기를 틈타 이단 종파가 우후죽순처럼 일어나기 시작했다. 박태선의 전도관과 문선명의 통일교가 그 대표적인 예이다.[39]

1960년대에 들어 4·19혁명 이후, 분열과 대립을 거듭해 오던 한국 기독교계가 변화되기 시작했다. 한국 교회의 새로운 각성은 그때까지 민족 앞에 보였던 분열과 대립을 지양하고 단합된 모습으로 나라와 민족에 봉사하자는 것이었다. 이것은 교파 간의 연합 운동을 가능케 하였고, 대규모 복음 전도 집회를 개최할 수 있게 되었다.

1964년에 발기된 '한국복음화운동추진회'는 '3천만을 그리스도

---

[38] 전택부, 『한국 교회발전사』, 314–15.

에게로!'라는 표어를 내걸고, 그 해 12월 3일, 발기인 총회와 창립 총회를 열고 천주교와 희랍정교까지 포함한 21개 교단 300명의 복음화 운동 전국 위원을 중심으로 임원진을 조직하고 활동을 시작하였다. 1965년부터 본격화된 이 운동은 지도자 훈련, 전도 집회, 월간지 간행 등에 힘쓰는 한편, 당시 세계적 부흥사로 알려진 중국인 조세광 목사를 초청하여 서울을 비롯하여 전국 주요 도시에서 집회를 가졌다. 민족 복음화 운동은 그해 11월 5일, 서울 운동장에서의 전국 신도 대회와 12월 30일 서울 후암교회(각 지방은 지역별로)에서의 민족 복음화 등 봉헌 예배를 드림으로 한 해 동안의 운동을 마감했는데, 그 해에 동원된 인원은 연인원 1백만 명이었다.[40]

6. 1970년대 이후 교회 성장

1970년대에 들어와서 민족 복음화를 위한 초교파 대전도 대회가 있었는데 '73 빌리 그래함 서울 전도 대회'와 '엑스플로 74 전도 대회', '77 민족 복음화 성회' 등을 들 수 있다.[41]

특히 1973년의 전도 대회는 '5천만을 그리스도에게로!'라는 표어를 내걸었는데, 이는 1965년의 민족 복음화 운동 때에 내건 '3천만'이 남한을 의식한 것임에 비해 이때의 '5천만'은 남북한을

---

39) 민경배, 『한국기독교회사』, 537-42.

포함하는 것이었다. 5월 30일부터 6월 3일까지 5일간 열린 본 대회인 여의도 집회는 연인원 334만 명이 모였고 대회 기간에 결신한 사람의 수는 4만 4천여 명이었다. 대회 첫날인 5월 30일 저녁에 참석한 사람의 수는 51만여 명이었다.[42]

여의도에서 열린 최초의 대규모 전도 집회였던 '73 빌리 그래함 서울 전도 대회'와 '엑스플로 74 전도 대회', 이 두 대회를 치르는 동안 전도를 통해 결신하게 된 수가 35만 명이라고 한다.[43] 이와 같은 대성회가 한국 교회 부흥의 초석이 되었음은 두말할 나위가 없다.

1977년 8월 15일부터 18일까지 여의도 민족 광장에서 '1977 민족 복음화를 위하여'라는 대전도 집회가 열렸다. 1965년과 1973년의 대부흥회가 외국인 부흥사들을 초빙하여 거행된 것이라면 이 전도 집회는 한국인 강사진들에 의해 추진된 것이었다. 1907년 대부흥 운동이 일어난 지 70년이 되는 이해에 우리나라에 다시 부흥 운동이 일어나야 하겠다는 간절한 열망으로 이 집회가 계획되었다. '민족 복음화를 위하여, 한국인에 의해서, 오직 성령으로'라는 주제 아래 연인원 150만 명이 동원되었던 이 집회는, 첫째, 일체 외

---

40) 이영현, 『한국 기독교사』, 376-81.
41) 1970년대 부흥 운동에 대한 자세한 내용은 다음을 참고 할 것. 김진환, 『한국 교회 부흥 운동사』 (서울: 서울서적, 1993), 272-94.
42) Ibid., 250.
43) '73 빌리 그래함 서울 전도 대회'와 '엑스플로 74 전도 대회'의 통계 자료는 Ibid., 249-51을 참조하라.

국의 도움이 없이 집회를 치렀고, 둘째, 금식이 선포된 가운데 밤낮 뜨거운 아스팔트 위에서도 자리를 뜨지 않은 성도가 수십만 명이었으나 한 건의 사고나 환자도 발생하지 않았으며, 셋째, 8만 명의 결신자가 있었고, 넷째, 상설 국제 선교 협력 기구가 탄생했다는 것이 특기할 만한 것이라고 평가되고 있다.[44]

그리하여 한국 교회는 '73 빌리 그래함 서울 전도 대회', '엑스플로 74 대회', '77 민족 복음화 성회', '80 세계 복음화 대회', '84 한국 기독교 100주년 기념 선교대회', '88 복음화 성회' 등 굵직한 대회를 치르면서 놀랍게 부흥했다. 여기서 한 가지 주목할 만한 사실은 이러한 대성회를 개최함에 있어 분열을 거듭해 오던 한국 교회가 모두 교파의 담을 헐고 서로 협력하여 함께 참여했다는 데 있다. 혹자는 이러한 대성회를 비난하며 물량적 겉치레를 과시하는데 그쳤다고 평하기도 했으나 거듭된 대성회가 한국 교회 발전에 미친 영향은 말할 수 없이 크다. 그 결과 1980년대 중반에 이르러 한국의 기독교인은 1천만에 다다르게 되었다.

이와 같은 성장에 있어 민족 복음화 대회 등 대규모 초교파 집회의 영향은 결정적이었다. 이 같은 초교파 대부흥 집회와 함께 각 교단의 교회 성장 정책 추진은 실질적 교회 성장에 큰 영향을 미쳤다.

대한예수교장로회(통합 측)에서는 1970년에 이미 5천 교회, 150

---

44) Ibid., 272-94.

만 신자 확보를 목표로 하는 3차 5개년 계획을 수립하였는데, 이 운동은 매년 3백 교회를 새로 개척, 설립한다는 것이었다. 이 계획이 끝날 무렵인 1974년에 63만 9,605명이던 신자가 1977년에는 81만 1,737명으로 증가하였는데, 이는 3년간 17만 2,132명이 늘어 매년 평균 5만 7,377명의 새 신자가 생긴 꼴이었다. 대한예수교장로회(합동 측)에서도 1975년에 교세 확장을 위해서 1만 교회 증설을 목표로 한 10개년 계획을 수립한 바 있었는데, 이 계획 실행 시기는 그 3년 전인 1972년에 60만 7,870명이던 신자 수가 1975년에는 66만 8,618명으로 불어나 매년 평균 2만 49명의 신자가 증가하고 있던 때였다.[45] 감리교 측도 1975년 총회에서 '5천 교회 100만 신도' 운동을 제창하고 이 운동을 전개해 나가게 되었다.

1970-1980년대에 한국 교회의 성장을 설명하는 데에 빼놓아서는 안 될 요소가 있다. 그것은 일명 '순복음교회'라 불리는 오순절 교파 교회의 성령 운동이다.[46] 해방 이후 한국에 뿌리를 내린 오순절 교파의 교회들이 본격적으로 활동하게 된 것은 1960년대 후반으로 이때로부터 한국 교회 부흥과 성장에 큰 영향을 미쳤다. 이들의 부흥 운동은 성령 체험과 신유, 긍정적 믿음과 십자가 대속으로

---

[45] 한영제, 『한국 기독교 성장 100년』 (서울: 기독교문사, 1986), 200-1, 한국 개신교인 누년 통계 AD 1895-1979를 참조하라.
[46] 한국 성령 운동의 연구서로 다음 서적을 참조하라. 『한국 교회 성령운동의 현상과 구조』 크리스챤 아카데미 편, (서울: 대화출판사, 1982), 본서는 여의도순복음교회를 중심으로 한 연구서임. 이재범, 『성령 운동의 역사』 (서울: 보이스사, 1985).

주어진 축복을 강조하면서 경제적 번영을 갈망하는 한국인들에게 큰 희망과 용기를 가져다주었다.

조용기 목사가 담임하던 여의도순복음교회는 이 시기에 개 교회로서 한국 교회 부흥 운동의 흐름에 큰 영향을 미쳤다. 여의도순복음교회는 조용기 목사의 '오중복음과 삼중축복'의 메시지를 중심으로 개인 전도, 문서 전도, 방송 전도 등을 통하여 한국은 물론 전 세계에 부흥 운동을 확산시켰다. 김진환 목사는 그의 저서에서 조용기 목사의 메시지를 '긍정적이며 소망적'이라고 말하면서 "성서에 입각한 순수한 믿음과 성령의 역사를 주장한다."고 덧붙였다.[47] 크리스챤 아카데미에서는 여의도순복음교회가 한국 교회 부흥 운동에 끼친 공로를 인정하여 『한국 교회 성령 운동의 현상과 구조』라는 책을 출간하기도 했다. 크리스챤 아카데미 원장 강원용 목사는 이 책의 간행사를 통해 다음과 같이 말하고 있다.

> "그러나 1970년대 후반부터는 이런 대립의 양상이 아주 달라졌습니다. 한국 교회에 관심 있는 분들은 누구나 한국에서 일어나는 전혀 새로운 사태에 깊은 관심을 보여 왔는데, 그 새로운 양상이란 한편으로는 거의 기적적이라고도 볼 수 있는 한국 교회의 급성장 현상입니다. 이것은 성령 운동, 삼박자 축복, 안수

---

47) 김진환, 『한국 교회 부흥 운동사』, 243.

치료와 축귀를 통한 치병 운동 등을 내용으로 하는 운동으로 불길같이 전국으로 번지고 또한, 한국인이 살고 있는 세계 곳곳에서 일어나게 된 일입니다. 이 운동이 한국 교회에만 큰 충격을 준 것은 아닙니다. 이 운동은 전 세계 교회들의 주목을 받고 있으며, 한국 사회 전체에 긍정적 혹은 부정적인 반응을 불러일으키게 되었습니다."[48]

여의도순복음교회는 1958년 불과 다섯 명으로 시작하여 현재 70만의 재적 성도를 가진 세계 최대 교회로 성장하였다.[49] 이 교회의 성장은 많은 학자의 연구 대상이 되어 왔다.[50] 여의도순복음교회의 성장 요인으로는 다음의 여섯 가지 사항을 들 수 있다.

첫째는 기도 운동이다. 여의도순복음교회는 1907년 부흥 운동 이후 사라져 가던 '합심 기도', '통성 기도'를 활성화하였고, 금요

---

[48] 강원용, "이 책을 간행하며", 『한국 교회 성령운동의 현상과 구조』(서울: 크리스챤 아카데미, 1982), 3-4.

[49] 이 논문이 집필될 당시(1998년) 여의도순복음교회의 성도는 75만 8,545명 이었으며 2007년 76만 5,301명을 기록한 후(참조, 여의도순복음교회, 『여의도순복음교회 50년사』, [서울: 여의도순복음교회, 2008], 432), 필자가 여의도순복음교회 당회장으로 취임한 해인 2008년 12월에 20개 제자 교회가 독립해 44만 3,148명으로 시작하여 2009년 12월 44만 9,438명, 2010년 12월 45만 9,502명, 2011년 12월 47만 1,616명, 2012년 6월 48만 2,221명을 기록하는 등 꾸준한 성장을 지속하고 있다. 〈순복음가족신문〉, "우리 교회 부흥의 역사 다시 쓰다", 2012. 8. 12, 1면 참조하라.

[50] 여의도순복음교회에 대한 연구로 다음 논문들을 참조하라. Jae-bum Lee, *Pentecostal Type Distinctives and Korean Protestant Church Growth* (Ph. D. Dissertation, Fuller Theological Seminary, 1986) ; Young-Hoon Lee, *The Holy Spirit Movement in Korea: Its Historical and Doctrinal Development* (Ph.D. Dissertation, Temple University, 1996); Sung-Hoon Myung, *Spiritual Dimensions of Church Growth as Applied in the Yoido Full Gospel Church* (Ph.D. Dissertation, Fuller Theological Seminary, 1990) ; Boo-Woong Yoo, *Korean Pentecostalism: Its History and Theology* (Frankfurt-am-Main: Peter Lang, 1987).

철야 기도회를 시작하여 한국 교회에 철야 기도 운동을 확산시켰다. 또한, 국제적 규모의 기도원을 설립하여 기도 운동을 더욱 활성화했다.

둘째는 성령 체험이다. 여의도순복음교회는 오순절 교단의 강조점인 '성령 침례' 체험을 초창기부터 강조함으로, 성도들의 신앙을 형식적인 데서 체험적이며 능동적인 신앙 형태로 바꾸어 열심 있는 신앙생활을 하게 하였다.

셋째는 메시지이다. 오순절 교회의 특징은 근본주의자들처럼 말씀을 강조하면서도 근본주의자들이 간과했던 말씀의 초자연적 능력에 대한 현재화를 함께 주장한다는 것이다. 조용기 목사의 메시지는 예수 그리스도의 십자가를 중심으로 한 절대 긍정의 믿음에 기초한 메시다. 그가 강조하는 오중복음과 삼중축복의 메시지는 이 같은 맥락에서 이해될 수 있다.

넷째는 목회자의 지도력이다. 일제강점기에는 길선주, 이용도, 김익두 목사 같은 몇몇 카리스마적 영적 지도자들에 의해 큰 부흥이 일어났는데, 조용기 목사 역시 탁월한 카리스마적 영적 지도력을 갖춘 지도자에 속한다. 그는 폐병 3기의 죽음의 문턱에서 그리스도를 영접하고 기적적으로 회복된 후 자신의 체험을 바탕으로 적극적인 복음 사역을 펼쳐나가 오늘날의 여의도순복음교회를 이루어 놓았다. 40년의 역사 속에서 세계 최대의 교회가 되기까지 그의 지도력은 절대적인 것이었다.

다섯째는 신유 운동이다. 한국 교회 부흥 운동의 역사 가운데 김익두 목사의 신유 사역은 그 당시 교회와 사역에 큰 충격을 주었다. 그러나 박태선이 교주로 있던 전도관에서 사이비 신유 운동을 펼치자 한국 교회는 신유에 대해 등을 돌렸다.[51] 조용기 목사는 신유 사역을 다시 부흥 운동의 중심으로 가져왔다. 여의도순복음교회의 신유 사역은 전도와 교회 성장에 크게 영향을 끼쳤다.

여섯째는 구역 조직과 평신도 지도자를 통한 전도 활동이다. 여의도순복음교회는 평신도 지도자를 중심으로 하여 일찍이 구역 조직을 활성화함으로써 괄목할만한 성과를 거두었다. 특별히 그동안 사회에서 그리고 기성 교회에서 소외 계층이었던 여성들을 구역 조직의 지도자로 활용한 것은 교회 성장의 주요한 요인들 중의 하나였다.

1970년대 오순절 성령 운동과 함께 '민중 신학 운동'을 주목할 필요가 있다.[52] 오순절 성령 운동이 보수적인 사회 신앙 노선을 띠고 사회 저변층을 중심으로 폭넓게 확산되었다고 하면, 민중 신학 운동은 진보적인 신앙 노선을 띠고 한국기독교장로회의 신학자들을 중심으로 하여 지식인 층을 파고들었으며 그들의 저술과 활동은 세계 교회의 이목을 집중시켰다. 그러나 민중 신학 운동은 적극

---

[51] 박태선의 이단성에 관해서는 탁명환, 『기독교이단연구』 (서울: 국종출판사, 1986), 161-84를 참조하라.
[52] 유동식, 『한국 종교와 기독교』, 14-21; Young-Hoon Lee, *The Holy Spirit Movement in Korea*, 147-61.

적인 사회 참여로 정부와 큰 갈등을 겪게 되었고 많은 지도자가 옥고를 치르게 되었다. 진보적인 민중 신학의 해석과 그 방법론은 보수주의 성향을 띠고 있는 대다수 교회로부터 외면당하였다. 그러나 민중신학이 성령의 제3시대를 선포하며 소외된 계층에 대하여 관심을 가지고 참된 해방을 얻게 하기 위하며 노력한 점이나 사회의 부조리에 대하여 침묵하지 않고 예언자의 사명을 감당하기 위해 힘쓴 점들은 긍정적으로 평가되어야 한다.

III 한국 교회 성장의 원인

 이제 겨우 100년 남짓한 짧은 선교 역사를 가지고 있음에도 불구하고 한국 교회가 성공적으로 달성한 교회 성장의 모습은 실로 놀라운 일임이 분명하다. 더욱이 기독교의 본고장이었던 서구 사회에서는 교회가 점차 사양길을 걷고 있고 기독교인의 숫자가 눈에 띄게 줄어들고 있는 시대적 추세를 참작해 볼 때 한국 교회의 양적 성장은 세계가 주목할 만하다. 20세기의 기적이라 불리는 한국 교회의 성장 원인은 무엇인가? 크게 내적·외적 요인으로 구분하여 고찰해 보고자 한다.

1. 내적 요인

1) 부흥회와 부흥 운동

 나일선 박사는 한국 교회의 성장 요소 중의 하나로 부흥 운동과 부흥회를 꼽고 있다.[53] 1920년대 신유 부흥사로 활약한 김익두 목사의 경우를 살펴보더라도 그의 부흥 집회를 통해 얻은 열매로는 결신자가 총 300만여 명,[54] 병 고침을 받은 자가 1만여 명에 이른다.[55]

1930년대 부흥을 주도한 성결교 이성봉 목사는 해방 이후에도 전국을 다니며 부흥회를 인도하면서 사중 복음의 전파와 성결교의 재건에 힘썼다. 그는 1천 교회 확장 집회, 미국 순회 집회, 1959년 성결교 희년 전도 대순회 집회 등을 이끌었다.[56] 그의 부흥 성회에서는 김익두 목사의 집회에서와 마찬가지로 놀라운 신유의 이적이 일어났다.

동시대 인물인 감리교 박재봉 목사 또한 전국을 순회하며 부흥회를 인도하였다. 그는 자신의 성역 54주년이 되는 1974년까지 1,552개 교회에서 부흥회를 인도했으며, 31만여 명의 결신자와 수백 명의 목사, 전도사를 배출하였다.[57]

이러한 카리스마적 영적 지도자들에 의해 일어난 부흥 운동은 1970년대 들어서면서 개 교회 단위를 벗어나 범 교회적 대중 운동으로 변모하기 시작했다.

앞서 언급한 대로 1965년 김활란 박사의 주도하에 일어난 전국

---

53) 나일선, "한국 교회 성장의 비결들", 『목회와 신학』 (1990. 2), 59.
54) 한춘근, 『죽지 않는 순교자 김익두』, 103.
55) 김해연, 『한국교회사』 (서울: 성광문화사, 1997), 425.
56) 한영제, 『한국 기독교 인물 100년』 (서울: 기독교문사, 1987), 69.
57) 김해연, 『한국 교회사』, 435.

의 복음화 운동은 '73 빌리 그래함 서울 전도 대회', '엑스플로 74 전도 대회', '77 민족 복음화 성회', '80 세계 복음화 대회', '84 한국 기독교 100주년 기념 선교대회' 등으로 이어졌으며 이러한 굵직한 대회를 치르면서 한국 교회는 놀랍게 부흥했다.

2) 기도에 대한 열정

발달된 과학 문명에 젖어있는 서구 기독교인들이 기도의 중요성에 대한 인식이 상대적으로 약한 것에 비해서 한국 교회 기독교인들은 기도를 매우 강조해 왔다. 절망의 고비마다 하나님의 도우심과 복 주심을 위해 필사적으로 기도하는 열정적 태도가 오늘의 한국 교회의 성장을 이끌어 내었다.

세계 최대 교회를 섬기고 있는 조용기 목사는 "교회 성장의 중요한 열쇠는 기도이며, 기도는 교회 성장의 근거가 될 뿐 아니라 성공적인 그리스도인의 생활을 하는 열쇠가 된다."고 말했다.[58] 또한, 그는 "기도는 하나님과의 교제이며 개인의 삶을 변화시키고 깊은 영적 생활을 하며 사단의 능력을 실질적으로 파괴하는 것"이라고 말한다.[59]

세계의 많은 사람은 한국 교회를 기도하는 교회로 생각하고 있고 실제로도 그러하다. 한국 교회는 1907년 평양 대부흥 운동 당시부

---

58) C.G.I., *Church Growth International* No. 4 (Seoul: C.G.I., 1992), 27.
59) Ibid., 28.

터 새벽 기도회가 시작된 이래 지금까지 대부분의 교회가 새벽 기도회를 하고 있다.[60] 그뿐만 아니라 매주 1회 이상 철야 기도를 한다. 철야 기도회는 여의도순복음교회(당시 순복음중앙교회)가 서대문에 자리 잡고 부흥하던 시절에 시작된 것으로 점차로 모든 교파에 파급되었다고 할 수 있다.[61] 요즘 한국 교회들은 오순절 교회나 비오순절 교회 모두를 막론하고 대부분의 교회가 금요 철야 예배를 드리고 있다. 그리고 성도들은 기도원을 찾아가 특별 작정 기도와 금식 기도를 함으로써 계속된 영적 갱신을 하고 더욱 충성 되고 역동적인 신자들로 변화되어 간다. 기도와 교회 성장은 불가분의 관계이다.

3) 선교사들의 선교 정책

초기 선교사들의 선교 정책은 한국 교회 성장에 이바지했다. 특별히 그 중 대표적인 것은 '네비우스 선교 정책'이다. 3자 운동(자립, 자영, 자전)을 주축으로 한 이 선교 정책은 교회의 수를 늘리고 개체 교회를 확장시켜 가는 데 길잡이가 되었다. 이 운동은 한국 교회에 일찍부터 주체적인 조직(노회, 총회)이 생기도록 했으며 구체적으로 교회를 확장해 가도록 유도했다.[62]

---

60) 박아론, 『새벽 기도의 신학』(서울: 세종문화사, 1980), 60.
61) 여의도순복음교회는 현재 매일 철야 기도회, 매일 3회 새벽 기도회(오전 5시, 6시, 7시)를 드리고 있다.
62) 박근원, 『한국교회성숙론』(서울: 대한기독교서회, 1986), 58-59.

또한, 네비우스 선교 정책과 방법이 선교의 주 대상을 사회에서 소외되고 억압된 하층 계급으로 두었다는 점도 교회 성장의 중요한 요인으로 작용하였다. 이러한 전통은 그 후에도 사회에서 정체감을 느끼거나 사회 정의의 어려움을 체험하는 자들이 별다른 거부감 없이 종교로 귀의하는 데 결정적인 영향을 끼쳤다. 그뿐만 아니라 가톨릭이나 개신교 선교사들의 엄격한 정교 분리 원칙은 사회 참여에 소극적이 되게 하였다는 부정적 측면도 있으나[63] 사회의 불안으로부터 도피하고자 하는 자들의 개종 동기와 쉽게 부합되는 점도 있었다.

4) 구역 예배(또는 속회) 운동

구역 예배는 가족 중심의 한국 사회를 복음화하는 데 크게 이바지했다. 일찍이 존 웨슬리에 의해 시도되었던 구역 예배 운동이 오늘날 서구 교회에서는 거의 사라졌고 실효를 거두고 있지 못한 데 반하여 한국 교회에서는 구역 예배(감리교에서는 '속회'로 부름) 운동이 활발히 전개되어 기독교의 복음이 각 가정에 파급되어 나가는 데 크게 이바지했다.

대형 교회로 급성장한 여의도순복음교회 역시 구역으로 이루어진 대형 교회라 할 만큼 구역 조직이 교회 성장에 중요한 요인이 되

---

63) Young-Hoon Lee, *The Holy Spirit Movement in Korea*, 194-204.

었다. 이 소그룹 운동은 구역원의 영적, 정신적, 육체적인 필요를 충족시키는 데 일조한다. 비슷한 처지의 다른 기독교인들과 함께 축복도 문제도 함께 나누고 기도하면서 친구와 이웃을 초대하여 전도의 방편으로 삼는다. 초대된 사람들은 사랑과 관심을 주는 기독교인들의 그물에 걸리기만 하면 곧 신자가 되고 교회에 출석하게 된다. 현재 한국 대부분의 교회가 구역 조직(또는 속회)을 가지고 있는데, 바로 이 세포 조직이 한국 교회 성장의 한 원인이 된 것이다.

5) 성경 번역과 성경 공부에 대한 열심

한국 기독교는 선교사 입국에 앞서서 자국인이 성경을 먼저 번역하고, 그 번역된 성경을 수용하여 교회 성장을 위한 확실한 기초를 마련하였다. 성경 보급의 열성과 성경 공부의 열심은 한국 기독교를 성경 중심의 기독교로, 한국 기독교인들을 성경을 사랑하는 그리스도인으로 일컬어지게 하였다.

특별히 성경 공부의 시조라 할 수 있는 '성경 구락부'는 버림받은 청소년들과 근로 청소년들에게 성경을 가르침과 동시에 교육의 기회를 함께 제공했다. 이러한 성경 구락부 운동은 200여 개의 교회를 탄생시키는 데 공헌했으며 성경 구락부의 확장은 곧 성도 수의 증가로 이어졌다.[64]

중국에서 선교하다가 한국으로 와서 성경 공부를 인도했던 화이트나 하디, 방위량, 이길함 목사 등 모두가 성경 공부에 열심이었던 선교사들이다. 이는 존 웨슬리가 복음 운동의 불을 지피기 이전에 규칙적인 성경 연구가 있었고, 이것이 그가 일평생 부흥 운동을 이끌고 갈 수 있었던 기반이 된 것처럼 이와 같은 현상이 한국에서도 동일하게 적용되었다. 즉 성경 공부에 대한 열심이 결국 한국 교회의 성장과 부흥의 원인이 되었다는 것이다.[65]

6) 오순절 교회를 중심으로 한 성령 운동

한국 교회 성장은 역사적으로 유례를 찾아볼 수 없는 경이적인 것이며 그것을 신앙적으로 표현한다면 성령의 역사라고 할 수 있다.[66] 성경은 교회 성장과 성령 운동이 불가분의 관계임을 증명하고 있다. 왜냐하면 초대 교회는 성령의 역사하심으로 시작되었고 이는 마가의 다락방 사건에서 보여 주고 있다.[67]

1970년대 오순절 교단의 성령 운동에 대해 서광선 교수는 "병든 민중 하나하나에 관심을 갖고 치유해 주는 성령 운동은 모성적 성령 운동으로 특징 지워지는데 모성적 성령 운동이 한국 교회에 양적인 급성장 현상을 가능하게 해 주었다."[68]고 말한 바 있다.

물질주의와 세속주의에 대한 종교적 반발과 기존 신앙에 대한 혁

---

64) 박종순, 『교회 성장과 성경 공부』 (서울: 혜선출판사, 1993), 70.
65) 주재용, "한국 교회 부흥 운동의 사적 비판", 『기독교사상』 243(1978. 9), 68.
66) 이원규, "한국 교회 성장의 사회적 고찰", 『월간 목회』 (1983. 2), 45.
67) 조종남, "교회 성장과 성령의 은사", 『교회 성장』, 3집 (서울: 영산출판사, 1983), 14.

신 신앙의 혼합 현상으로 일어나게 된 교단 중심의 오순절 성령 운동은 1970년대 224만 명이었던 성도 수를 1975년에 400만 명, 1980년대에는 720만 명으로 급증시키는 데 크게 이바지했다고 본다.[69]

2. 외적 요인

1) 한국인의 종교적 '영성'

우리 민족은 우랄 알타이 산맥에서부터 '하늘'을 우러러 동진해 온 소수 민족으로서 본래부터 중국 민족이나 러시아 민족 중에 특별히 종교적 영성이 강한 민족이었다. 그리하여 한국의 역사는 종교의 역사라고 할 수 있을 만큼 시대별로 그 시대를 지배하는 종교가 있었고, 한국인의 영성을 충족시켜 왔다.[70]

바로 이와 같은 한국적 영성의 토양에 기독교의 복음의 씨앗이 뿌려졌기에 기독교가 빠른 시간 안에 정착하고 급성장할 수 있었다.[71] 예를 들어 '하나님'이라는 용어도 한국 기독교가 '신' 개념을 수용하는 데에 크게 공헌을 했다고 본다.[72]

---

68) 서광선, "민중과 성령", 『민중과 한국신학』 NCC 신학위원회 편, (서울: 한국신학연구소, 1991), 17-18.
69) 유동식, "한국 교회와 성령 운동", 『한국 교회 성령운동의 현상과 구조』, 14-15.
70) 한국 종교와 기독교에 대해서는 다음을 참조하라. 유동식, 『한국 종교와 기독교』; 윤성범, 『기독교와 한국사상』, (서울: 대한기독교서회, 1969).
71) 박근원, 『한국교회성숙론』, 56.

2) 사회 불안감의 증대

근대화를 이루기 시작한 1960년대 이후 한국의 정치 상황은 긴장과 갈등의 연속이었다. 독재화된 정치권력은 수많은 문제를 노출시켰고 국민의 불안은 가중되었다. 사회가 불안하면 할수록 사람들은 더욱더 종교에 의존하는 경향이 있다.[73]

이런 혼란과 불안정, 그리고 스트레스 속에서 사람들은 불안을 해결하고 안정된 삶을 찾기 위해 대거 교회의 문을 두드리게 되었다. 이처럼 사회의 불안감이 증대함에 따라 교회가 급성장하게 된 현상은 과거의 한국 교회 역사 속에서도 잘 나타난다.

인간은 언제나 안정을 추구한다. 기독교가 심리적 안정을 가져다 주는 가장 적합한 종교로 여겨졌기에 사람들은 교회로 모여들었던 것이다. 이러한 상황 속에서 "사랑하는 자여 네 영혼이 잘됨 같이 네가 범사에 잘되고 강건하기를 내가 간구하노라"(요삼 1:2)라는 전인격적 안정을 강조해 왔던 오순절교회가 특히 더 많은 성장을 이루었다는 것은 결코 우연이 아니라고 본다. 한국의 불안한 정치적 상황은 한국 교회 성장을 가능케 한 하나의 요인이 되었다.

---

[72] 이에 관해서는, Young-Bok, Rha, *An Analysis of the Terms Used for God in Korea in the Context of Indigenization* (Th.D. Dissertation, Boston University, 1977) ; Sook Jong, Lee, "A Study of the Relationship of the Korean Church to the Indigenous Culture of Korea," *Asia Journal of Theology* 9(1995)를 참조하라.
[73] 이원규, "한국 교회 성장 운동의 재평가", 『두란노 목회자료 큰 백과』 vol. 18 (서울: 두란노, 1997), 1140.

3) 급격한 도시화 현상

1970년대 이후 한국 교회의 급성장은 1960년대 중반 이후 급격한 경제 성장과 함께 나타난 도시화 현상과 매우 밀접한 관계를 지니고 있다.

급격한 도시화 현상은 도시의 인구나 생태적 측면에서 커다란 변화를 초래하게 되었다. 그 가운데 두드러진 현상은 공동체의 붕괴와 정체성의 상실이다. 도시로 이주해 온 많은 인구가 각 지역의 농촌에서 몰려들었기 때문에 자신들의 정체성 상실과 함께 소속감을 느끼지 못하고 이방인으로 머무르게 되었다. 서로 다른 문화적, 지역적 배경을 가진 사람들로 구성되는 낯선 도시 생활 속에서 직장 등을 따라 끊임없이 거주지를 이동해야 하는 떠돌이 생활은 그들에게 연대감이나 소속 의식을 빼앗아 버렸다. 이러한 공동체성 결여는 그들을 '고독한 군중'으로 만들어 버렸다.[74] 교회는 이들 고독한 군중에게 영혼의 안식처를 제공해 주었다.

근래에 들어와서 한국 교회가 정체 현상을 보이고 있는 중에도 지속적인 성장을 하고 있는 것이 이 사실을 뒷받침해 주고 있다고 할 수 있다.

---

[74] Ibid., 1142.

IV. 평가

 한국 교회의 급성장은 많은 긍정적인 영향과 함께 그에 따른 문제점들을 수반했다. 한국 교회 성장의 우선적 결과는 그 영향력의 증대이다. 교회 수의 증가는 당연히 목회자와 신자 수의 증가를 수반했고, 신학교의 난립까지도 초래하게 되었다. 기독교 계통의 출판 사업이 크게 번창했고, 기독교 예술이 크게 발전했다. 오늘날 한국 교회는 세계 제2위의 국외 선교사 파송국이 되었고, 수많은 기도원과 수양관들을 건립했다. 각종 대형 집회를 수시로 열었고, 거대한 교회당 건물들을 건축했다. 그러나 우리는 이러한 외형적인 성공과 성장의 이면에는 급성장에 따른 문제들이 함께하고 있음을 직시해야 하며 이를 해결하기 위해 적잖은 노력을 기울여야 할 것이다.

1. 기복 신앙의 문제

성경은 하나님께서 복의 근원이시기 때문에, 인간이 하나님께 복을 빌고 복을 받는 일은 당연한 것이라고 말씀하고 있다.[75] 따라서 기복 그 자체는 문제 될 것이 없다. 기독교 신앙 자체가 하나님께로부터 받는 구원의 복으로부터 출발하기 때문이다. 그러나 이 복을 기원하는 것이 개인적이고 이기적인 것이 될 때 문제가 생겨나게 된다. 이것은 샤머니즘의 토양에서 성장한 한국인들에게 있어 보편화된 현상으로, 기독교 내에도 깊이 침투해 들어와 있다.[76]

이 같은 기복 신앙은 왜 문제인가? 그것은 이웃과 사회에 대한 관심의 결여를 초래하는 이기주의적 성향 때문이다.[77] 교회에서 단순히 개인의 축복에만 집착하며 신앙의 중심을 잃을 때 공동체적 의식이 결여된 샤머니즘적인 기복 신앙으로 흘러갈 수 있다. 이런 의미에서 기복 신앙은 한국 교회가 극복하고 해결해 나아가야 할 문제라 하겠다.

---

[75] 성서적 축복관에 대하여 필자의 다음 글을 참조하라. Young-Hoon Lee, "The Case for Prosperity Theology," *Evangelical Review of Theology* 20 (1996), 26-39.
[76] 하비 콕스는 샤머니즘의 영향을 받은 기독교에 대하여, 그 당위성을 인정하고 종교 사회학적으로 긍정적으로 받아들이고 있다. Harvey Cox, *Fire from Heaven* (Reading: Addison-Wesley Publishing Company, 1995)을 참조하라.
[77] 이원규, 『두란노 목회자료 큰 백과』, 1142.

2. 교회의 계층화 현상

한국 교회 성장에 따른 또 다른 문제는 교회의 계층화이다. 한국 교회가 성장한다고 말할 때 이는 주로 도시의 교회들을 가리키고 있다. 도시에서는 인구가 증가할 뿐만 아니라 소득의 증대로 인하여 교회가 점차 중산층화되어 가고 있으며, 또한 교회의 수나 그 규모에 있어서는 대형화되어가고 있는 실정이다. 이에 반하여 농촌에서는 이농 현상으로 인구가 줄어들고, 열악한 농가 조건으로 인해 농민들의 경제생활은 점점 더 어려워지고 있으며 이에 따라 농촌 교회도 그 숫자나 규모에 있어서 점차 쇠퇴하고 있다. 이러한 도시 교회와 농촌 교회 간의 계층적 양극화 외에도 도시 자체 안에서도 대부분의 교회가 중산층화되면서 도시 빈민 지역, 공단 지역은 선교의 사각지대가 되어가고 있다.[78]

비록 1980년대에 들어 소위 민중 교회들이 이들 지역에서 생겨나고 있으나 한국 교회의 중산층화는 대다수의 교회로부터 가난한 이들, 특히 도시 빈민과 도시 근로자들이 외면을 당하는 결과를 가져왔다.[79]

---

[78] Ibid., 1143
[79] Ibid., 민중신학과 도시 산업 선교에 관해서는, 임태수, "민중 교회 현황과 의식조사 III: 민중 교회 현황에 대한 신학적 종합분석", 『기독교사상』 429(1994. 9), 252-66을 참조하라.

3. 사회 참여의 부재

한국 교회 성장은 탈사회적 교회를 조성하는 역기능도 초래하고 있다. 교회는 보수적이어야 성장하고, 또한 성장하는 교회는 대체로 보수적인 신앙 노선을 걷는다. 이는 한국에 처음 복음의 씨앗을 뿌린 선교사들이 청교도적 신앙에 입각한 보수주의 신앙의 소유자였기 때문이다. 보수 신앙은 개인 구원을 중심으로 한 신앙 제일주의를 견지한다. 따라서 이러한 신앙을 가진 사람들은 시간, 관심, 노력, 금전 등을 교회에 많이 드리게 되고, 이를 바탕으로 교회는 성장하게 된다. 그러나 보수적 신앙의 약점은 바로 이처럼 개인 구원에만 초점을 맞추고 있다는 데 있다. 보수적인 교회들이 인적, 물적 자원을 사회 구제나 봉사에 활용하는 경우가 많지 않고 사회 참여에 소극적이라는 사실이 이를 반증해 준다. 이러한 태도는 정치적 부패, 경제적 불평등, 사회적 불의에 대하여 무관심하거나 방조하는 결과를 초래하여 결국 교회는 비판 세력으로부터 반사회적, 반민주 세력이라고 낙인찍히는 결과를 가져올 수 있다.[80]

---

80) Ibid.

4. 공동체 의식의 약화

또 다른 교회 성장의 문제는 수단과 목적이 바뀌어 버리게 되는 위험성이다. 교회 성장에만 주목하다 보면 성장 자체가 교회의 궁극적 목표요 최종적 과제가 되어버려, 자칫 잘못하면 내실 없이 외형만 비대해지고 신앙의 참된 방향을 잃어버리게 될 수 있다. 그리고 수단과 방법을 가리지 않고 심한 경쟁을 하는 경우도 생겨나게 된다. 즉 다른 교단, 다른 교회에 대한 비판이 공공연히 행해지고, 타 교회 성도를 두고 쟁탈전까지 함으로써 신앙 공동체로서의 품위와 면모를 잃어버리게 될 수 있다. 교회 성장을 목표로 삼는 교회는 개 교회주의를 계속 표방하게 된다, 개 교회의 성장에만 모든 관심을 쏟기 때문에 타 교회나 교단과의 관계가 소홀하게 된다. 이렇게 될 때 교회 자체는 커지겠지만 사회적으로, 교단적으로 폐쇄적이 되어 게토(Ghetto)화될 가능성이 있다.[81] 교회가 대형화되면 비인격적 인간관계가 교회 안에서도 형성될 수 있으며, 공동체 의식이 약화되고 정체성의 위기가 초래될 수 있다. 그리고 교인들의 질적 성숙의 문제에 대하여는 점차 소홀해지고, 교회는 오로지 선교와 신도의 증가에만 관심을 갖게 될 수 있다. 그리하여 교육, 봉사, 친교와 같은 교회의 기능은 크게 위축되는 것이다.

---

81) 이원규, 『두란노 목회자료 큰 백과』, 1144.

이처럼 한국 교회의 성장은 여러 가지 긍정적 기능을 사회적으로, 개인적으로 수행해 오면서, 한편으로는 여러 가지 역기능을 초래해 왔고, 또한 초래할 수도 있다는 점을 살펴보았다. 이제 한국 교회는 이러한 교회 성장의 문제점을 직시하여 성서적이고 신학적인 차원에서 이를 새롭게 재조명하고 다시금 부정적인 면을 동반하는 교회 성장이 되지 않기를 간구하면서 자세를 새롭게 정립해야 할 것이다.[82]

---

82) 이신건, "포기함으로 얻어지는 교회 성장", 『목회와 신학』 7(1990), 71-72.

V 나가는 말

하버드대학의 하비 콕스(Harvey Cox) 교수는 그의 저서 『하늘로부터의 불』(*Fire from heaven*)에서 오순절 성령 운동이 21세기 교회를 주도하게 되리라고 예측한 바 있다. 그는 이 책에서 오순절 운동의 개관과 함께 대륙별로 일어난 오순절 성령 운동의 역사를 다루고 있는데 특별히 11장 전체를 한국 교회에 대하여 서술하였다. 그는 한국 교회를 아시아 지역을 대표하는 교회로 보고 이를 비중 있게 다루었다.

한국 교회는 초기에 민족의 운명을 걸머지고, 민족 종교의 역할을 담당하며 고난을 겪으며 많은 박해와 어려움 속에 성장하였다. 그러나 청교도적 신앙의 선교사로부터 영향을 받은 보수적 성향의 한국 교회는 개인 구원에 초점을 맞추고 사회 참여와 개혁에는 미진한 태도를 보였다. 따라서 교회 성장 자체에는 큰 효과를 거두었으나 사회를 개혁하고 변화시키는 데에는 기대에 미치지 못하였다. 그뿐만 아니라 유교의 잔재로부터 한국 기독교에 흘러들어 온

교권주의, 계급주의, 지방색, 파벌주의의 영향을 극복하지 못하고 끝없는 분열을 보이면서 한국 사회 내에서 그 지도력이 크게 약화된 감이 없지 않다. 또한, 샤머니즘의 풍토 속에 물질만능주의, 배금주의가 교회 내에 침투해 들어오면서 신앙의 순수성을 파괴하고 십자가와 고난이 결여된 채 오직 현실적 축복에만 관심을 가진 이기적인 신앙인들을 양산했다.

그러나 한국 교회가 초창기에 갖고 있던 순수한 영성과 지도력을 회복하여 민족의 미래에 대한 비전을 제시하고, 교회 성장 일변도에서 나타났던 많은 문제점을 보완해 나가면서 소외된 이웃을 향해 사랑의 팔을 펼친다면 한국 교회의 제2의 도약기가 도래할 수 있으리라 생각한다. 이를 위하여 양극화되어 있는 보수 진영과 진보 진영의 지속적인 대화와 연합 사업의 추진 등이 계속 이루어져야 한다. 그리고 힘을 합하여 한국 사회의 변화와 개혁에 앞장서야 할 것이다.

오늘날 한국 사회는 급변하는 상황 속에서 발생하는 수많은 난제로 진통을 겪고 있다. 인구 폭발과 자원 고갈의 문제, 핵무기 문제, 환경 문제(생태계 파괴 등), 남북(경제 질서)의 문제, 인권 문제, 도덕과 가치관 타락의 문제 등 극복해야 할 수많은 과제를 안고 있다. 한국 교회는 이와 같은 문제들에 대한 포괄적인 영적 지도력을 발휘해야 할 상황에 놓여있다. 한국 교회는 이 시대가 요구하는 기독교의 책임을 통감하고 모든 교회가 힘을 모아 21세기 한국과 세계를 이끌어 나갈 주역으로서의 사명을 감당해 나아가야 할 것이다. 한국 교회가 분열과 대립을 극복하고 연합과 일치로 나아가며, 사회 변화와 개혁의 주체로서 지도자적 사명을 감당해 나간다면 다시 한 번 이 나라의 미래를 영도해 나갈 영적 지도자의 위치를 회복할 수 있을 것이다.

참고문헌

강원용. "이 책을 발간하며". 3-5.『한국 교회 성령운동의 현상과 구조』
크리스챤 아카데미 편. 서울: 대화출판사, 1982.
곽안전.『한국교회사』. 서울: 대한기독교서회, 1973.
김진환.『한국 교회 부흥 운동사』. 서울: 서울서적, 1993.
김해연.『한국교회사』. 서울: 성광문화사, 1997.
나일선. "한국 교회 성장의 비결들".『목회와 신학』. 1990년 2월호.
57-66.
남영환.『한국 기독교 교단사』. 서울: 도서출판 영문, 1995.
민경배.『한국기독교회사』. 서울: 대한기독교출판사, 1993.
박근용 외 5명.『기독교 대백과사전』. 3. 서울: 기독교문사, 1982.
박근원.『한국교회성숙론』. 서울: 대한기독교서회, 1986.
박아론.『새벽 기도의 신학』. 서울: 세종문화사, 1980.
박종순.『교회 성장과 성경 공부』. 서울: 혜선출판사, 1993.
송길섭.『한국신학사상사』. 서울: 대한기독교출판사, 1991.
서광선. "민중과 성령".『민중과 한국신학』NCC신학위원회편. 서울:
한국신학연구소, 1991.
_____.『한국교회 성령운동의 현상과 구조』. 서울: 대화출판사, 1982.

서명원.『한국 교회 성장사』. 서울: 대한기독교서회, 1966.

순복음가족신문. "우리 교회 부흥의 역사 다시 쓰다". 2012년 8월 12일.

여의도순복음교회.『여의도순복음교회 50년사』. 서울: 여의도순복음교회, 2008.

유동식.『한국 종교와 기독교』. 서울: 대한기독교서회, 1965.

윤성범.『기독교와 한국사상』. 서울: 대한기독교서회, 1969.

이신건. "포기함으로 얻어지는 교회 성장",『목회와 신학』. 1990년 7월호.

이영헌.『한국 기독교사』. 서울: 컨콜디아사, 1992.

이영훈. "한국 교회 성령 운동이 나아갈 길".『성령 운동의 현주소』. 서울: 국제신학연구원, 1993. 101-21.

이원규. "한국 교회 성장의 사회적 고찰".『월간 목회』. 1983년 2월호.

_____. "한국 교회 성장 운동의 재평가".『두란노 목회자료 큰 백과』 vol 18. 서울 : 두란노, 1997.

임태수. "민중 교회 현황과 의식조사 III; 민중교회 현황에 대한 신학적 종합분석".『기독교사상』429(1994. 9). 252-66.

전택부.『한국 교회발전사』. 서울: 대한기독교출판사, 1987.

조선예수교장로회.『총회록』제8회. 1919년 10월.

조종남. "교회 성장과 성령의 은사".『교회 성장』. 3집. 서울: 영산출판사, 1983. 44-51.

주재용. "한국 교회 부흥 운동의 사적 비판".『기독교 사상』243(1978.

9). 62-72.

탁명환.『기독교이단연구』. 서울: 국종출판사, 1986.

한국기독교역사연구소.『한국기독교의 역사』. I. 서울: 기독교문사, 1989.

_____.『한국기독교의 역사』. II. 서울: 기독교문사, 1990.

한영제.『한국 기독교 성장 100년』. 서울: 기독교문사, 1986.

_____.『한국 기독교 문서운동 100년』. 서울: 기독교문사, 1987.

_____.『한국 기독교 인물 100년』. 서울: 기독교문사, 1987.

한춘근.『죽지않는 순교자 김익두』. 서울: 성서신학서원, 1993.

Blair, William & Bruce Hunt. *The Korean Pentecost & The Sufferings Which Followed*. Pennsylvania: The Banner of Truth Trust, 1977.

C.G.I., *Church Growth International* No. 4. Seoul: C.G.I., 1992.

Cox, Harvey. *Fire from Heaven*. Reading: Addison-Wesley Publishing Company, 1995.

Jeon, Bon-Woon. *Pastoral Counseling for Church Growth*. D.Min. Dissertation. Asian Center for Theological Studies and Mission. Seoul and Fuller Theological Seminary, 1987.

Lee, Jae-bum. *Pentecostal Type Distinctives and Korean Protestant Church Growth*. Ph.D. Dissertation. Fuller Theological Seminary, 1986.

Lee, Sook Jong. "A Study of the Relationship of the Korean Church to the Indigenous Culture of Korea." *Asia Journal of Theology* 9 (1995), 230-47.

Lee, Young-Hoon. "The Case for Prosperity Theology". *Evangelical Review of Theology* 20 (1996), 26-39.

_____. *The Holy Spirit Movement in Korea: Its Historical and Doctrinal Development*. Ph.D. Dissertation. Temple University, 1996.

Myung, Sung-Hoon. *Spiritual Dimensions of Church Growth as Applied in the Yoido Full Gospel Church*. Ph.D. Dissertation. Fuller Theological Seminary, 1990.

Rha, Young-Bok. *An Analysis of the Terms Used for God in Korea in the Context of Indigenization*. Th.D. Dissertation. Boston University, 1977.

Wasson, Alfred W. *Church Growth in Korea*. New York: International Missionary Council, 1934.

Yoo, Boo-Wooag. *Korean Pentecostalism: Its History and Theology*. Frankfurt-am-Main: Peter Lang, 1987.

3

한국 오순절 운동과
신유

목 차

Ⅰ. 들어가는 말

Ⅱ. 한국 교회 오순절 운동의 역사

  1. 오순절 운동의 초기(1928-1945)

  2. 오순절 운동의 재건기(1945-1954)

  3. 오순절 운동의 발전기(1954-현재)

Ⅲ. 세계 오순절 운동과 신유 운동

  1. 초기 오순절 운동과 신유

  2. 전후 오순절 운동의 신유 사역

  3. 신오순절 운동

  4. 기타 최근의 신유 운동들

Ⅳ. 한국 오순절 운동의 신유 운동

  1. 김익두, 이성봉 목사의 신유 운동 그리고 박태선, 문선명 등의 이단 종파들

  2. 조용기 목사의 신유 운동

Ⅴ. 나가는 말

참고문헌

I 들어가는 말

오순절 운동과 신유는 매우 밀접하게 연관되어 있다. 오순절 운동의 목표가 초대 교회의 영성 회복에 있었기 때문에 초대 교회에 보편적으로 나타난 성령 침례와 방언, 신유, 임박한 재림을 준비하기 위한 땅끝까지 전하는 선교는 오순절 운동의 핵심 내용이 되었다.[1]

특별히 중생 이후 제2의 체험으로서의 성령 침례와 이에 따른 표적으로 나타나는 방언을 강조하는 것은 오순절 운동을 다른 부흥 운동들과 구별되게 하는 오순절 운동의 특징적 교리 중 하나가 되었다.[2] 이에 비해 신유는 교회사를 통해 볼 때 모든 영성 회복 운동에 보편적으로 나타나는 현상 중 하나였다. 오순절 운동은 부흥 운

---

1) John Thomas Nichol, *Pentecostalism* (Plainfield: Logos International, 1966), 7-17; Nils Bloch-Hoell, *The Pentecostal Movement* (London: Scandinavian University Books, 1961), 87-89, 122-56.
2) John Thomas Nichol, *Pentecostalism*, 7-15; William W. Menzies & Robert P. Menzies, *Spirit and Power* (Grand Rapids: Zondervan Publishing House, 2000), 121-44.

동의 주제 중 하나인 신유를 그대로 수용하고 강조하여 신유 사역을 활발히 전개함으로써 큰 부흥의 역사를 일으켰다.

한국 교회의 역사를 살펴보면 한국 교회 초창기부터 오순절적 부흥 운동이 일어났음을 알 수 있다. 1907년 대부흥 운동[3]은 '한국의 오순절'이라고 이름을 붙일 정도로 오순절 운동의 요소가 강한 부흥 운동이었다.[4]

본 글에서는 한국 교회 오순절 운동과 신유를 연구함에 있어 한국 교회 오순절 운동의 역사, 세계 오순절 운동의 역사에 나타난 신유, 그리고 한국 교회 오순절 운동과 신유에 관해 차례로 살펴보고자 한다.

---

[3] 1907년 대부흥 운동은 한국 교회의 보수적이고 복음주의적인 성격을 규정짓게 한 부흥 운동이었다. 1907년 대부흥 운동에 관해서는, William N. Blair, *The Korean Pentecost: And Other Experience on the Mission Field* (New York: Board of Foreign Mission of the Presbyterian Church in the U.S.A. 1910); William N. Blair and Bruce F. Hunt, *The Korean Pentecost and the Suffering Which Followed* (Carlisle: The Banner of Truth Trust, 1977)를 참조하라.

[4] 1907년 대부흥 운동에서 방언과 관련된 매우 흥미 있는 기록이 있다: "1907년 대부흥 운동 중에 중국 신자들이 평양으로 길선주를 방문하여 함께 기도회를 가졌는데 '중국인들은 이해할 수 없는 단음절로, 한국인들은 세계가 잊어버린 그들의 고대어'(the Chinese in their unintelligible monosyllables, and the Koreans in their world-forgotten language of antiquity)로 기도했다." James Scarth Gale, *Korea in Transition* (New York: Young People's Missionary Movement of the United States and Canada, 1909), 216. 이 기록에 대하여 박명수 교수는 방언일 가능성에 대해 이야기하였는데, 만일 방언으로 인정될 경우 문서상 최초로 기록된 한국 교회 방언 현상으로 불릴 수 있을 것이다. 박명수, 『한국 교회 부흥운동 연구』(서울: 한국기독교역사연구소, 2003), 63-64.

II. 한국 교회 오순절 운동의 역사

한국 교회는 처음부터 오순절적인 요소를 가지고 있었다. 성령 체험과 강력한 기도 운동, 종말 신앙, 신유 운동 등은 한국 교회 역사 속에서 도도히 흘러내려 온 전통이었다. 그러나 오순절 운동에 대해 성령 침례와 방언을 함께 연관해서 생각해 볼 때 메리 럼시(Mary C. Rumsey) 선교사의 내한을 그 시초로 보는 것이 명백한 역사적 기록이다.[5]

1. 오순절 운동의 초기(1928-1945)

1) 메리 럼시의 내한과 선교 사역(1928-)

한국에 오순절 운동이 소개된 것은 감리교 선교사였던 메리 럼시

---

5) 이에 대해 한국 교회 초기 오순절 지도자 중 한 사람인 곽봉조 목사는 "메리 럼시 선교사 이전에도 방언하는 사람들이 많았다."라고 언급함으로써 오순절적 신앙을 가진 사람들이 그 이전부터 존재했음을 이야기하고 있다. 곽봉조 목사의 아들 곽은식 장로와의 1991년 Washington D. C. 에서의 인터뷰.

를 통해서였다.[6] 그녀는 1906년 4월 로스앤젤레스 아주사 부흥 집회에서 성령 침례와 방언을 받고 "한국으로 가라."는 성령의 음성을 듣게 되었다. 그녀는 한국 선교의 비전을 가지고 기도로 준비하다가 한 독지가의 후원을 받아 1928년 3월 한국에 도착하였다.[7] 그 무렵 한국은 3·1운동을 주도한 후 교회가 큰 어려움을 당하던 시기였다. 메리 럼시는 한국에 도착한 후 원산 부흥회를 주도한 하디가 기거하던 감리교 최초의 병원인 시병원(施病院)이었던 건물에 여장을 풀었다. 그녀는 그곳을 선교 본부로 삼고 한국에 오순절 신앙을 전파하기 위해 동역자를 물색하던 중 구세군 본영에서 일하던 청년 허홍을 만나게 되었다. 메리 럼시는 그에게 통역을 부탁하며 자신의 선교 사업에 동참해 줄 것을 권유하였고, 그에게 성경을 가르치면서 본격적인 선교 사역을 시작하였다. 메리 럼시는 두 가지의 오순절 신앙의 특성, 즉 '방언과 신적 치유' 라는 체험적인 신앙을 강조했다.[8] 그러나 당시 한국 교회는 일제 탄압의 시련으로 현실 도피적인 은둔사상과 경건한 신비주의가 주류를 이루고 있었기 때문에, 처음에는 오순절 신앙의 뜨거운 체험적 신앙과 긍정적이고 적극적인 메시지가 교회로부터 큰 관심을 받지 못했다.

---

6) 국제신학연구원, 『하나님의성회 교회사』 (서울: 서울말씀사, 1998), 197.
7) Ibid.
8) 변종호, 『한국의 오순절 신앙 운동사』 (서울: 신생관, 1972), 90.

2) 오순절 신앙의 정착

메리 럼시가 오순절 신앙을 이 땅에 최초로 전하기는 했지만, 그녀는 교단에서 정식으로 파송된 선교사가 아니라 개인적 차원에서 한국에 온 선교사였다. 메리 럼시가 선교 활동을 한 지 2년 후인 1930년에는 오순절 교회 소속의 선교사 파슨스(T. M. Parsons)가, 그리고 1933년에는 메러디스(E. H. Meredith)와 베시(Vessey) 등의 평신도 선교사들이 개인 자격으로 내한하여 오순절 신앙을 전했다.[9]

그 무렵 메리 럼시는 일본에서 오순절 신학을 공부하던 박성산을 만나게 되었는데, 그가 졸업하고 귀국한 후인 1933년 봄, 메리 럼시, 허홍은 박성산을 담임으로 하여 서빙고에 교회를 세웠다. 이는 외국 오순절 교단의 도움 없이 자력으로 선교사와 힘을 합쳐 한국 최초의 오순절 교회를 탄생시킨 순간이었다.

교회를 맡은 박성산은 오순절적인 메시지를 통해 나라를 잃고 아무 의지할 곳도 없이 서러움만 가득했던 우리 민족에게 비전을 심어 주고 하늘의 소망을 전했다. 그리고 그는 내세 지향적인 한국 교회를 향하여 "성령 침례의 표적은 방언이며, 바람직한 기독교 신앙은 사회 참여이다."라고 주장했다. 그리고 "오순절 신앙은 사도행전에 입각한 근본주의 신앙이며, 방언, 신유, 그리고 권능 이 세 가

---

9) 국제신학연구원, 『하나님의성회 교회사』, 198-99.

지는 성령 침례를 받아야 이루어진다."라고 역설했다.[10] 이러한 오순절 메시지를 처음 듣게 된 한국 교회 중 일부는 오순절 신앙에 대해 '이단'이라고 비판하기도 했지만, 성도들의 열정적인 신앙으로 말미암아 서빙고교회는 계속 부흥하였고 장년 성도가 100명을 넘어서게 되었다.

3) 탄압기(1933-1945)

메리 럼시가 서빙고에 교회를 세운 시기에 한국의 상황은 점점 더 악화되고 있었다. 일본의 침략 정책은 점차 노골화되어 1937년 중일전쟁 발발 이후에는 한국인에게 신사참배를 강요하면서 조직적으로 기독교를 탄압하기 시작했다. 이때는 한국 교회에 있어서 위기의 시기로서 기독교 신자들과 선교사들은 목숨을 걸고 일제의 탄압에 맞서 신앙을 지키려고 하였다. 물론 이 시기에 조선 오순절 교회도 신사참배를 반대하다가 큰 수난을 겪게 되었다. 당시 조선 오순절 교회는 두 팀으로 나뉘어서 선교 활동을 하고 있었는데, 먼저 서빙고교회와 연희장교회를 중심으로 메리 럼시와 박성산, 허홍이 한팀을 이루었다. 그리고 영국 선교사인 베시와 메러디스, 미국 선교사인 파슨스, 그리고 배부근이 다른 한팀이 되어 수창동교회를 세우고 이를 중심으로 선교 활동을 펼쳐 나갔다.[11]

---

10) Ibid., 199.
11) Ibid., 202.

박성산 목사가 담임한 서빙고교회는 강력한 오순절 성령 운동을 전개함으로써 1934년에는 장년과 아이를 합쳐 270명이 넘게 출석하는 교회로 성장했다. 이와 함께 배부근 목사가 담임한 수창동교회도 축호 전도와 노방 전도, 그리고 부흥회를 통해 교회를 성장, 발전시켜 장년 60명이 출석하게 되었다. 또한, 허홍 목사가 담임한 연희장교회는 노방 전도를 중심으로 복음 전도에 힘썼다. 이처럼 오순절 교회는 1930년대 중반 놀라운 성장을 경험했다. 그러나 곧이어 일어난 일제의 강력한 종교 박멸 정책으로 말미암아 이후로는 교세가 크게 위축되어 질 수밖에 없었다. 먼저 메리 럼시가 강제 출국을 당했고, 1940년에는 베시와 메러디스 그리고 미국의 오순절 선교사인 파슨스 등이 차례로 강제 출국을 당했다. 오순절 교회들은 결국 정신적 지도자였던 선교사들을 모두 잃었을뿐만 아니라 이후에는 일제의 강제적 조치로 교회 문까지 닫게 되면서 마침내 성도들은 뿔뿔이 흩어지게 되었다.[12]

2. 오순절 운동의 재건기(1945-1954)

해방 이후 국외로 떠났던 인사들과 국내외 목회자들이 활동을 재개하면서 조선 오순절 교회는 다시금 틀이 잡히고 성장하기 시작

---
12) 여의도순복음교회 40년사 편찬위원회 편, 『여의도순복음교회 40년사』 (서울: 신앙계, 1998), 51.

했다. 그중에는 일본 오사카에서 오순절 신앙을 전파하던 곽봉조, 윤성덕, 김성환 목사가 있었다. 특별히 곽봉조 목사는 오사카에 소재한 이코마신학교의 1회 졸업생으로서 오사카에 '조선 예수교 오순절 교회'라는 한인 교회를 개척하기도 했다.[13] 배부근, 허홍, 박성산 목사 등은 서울을 토대로 오순절 신앙을 전파했고, 전라도에서는 박귀임 전도사가 순천과 광주에서, 김성환 목사는 목포와 무안군 일대에서, 그리고 윤성덕 목사는 광산에서 오순절 신앙의 꽃을 피워갔다. 이것이 결실을 거둔 것이 1950년 4월 9일 전남 순천에서 열린 제1회 기독교오순절대회였다. 한국인 스스로 무너진 오순절의 단을 수축하고 연합 대성회를 개최한 것이다. 연합 부흥회의 성격으로 모인 이 대회에는 박성산, 윤성덕, 허홍, 김성환 목사, 박헌근 장로, 박귀임 전도사 등의 교역자를 비롯하여 약 200여 명의 신자들이 모였다. 해방 후 흩어져 있던 한국 오순절 교회들이 순천 오순절 교회에 모여 대회를 열었는데 이 대회를 계기로 제2회, 제3회 대회가 개최되었고, 1953년 4월 8일에는 '기독교대한하나님의성회'가 결성되는 계기가 되었다.[14]

---

13) 국제신학연구원, 『하나님의성회 교회사』, 209-11.
14) Ibid., 213-14.

3. 오순절 운동의 발전기(1954-현재)

1) 기독교대한하나님의성회의 설립

6·25전쟁이 발발 당시 이때 제1회 대한기독교오순절대회 시 성회를 인도했던 박헌근 장로가 공산당 치안 대원들에게 검거되어 순교를 당하게 되었다. 박 장로는 공산군이 순천시를 점령하고 온갖 만행을 저지르는 중에도 교우 집을 심방하며 방언, 신유 등 오순절적 역사를 강력히 전개하다가 붙잡혀 순교하게 되었다. 한국에 오순절 신앙이 전래된 지 22년 되는 1950년 9월 말 한국 오순절 교회는 최초의 순교자를 낸 것이다.[15]

6·25전쟁 중 미국 종군 목사인 엘라우드(Ellowed)가 한국 오순절 교회의 현황을 파악하다가 허홍 목사를 만나 1년간 함께 예배를 드리고 미국 하나님의성회를 소개하게 되었다. 그리고 그의 노력으로 1952년 여름 미국 하나님의성회의 동양 선교부장 오스굿(Osgood) 목사가 한국을 방문하여 허홍, 박성산, 배부근 목사 등을 만나 한국 오순절교회의 현황을 직접 조사한 후 귀국하였고 그 해 12월 15일에는 정식으로 아더 체스넛(Arthur B. Chesnut)이 미국 하나님의성회의 선교사로 한국 땅을 밟았다. 아더 체스넛이 내한하자 한국 하나님의성회 조직의 움직임이 활발해 졌다. 박성산 목

---

15) Ibid., 212.

사가 순천, 부산, 거제, 광주, 목포 등지를 순회하며 흩어져 있는 오순절 계통의 교회를 규합하여, 1953년 4월 8일 허홍 목사가 시무하던 서울 용산구 한강로 1가에 위치한 남부교회에 모여 역사적인 창립총회를 가지고 교단의 명칭을 기독교대한하나님의성회(The Korea Assemblies of God, 이하 기하성)로 결정하고 열 개 항목으로 된 헌장을 통과시켰다.[16]

1953년 7월 27일 휴전 협정 이후, 전쟁의 폐허 속에서 민중의 가슴에는 비탄과 허탈감, 자포자기와 좌절감이 가득했지만 희망과 위로를 전해야 할 교회는 정작 그 사명을 감당하지 못하고 수많은 지도자를 잃은 공백과 영적 침체, 지도자의 신사참배 시비, 용공 시비, 신학적 차이, 그리고 교권 다툼 등으로 사분오열되어 대립하고 있었다. 불안한 정치, 경제, 사회적 상황 속에서 교회가 제 역할을 하지 못하고 있을 때, 이단 종파들이 우후죽순처럼 일어나 민중을 미혹하고 신자를 유혹하는 등 혼란을 가중시켰다. 이러한 와중에도 하나님의성회는 발전을 거듭하였고, 1953년에는 순복음신학교를 세워 목회자를 양성하는 한편, 1955년 말에는 44개 교회의 교단으로 성장했다. 그러던 중 1957년 11월 침례 시 '오직 예수의 이름으로'를 주장하는 '오직 예수파' 그룹이 기하성에서 분열되어 나갔으나, 이러한 충격에도 불구하고 미국의 부흥사 허만(H. Herman)

---

16) Ibid., 217-20; 여의도순복음교회 40년사 편찬위원회 편, 53-55.

과 랄프 버드(Ralph Bird)의 부흥 성회로 말미암아 교단은 더욱 알차고 건실해 졌다.[17]

2) 1960년대

1960년대는 기하성의 도약 시기였다. 교단의 분열로 일부 사람들이 탈퇴해 나갔으나, 내적으로는 교단이 더욱 단합되는 결과를 낳았다. 1959년 말에 미국 하나님의성회가 한국을 세계 복음화 운동의 지정국으로 결정하고 선교비를 지원하기 시작하면서 신학교 대지 확보 및 교사 신축 이전, 중앙부흥회관 설립과 같은 사업 등이 진행되었다. 이후에 중앙부흥회관은 순복음중앙교회로 발전하였다. 또한, 1964년은 문서 전도를 위한 「월간순복음」을 발행하면서 오순절 신학의 태동기를 열었다. 이때 강력한 신유 운동을 전개하고 있던 조용기 목사는 '병을 짊어지신 예수'라는 글을 연재하여 오순절 신학의 정립을 꾀하였고, 요한삼서 2절에 따른 삼중축복의 신학을 제시하였다. 또한, 박정근 목사는 '오순절 진리를 변증함'이라는 글을 연재하여 신유 및 성령의 역사성을 논증하였다.[18]

1966년 15회 총회에서 조용기 목사가 총회장으로 선출되면서 선교사가 주도하던 총회가 한국인 주도의 총회로 변모하는 전기를 마련했다. 한편 1969년 18회 정기총회에서는 헌법 전면 개정안이

---
17) 국제신학연구원, 『하나님의성회 교회사』, 221-23.
18) Ibid., 223-25.

가결되었다. 특히 제3회 동아시아 대회가 동남아 13개국으로부터 온 130여 명의 대표와 국내 오순절 계통의 교인들이 함께 모인 가운데 서대문 순복음중앙교회(여의도순복음교회의 전신)에서 5일간의 일정으로 열렸다. 이 대회는 세계오순절대회 아시아 지구회를 조직하여 아시아 지역의 오순절 성령 운동의 부흥을 시도했다는 점에서 그 의의가 있었다. 이 대회를 통해 1973년의 세계오순절대회(PWC)를 한국에서 개최하기로 결정하는 큰 수확을 얻게 되었다.[19]

1950년대 말부터 1960년대까지 미국에 본부를 둔 오순절 신앙의 교파들이 한국으로 유입되었다. 1958년에 극동사도선교회가 한국에 첫발을 들여 놓았고, 1960년에는 월드선교회가, 1965년에는 하나님의교회가, 1966년에는 연합오순절교회가 한국에서 선교 사역을 시작했다.

3) 1970년대 – 현재

1970년대에 들어서면서부터 한국 오순절 운동의 대표 주자 격인 기하성은 명실공히 한국 교계에서 확고한 위치를 차지하게 되었다. 순복음중앙교회를 주축으로 하여 기하성은 발전을 거듭하여 1971년에는 장로교, 감리교, 성결교에 이은 네 번째의 대교단으로 자리매김하게 되었다.[20] 또한, 1972년에는 1957년 갈라져 나갔던

---
19) Ibid., 226.

대한기독교오순절교회 총회와 전격 통합을 했고, 1973년에는 '73 빌리 그래함 서울 전도 대회', 1974년에는 '엑스플로 74 전도 대회', 1977년에는 '77 민족복음화성회'에 적극 참여함으로써 한국 교계에서 중요한 위치를 차지하게 되었다. 특히 1973년은 기하성이 세계 오순절 교회 속에서 큰 역할을 담당한 해였다. 제10차 세계 오순절 대회가 동양에서는 처음으로 개최되었으며, 이때 한국과 세계 복음화를 위하여 오순절 성령 운동과 세계적인 연합 운동과의 유대가 더욱 강화되었다.[21]

1960년대와 더불어 1970년대는 기하성이 가장 크게 성장한 시기였다. 1960년대가 기하성의 국내적 도약의 시기였다면, 1970년대는 국제적 도약의 시기요, 발전기였다. 기하성이 국제적으로 단단한 기반을 갖게 된 것은 교단 전체의 성숙에 힘입은 것도 사실이지만, 특히 여의도순복음교회의 발전과 세계 선교 강화에 기인한다. 그중 중요한 요인을 몇 가지 들자면, 1976년에 발족된 국제교회성장연구원의 활동과 국외에 설립된 순복음신학교 및 각종 세계 선교 대회의 개최 등이다. 이 모든 행사가 여의도순복음교회라는 개 교회를 중심으로 진행되었으나, 크게 보면 한국 하나님의성회의 국제적 기반 확보에 의한 것으로 볼 수 있으며, 더 나아가 한국 교회가 세계 교회에서 인정받을 만큼 크게 성장한 결과였다고 할

---

20) Ibid., 228.
21) Ibid., 228-30.

수 있다.[22]

1980년대에 들어서면서 기하성은 '80 세계 복음화 대회', '84 한국 기독교 100주년 기념 선교대회' 등에 참여하게 되었다. 이처럼 1970년대부터 1980년대 초반까지 기하성은 단합된 역량을 국내외에 과시할 수 있었다. 그러나 1981년에 들어서 총회와 여의도순복음교회가 몇 가지 일로 불화를 겪으면서 교단은 다시금 분열되었다. 그러나 교단이 나누어진 후, 탈퇴 당시 20만 성도였던 여의도순복음교회는 1985년 50만 성도를, 1990년도에는 장로교(예장통합)와의 사이비 시비[23] 와중에서도 70만 성도를 이루는 등 놀라운 교회 성장을 지속했다. 분열되었던 교단들은 1996년에 마침내 재통합을 이루었다. 기하성은 1994년에도 '10·3 세계 기도 대회'를 개최하였고, 1998년에는 여의도순복음교회가 중심이 되어 한국의 오순절 교단들과 함께 제18차 세계 오순절 대회 총회를 유치하였다.[24] 그 외에도 각종 기도 대성회와 집회, 컨퍼런스 등을 개최하며 1,500여 교회와 3,500여 교역자, 그리고 120만 성도를 통

---

22) Ibid., 231.
23) 1983년 68차 총회 시 예장통합은 "조용기 목사는 사이비에 준한 자"라는 판정을 내리고, 1993년 다시 1년간 더 연구하기로 결정하였다가, 1994년 79차 총회 시 "조용기 목사의 신학이 오순절 신학의 특수성에 기인한 것으로 본다."라고 결론을 내리고 사이비 규정을 철회했다. 사이비 시비에 대한 여의도순복음교회의 입장을 정리한 자료로는 다음을 참조하라: 국제신학연구원, 『여의도순복음교회의 신앙과 신학』, I (서울: 서울서적, 1993), 244-316; 국제신학연구원, 『여의도순복음교회의 신앙과 신학』, II (서울: 서울서적, 1993), 135-234; 국제신학연구원, 『성령이 너희에게 임하시면 - 조다윗 목사 사이비 시비 전말』(서울: 국제신학연구원, 1994).
24) 제18차 세계 오순절 대회에 한국 측 대표로 참여한 3개 오순절 교단은 기독교대한하나님의성회, 하나님의교회, 대한예수교복음교회 교단이었다.

해 복음 전파의 시대적 사명을 감당하고 있다.[25] 이제 오순절 교단은 한국 교회에서 또 하나의 주요 교단으로 자리매김하게 된 것이다.

---

25) 문화체육관광부의 2011년 "한국의 종교 현황"에 의하면, ① 기독교대한하나님의성회 여의도총회(총회장: 이영훈 목사)가 1,648개의 교회, 2,125명의 교역자, 101만 6,036명의 교인, ② 서대문총회(총회장: 박성배 목사)가 2,590개의 교회, 2,955명의 교역자, 18만 707명의 교인, ③ 통합총회(총회장: 임종달 목사)가 758개의 교회, 1,569명의 교역자, 34만 명의 교인으로 집계되어 있다. 그밖에 순복음총회(총회장: 이정금 목사)는 209개의 교회와, 266명의 교역자가 기재되어 있으나 전체 성도 수 집계는 기재되어 있지 않다. 조용목 목사가 총회장으로 있는 3,200개의 교회, 5,500명의 교역자, 180만 명을 갖추고 있는 기독교대한하나님의성회는 2008년에 기하성 전체가 단일화되었을 때의 자료가 수정되지 않은 것으로 보인다. 이와 관련하여 문화체육관광부, 『한국의 종교 현황』 (서울: 문화체육관광부, 2012), 42와 문화체육관광부, 『한국의 종교 현황』 (서울: 문화체육관광부, 2008), 38-39를 비교하라.

III. 세계 오순절 운동과 신유 운동

1. 초기 오순절 운동과 신유

19세기와 20세기 초의 감리교 운동, 전천년주의, 신유를 강조한 미국과 영국의 부흥 운동 및 성결 운동은 오순절 운동의 태동에 큰 영향을 주었다.[26] 학자들은 오순절 운동의 공식적 시초를 찰스 팔함의 성경 학교에서 일어난 성령 운동으로 보고 있다. 찰스 팔함은 성결을 성령 침례로 이해하고 있던 성결 운동에서 한걸음 더 나아가 방언을 성령 침례의 초기 증거로 이해하여 성령 침례와 방언을 연결시킨 최초의 사람이다.[27] 찰스 팔함은 신유의 역사를 체험한 후, 캔자스 주 토피카 시에 '벧엘 치유의 집'을 세웠다. 그는 성결

---

[26] 국제신학연구원, 『여의도순복음교회의 신앙과 신학』, I, 165. 이에 대한 상세한 내용은 다음 책을 참조하라: Donald W. Dayton, *Theological Roots of Pentecostalism* (Grand Rapids: Francis Asbury Press, 1987).

[27] John Thomas Nichol, *Pentecostalism*, 255f; Edith L. Blumhofer, *The Assembly of God: A Chapter in the Story of American Pentecostalism*, vol. 2 (Springfield: Gospel Publishing House, 1989), 67-69; 국제신학연구원, 『하나님의성회 교회사』, 109-12.

과 신유 즉, 영혼의 성화와 더불어 몸의 성화도 동시에 강조하였다. 그는 전국을 순회하던 중 성결 단체들이 주장하는 임박한 종말에 대한 징조로서의 신유와 방언이 실제로 존재하고 있음을 알게 되었다. 그는 방언이 성령 침례의 증거라고 생각하여 '벧엘 치유의 집'을 '벧엘성경학교'로 개명하고 자신의 학생들과 더불어 사도행전에 나타난 성령 침례와 방언을 간구하였다. 마침내 1901년 1월 아그네스 오즈만이라는 여학생이 성령 침례를 체험하고 방언을 말하게 되었다. 이후 그의 모든 학생이 방언을 말하게 되었으며, 벧엘성경학교는 성령 침례와 방언을 교리적으로 가르치고 강조하게 되었다. 당시 이러한 이해는 매우 새로운 것이었으나 찰스 팔함이 인도한 여러 신유 집회에서 놀라운 기사와 이적이 일어나면서 성령 침례의 일차적인 증거가 방언이라는 그의 교리가 쉽게 받아들여졌다. 이처럼 처음부터 오순절 운동에는 방언을 동반한 성령 침례와 신유가 강조되었다.[28]

찰스 팔함 이후 오순절 운동의 부흥은 그의 제자 윌리엄 시무어에 의해 더욱 발전, 확산되었다. 이름 없는 성결교 흑인 설교자였던 윌리엄 시무어는 소규모의 지역적 운동에 불과했던 오순절 운동을

---

[28] Vinson Synan, *Aspect of Pentecostal-Charismatic Origins* (Plainfield: Logos International, 1966), 6; *The Holiness-Pentecostal Movement in the United States* (Grand Rapids: William B. Eerdmans Publishing Company, 1989), 98–99; *In the Latter Days: The Outpouring of the Holy Spirit in the Twentieth Century* (Ann Arbor: Servant Publications, 1991), 48; John Thomas Nichol, *Pentecostalism*, 28.

국제적인 운동으로 발전시켰다. 1906년부터 3년에 걸쳐 윌리엄 시무어가 주도했던 아주사의 부흥 운동은 오순절 운동을 전 세계로 확산시킨 대부흥 운동이었다.[29] 초대 교회의 은사와 권능의 회복을 위해 기도했던 성결 운동에 속한 많은 경건한 신자들이 방언 현상에 깊은 관심을 갖고 이 운동에 적극 참여하였다. 윌리엄 시무어의 집회는 3년 동안 여러 교파와 인종들이 뒤섞인 가운데 매일 이른 아침부터 저녁 늦게까지 계속되었다. 설교는 드물게 행해 졌고 대부분의 시간은 찬송과 간증과 기도로 진행되었다. 또한, 성령의 권능 아래 사람들은 방언, 방언 통역, 예언, 그리고 축사 등을 행하였는데, 성령의 각종 은사 가운데 특별히 신유의 역사가 놀랍게 나타났다. 이 집회는 하루에 세 번씩, 일주일에 7일간, 1906년 4월 14일부터 3년 동안 끊이지 않고 계속되었다.[30]

아주사의 부흥을 이끌었던 윌리엄 시무어 이후에 오순절 계통에서 신유 사역을 행했던 사람은 프래드 보스워드(Fred F. Bosworth)였다. 프래드 보스워드는 찰스 팔함의 집회에서 성령 침례를 받았다. 그 후 그는 하나님의성회의 창립에 관여했다가 방언이 성령 침

---

[29] Robert M. Anderson, *Vision of the Disinherited* (Peabody: Hendrickson Publishers, 1992), 78. 이에 대한 더 자세한 내용은 Frank Batleman, *Azusa Street: the Roots of Modern-day Pentecostal* (Plainfield: Logos International, 1980); C. M. Robeck. Jr., "Azusa Street Revival," in *Dictionary of Pentecostal and Charismatic Movements* (이하 DPCM), rev. Edited by Stanley M. Burgess and Gary B. McGee (Grand Rapids: Zondervan Publishing House, 1988), 31-36을 참조하라.

[30] Frank Bartlemann, *Azasa Street*, 54-55.

례의 유일한 증거라는 주장에 반대하여 하나님의성회를 떠나 독립적으로 활동하였다. 그는 심슨의 기독교선교연합회(CMA)와 밀접한 관계를 맺으면서 1920년대의 가장 유명한 신유 사역자로서 활동했고, 달라스에서 가장 큰 독립 교회를 개척하는 한편, 방송 선교의 개척자로서 활동하기도 하였다. 그는 신유에 대한 책도 저술했다.[31]

신유 운동은 여성들에 의해서도 일어났다. 오순절 운동에 속한 여성 신유 운동가 중에 가장 유명한 사람은 에이미 샘플 맥퍼슨(Aimee Semple McPherson)이다. 그녀는 1909년 오순절파이며 후에 하나님의성회의 중요한 지도자가 된 윌리엄 더함(William H. Durham)에게서 안수를 받고 복음전도자가 되었다. 그녀는 1920년대와 1930년대 미국의 그 어떤 사람보다도 유명한 신앙 치유자였다.[32] 에이미 샘플 맥퍼슨은 신유가 순간적이고 완전하게 이루어진다고 주장하여 비판을 받았지만, 그녀의 집회에는 교파를 초월해서 수많은 사람이 참석했다. 이런 초교파적인 성격은 후에 신(新)오순절 운동을 태동하게 만드는 중요한 역할을 하였다.

---

31) R. M. Riss, "Bosworth, Fred Francis," in *DPCM*, 94.
32) C. M. Robeck, Jr., "Aimee Semple McPherson," *DPCM*, 568–71.

2. 전후 오순절 운동의 신유 사역

제2차 세계대전이 발발한 이후 미국은 영적으로 매우 황폐해져 있는 상태였지만, 이를 겪으면서 새로운 부흥으로 도약하는 계기를 다시 마련하게 되었다. 제2차 세계 대전 이후에 미국에는 두 종류의 부흥 운동이 일어나게 되었는데, 전통적인 부흥 운동은 빌리 그래함을 중심으로 이루어졌으며, 오순절적 신유 운동은 윌리엄 브랜햄(William Branham)과 오럴 로버츠(Oral Roberts)를 중심으로 일어나 보다 폭넓은 은사 운동으로 발전하게 되었다.

전후 신유 운동에 있어서 부각된 인물은 윌리엄 브랜햄이었다. 윌리엄 브랜햄은 침례교 목회자였으나 후에 오순절 운동에 가담하게 되었다. 그는 영적 대결로 오는 진동, 병을 분별하는 은사, 비밀의 은사 등의 특별한 신유 행위를 동반한 많은 이적을 행하여 전후의 가장 중요한 신유 운동가로 부각되었다. 하지만 윌리엄 브랜햄의 사역이 1950년대 후반과 1960년대 초에 이르면서 점점 과격해지고 그의 추종자들에 의해서 신격화되는 현상이 나타나기도 했다.[33]

오럴 로버츠는 윌리엄 브랜햄을 계승하여 신유 운동을 체계화시키고 발전시켰다. 그는 오순절 운동을 은사 운동으로 발전시키는데 중요한 역할을 담당했다. 1947년부터 신유 사역을 본격적으로

---

[33] David Edwin Harrell, Jr., *All Things Are Possible: Healing and Charismatic Revivals in Modern America* (Bloomington: Indiana University Press, 1975), 36–41.

시작한 이래 신유에 대한 책과 잡지를 출판하는 한편, 방송을 통해서도 신유의 메시지를 전파했다. 이처럼 오럴 로버츠는 매체를 이용함으로써 신유 사역을 오순절 운동뿐만 아니라 일반 기독교인들에게까지 보편화시켰다. 그는 "하나님은 영, 혼, 육의 전인적인 치유를 원하시기 때문에(요삼 1:2) 그리스도의 십자가를 통해 우리의 질병까지 담당하셨다. 그러므로 우리는 이것을 구체적으로 믿어야 하며 이런 믿음은 믿음의 공동체 안에서 양육돼야 한다."며 삼중축복을 주장했다.[34)]

오럴 로버츠와 더불어 전후의 신유 운동을 이끌어간 여성 신유 사역자로 캐더린 쿨만(Kathryn Kuhlman)이 있었다. 전후 미국 기독교에서 가장 유명한 여성 신유 사역자로 평가받고 있는 캐더린 쿨만은 어려서부터 여러 경로를 통해서 오순절 운동과 관계를 맺게 되었다. 그녀는 1924년부터 1926년까지 시애틀에 있는 심슨의 성경 학원에 다녔으며, 그 후 에이미 샘플 맥퍼슨이 운영하는 성경 학원에서 잠시 동안 공부하기도 하였다. 하지만 그녀는 이런 단체들과는 별도로 독자적인 사역을 행했다. 오럴 로버츠와 캐더린 쿨만의 이런 사역은 신오순절 운동(은사 운동)의 형성에 큰 공헌을 하였다. 캐더린 쿨만은 1946년부터 신유 사역을 시작했다. 그녀는 신유

---

34) P. G. Chappell, "Roberts. Granville Oral," in *DPCM*, 759–60; Vinson Synan, *In the Latter Days*, 83–87; 그의 생애에 대해서는, G. Oral Roberts, 『기적을 기대하라: 오럴 로버츠 목사의 나의 삶 나의 목회』 전형철 역 (서울: 서울말씀사, 1995)를 참조하라.

는 전적으로 성령님의 사역이며 따라서 치유되든지, 혹은 치유되지 않든지 하나님의 영역에 속해 있다고 주장했으며, '지식의 말씀'을 사용하여 신유 사역을 행했다.[35]

3. 신오순절 운동

제2차 세계 대전 이후 미국의 오순절 신유 운동은 더는 오순절 교단만의 것이 아닌 모든 교파에 파급된 운동이 되었다. 1950년대 말부터 주류 교단의 성직자들 가운데서 오순절 성령 침례를 받아들이고 이것을 강조하는 새로운 흐름이 생기기 시작한 것이다. 이것은 얼마 가지 않아서 개신교뿐만 아니라 천주교에까지 확대되었다. 이런 전통적인 오순절 운동의 범위를 넘어선 성령 운동을 개신교에서는 신오순절 운동 또는 은사 운동으로, 가톨릭에서는 은사 갱신 운동이라고 부른다. 주류 교단에서 오순절 운동을 받아들여 방언을 체험하고 신유 집회를 인도한 최초의 인물은 성공회 신부인 리차드 윈클러(Richard Winkler)였으며, 이러한 은사 운동을 체계화하고 크게 확산시킨 인물은 데니스 베넷이었다. 데니스 베넷은 성령의 역사를 직접 체험한 후, 시애틀의 교회를 은사 운동의 센터로 삼고 은사 운동을 일으켰다.[36]

---

[35] D. J. Wilson, "Kathryn Kuhlman," in *DPCM*, 529-30.

성공회에 이어서 1960년대 후반에는 천주교에서 은사 운동이 전개되었다. 천주교의 신유 사역자 가운데 가장 유명한 사람은 프렌시스 맥너트(Francis MacNutt) 신부이다.[37] 그는 1967년 성령 체험을 한 뒤에 전 세계적으로 은사 운동을 전개했다. 프렌시스 맥너트의 신유 사역은 여러 가지 관점에서 전통적인 오순절적 견해와 일치한다. 그러나 천주교의 신유 운동이 개신교와 다른 점은 천주교는 신유를 성례전을 행할 때 점진적으로 일어나는 현상으로 이해한다는 데에 있다. 나아가 천주교의 성례전은 이제 영혼만을 위한 목회에서 영과 육을 포함한 목회로 전환하고 있다.

4. 기타 최근의 신유 운동들

20세기 후반에 들어서면서 신유 운동은 매우 다양하고 복잡해졌다. 그중 주목할 두 가지는 '신앙 운동'과 '제3의 물결'이라고 불리는 독립 교회 운동이다.

신앙 운동은 케네스 해긴(Kenneth E. Hagin)에 의해서 시작되었다.[38] 그는 오순절 교파와 관련을 맺고 1949년부터 사역을 본격적

---

36) Vinson Synan, *In the Latter Days*, 88–96; Walter J. Hollenweger, *The Pentecostals*, (Peabody: Hendrickson Publisher, 1988), 4–6; 데니스 J. 베네트, 『성령세례와 방언』 김의자 역 (서울: 보이스사, 1998); 데니스 J. 베네트 & 리타 베네트, 『성령과 나』 황명회 역 (서울: 두란노, 1993), 121–34를 참조하라.
37) S. Strang, "MacNutt, Francis Scott," in *DPCM*, 568.
38) R. M. Riss, "Hagin, Kenneth E.," in *DPCM*, 345.

으로 시작했으며, 그 이후로 영분별과 병든 자의 치유에 집중했다. 그는 자신의 강의 테이프와 책자들을 전국적으로 배포하는 한편, 1974년에 세워진 레마성경훈련센터(Rhema Bible Training Center)를 통해서 사역자를 배출했다.

케네스 해긴의 신앙 운동은 크게 세 가지를 강조하고 있다. 즉, 육체적인 치유는 하나님의 뜻이며, 하나님은 자신의 백성을 축복하시기를 원하시며, 긍정적인 신앙의 고백은 분명한 열매를 가져온다는 것이다.

신유 운동으로 크게 사역했던 또 다른 대표적인 인물은 존 윔버(John Wimber)이다.[39] 그는 척 스미스(Chuck Smith) 목사의 갈보리교회에 출석하다가 1977년부터는 캘리포니아에서 독자적인 사역을 시작했으며 후에 빈야드 운동의 지도자가 되었다. 피터 와그너는 존 윔버의 사역에서 미국 성령 운동의 또 다른 특색을 발견하고 이들을 '제3의 물결'이라고 불렀다. 존 윔버는 '하나님의 나라'라는 개념을 중심으로 하나님의 나라가 임하면 이 세상의 권세(죄와 질병)는 떠나간다고 주장했다. 이들은 고전적 오순절 운동처럼 따로 자신들만의 교파를 만들지도 않았고, 은사 운동처럼 기존 교파의 구조를 떠나지도 않았으며, 오히려 교파의 조직과는 관계없이 독자적인 성령 운동을 전개했다.

---

39) C. P. Wagner, "Wimber, John," in *DPCM*, 889; Vinson Synan, *In the Latter Days*, 138-40.

IV 한국 오순절 운동의 신유 운동

1. 김익두, 이성봉 목사의 신유 운동 그리고 박태선, 문선명 등의 이단 종파들

김익두 목사는 한국 교회사에 있어서 신유 운동의 선구자요, 중심인물 중 하나로서 오순절 운동이 정식으로 소개되기 전 가장 오순절적이었던 영적 지도자였다. 3·1운동이 실패한 이후 실망에 빠져 있었던 한국 교회와 사회가 점점 더 영적인 것에 관심을 갖게 되었을 때, 김익두 목사는 신유 사역을 통해 침체된 한국 교회에 새로운 부흥의 역사를 일으켰다.

그는 1901년 스왈른 목사에게서 침례를 받은 후 신학을 공부했다. 그는 종말 신앙을 강조하며 큰 부흥의 역사를 이룬 길선주 목사의 뒤를 이어 대중 전도에 매진했다. 1919년 12월 경북 달성군 현풍교회에서 열린 집회에서 10년 동안 열린 입을 다물지 못한 박수진이라는 걸인이 나음을 받았다. 그 이후 김익두 목사는 1920년대의 강력한 신유 부흥 집회를 이끌었다. 김익두 목사의 집회는 이적 부흥회라고 일컬어졌으며, 그는 '신유의 사도'로 불릴 정도로 불치병에 시달리는 많은 병자를 치유했다. 그 때문에 그의 부흥회는 항상 병자들로 인산인해를 이루었다. 그는 기도(특히 금식 기도)를 강조하는 한편, 전도를 위한 외적인 기적과 이사인 신유의 은사를 강조했으며, 이를 통한 부흥 운동은 한국 교회를 놀라운 성장으로 이끌었다.[40] 그가 부흥 집회를 통해 얻은 열매로는 결신자가 총 28만여 명, 병 고침을 받은 자가 1만여 명에 이르렀으며, 특히 이 시기에 한국 교회의 성장률은 25%에 이르는 등 김익두 목사의 신유 운동은 이용도 목사의 성령 운동과 함께 한국 교회 부흥에 크게 이바지했다.

이러한 신유의 사역은 1930년대에도 계속되었는데, 당시 한국 교회 신유 운동의 중요한 인물로는 이성봉 목사가 있다.[41] 그의 신앙은 처음부터 신유와 깊은 관계가 있었다. 그는 자기 자신이 기도 중에 골막염을 치유 받았고, 1937년 경성성서학원의 기숙사에서는 꿈에서 김익두 목사의 안수를 받고 성령의 불침례를 체험하면서 신유 운동을 하게 되었다. 그는 자신이 김익두 목사의 신앙의 맥을 계승한다고 생각했으며, 그의 부흥 집회에는 항상 신유의 역사가 뒤따랐다. 그가 집회를 열 때면, 병자가 고침을 받고 귀신에 눌린

---

40) 국제신학연구원, 『하나님의성회 교회사』, 172–73.
41) Ibid., 182–83.

자들이 놓임을 받는 등 많은 이적과 기사가 일어나 구원받는 자가 폭발적으로 늘어났다. 이와 같은 김익두, 이성봉 목사의 신유 운동으로 한국 교회는 놀라운 부흥이 일어나게 되었던 것이다.

그러나 이러한 부흥 운동은 사이비 성령 운동의 출현으로 큰 시련을 맞게 되었는데, 그것은 바로 박태선, 문선명 등이 이끌었던 성령 운동을 빙자한 이단 종파적 신비주의 운동이었다.[42] 박태선의 '한국예수교전도관부흥협회'(일명 '전도관'으로 불리며 후에 '천부교'로 이름을 바꿈)는 초기에 강력한 신유 운동을 전개함으로써 6·25전쟁 이후에 교계와 일반 민중 사이에서 불길처럼 확대되어 갔다. 한때 교세가 30만(전도관 주장) 가까이 확장되어 소사(부천), 기장 등지에 신앙촌을 건립하면서 활발히 포교 활동을 전개하였으나 곧 이단으로 변질되면서 추종자들은 뿔뿔이 흩어졌다. 한편 문선명의 '세계기독교통일신령협회'도 원리강론과 한국의 구세주적 소명을 강조하며 놀랍게 퍼져 나갔다. 전도관, 통일교뿐만 아니라 수많은 신흥 종파가 여기저기에서 생겨나 전국 곳곳에 뿌리를 내리게 되었다. 이처럼 신흥 종파들이 뿌리를 내리게 된 것은 해방 후 한국 교회가 사회적 혼란과 교회의 분열 속에서 영적 지도력을 상실하여 말씀 중심의 성령 운동을 지도하지 못하고 이를 방관했기 때문이다. 결국 한국 교회는 사이비 성령 운동의 여파로 성령 운동

---

[42] 민경배, 『한국기독교회사』 (서울: 대한기독교출판사, 1982), 470-73.

과 신유 운동에 대해 거부감을 갖게 되었고 그 결과 성도들의 영적 갈급함을 채워 주지 못하게 되므로 점차 영적 침체의 길을 걷게 되었다.

2. 조용기 목사의 신유 운동

한국의 오순절 운동하면 여의도순복음교회를 떠올리게 된다. 1958년 5월 18일 다섯 명으로 시작한 개척 교회가 세계 최대의 교회로 성장했기 때문이다.

여의도순복음교회가 세계 최대의 교회로 발전하게 된 가장 중요한 요인 중 하나는 조용기 목사가 주도한 신유 운동이었다. 조용기 목사가 담임한 여의도순복음교회는 불광동 개척 교회 시절부터 기적적인 신유의 역사로 급성장했으며, 서대문으로 교회를 이전한 후(당시 순복음중앙교회)에도 지속적인 신유 사역을 바탕으로 폭발적인 성장을 지속했다. 그 후 여의도순복음교회는 신유 운동의 대명사가 되었다. 그러나 여의도순복음교회의 신유 운동은 독자적이고 새로운 것이라기보다는, 사실상 조용기 목사가 한국 교회의 신유 운동의 전통을 회복하고 세계 오순절 운동의 역사를 한국 교회에 접목시킨 것이라 할 수 있다. 한국 교회의 역사를 살펴보면 신유는 김익두, 이성봉 목사 등을 통해서 한국 교회의 역사에서 면면히 흘러내려 온 전통이었으며, 세계 오순절 운동에 있어서도 신유가 중요한 특징이요, 전통이었기 때문이다.[43] 그러나 이 신유 운동의 역사를 오중복음과 삼중축복이라는 틀 안에서 성경을 통해 재조명하고 신학적으로 정리하여 대중화함으로써 그것을 기초로 오늘날과 같은 교회 성장을 이룩한 것은 분명 조용기 목사의 공헌이다.

1) 오순절 신유 운동가들의 영향

해방 후, 한국 교회의 영적 침체기에 나타난 것이 바로 신유와 성령 침례를 강조한 조용기 목사의 오순절 운동이었다. 조용기 목사의 사역 또한, 개인적 신유 체험에서 시작되었다. 그는 시골 지주의 집안에서 태어났지만 어린 시절 부친의 의원 출마 실패로 집안 형편이 크게 어려워졌다. 고등학교 시절에는 폐병 3기로 사형 선고를 받고 시한부 인생을 살고 있었다. 이때 그는 누나 친구의 전도로 예수님을 믿게 되었다. 그는 뛰어난 영어 실력 덕분에 선교사 케네스 타이즈(Kenneth Tice)를 만날 수 있었고, 그의 소개로 오순절 계통의 선교사 루이스 리처드(Louis Richards)와 만나게 되었다. 청년 조용기는 루이스 리처드와 깊은 교제를 나누며 성경 공부와 집회에 참석했고, 통역을 통해 그의 사역을 도왔다. 그러던 중 그는 예수님을 만나는 체험을 통하여 치유를 경험했다. 그는 이후 사역자가 되기 위해 순복음신학교에 입학했고, 존 스텟츠(John Stets), 존스톤

---

43) 오순절 운동의 신유의 역사에 대한 더 자세한 내용은 P. G. Chappell, "Healing Movement," in *DPCM*, 353-74를 참조하라.

(R. L. Johnston) 선교사 등과 지속적으로 교제하면서 자신의 오순절 신학을 조금씩 체계화시켰다. 또한, 당시에 내한했던 세계적인 부흥사요, 신유 운동가였던 허만이나 랄프 버드, 그리고 허스톤(J. W. Hurston) 등이 신유 부흥 집회를 인도할 때, 조용기 목사는 오순절 부흥 운동의 현장에서 직접 통역을 하면서 신유를 실제적으로 목격하고 체험할 수 있었다.[44] 그는 이 경험을 토대로 1958년 5월 최자실 전도사와 함께 불광동 천막교회를 개척했다.

조용기 목사의 개척 교회가 빈민촌에서 시작되었지만 절망적 환경에서도 놀라운 부흥과 성장을 가져올 수 있었던 배경 중 하나는 불치의 병에 걸린 환자들의 기적적인 신유의 체험 때문이었다. 신유의 소문은 꼬리를 물고 퍼져 나가 교회는 폭발적인 성장을 이루게 되었다.[45] 한편 허스톤은 개척 초기부터 그의 사역을 도왔으며 교회가 성장해서 서대문으로 이전한 이후에도 이러한 도움은 계속되었다. 교단 내에서 조용기 목사의 강력한 신유 사역에 대한 일부 비판도 있었으나, 허스톤은 신유 사역이 오순절 운동의 핵심인 동시에 전 세계적으로 나타나고 있는 현상임을 강력히 주장하며 그를 전폭적으로 지지하였다. 또한, 허스톤은 그에게 세계적인 신유 운동가들을 소개시켜 주었는데 특히 오럴 로버츠는 조용기 목사의 신학에 큰 영향을 끼쳤다.[46] 오럴 로버츠가 강조한 요한삼서 2절의

---

44) 여의도순복음교회 40년사 편찬위원회 편, 39-41, 76-77.
45) 국제신학연구원, 『여의도순복음교회의 신앙과 신학』, II, 99.

전인적 구원의 축복이 조용기 목사의 삼중축복으로 이어졌던 것이다. 조용기 목사는 신유는 그리스도의 대속에 근거하고 있으며, 질병은 사탄의 궤계에 속하고, 그리스도는 영육간의 온전한 구원자요, 치유자이며, 우리는 치유가 하나님의 뜻임을 믿어야 하고 또한 이 믿음을 통하여 치유를 경험할 수 있다고 가르쳤다.[47]

조용기 목사의 초기(1958-1961) 설교는 믿음에 따르는 표적, 병을 짊어지신 예수님, 좋으신 하나님에 집중되어 있었다. 절대 절망의 사람들에게 절대 희망 되신 그리스도를 만나게 하며, 갖가지 상처로 고통받는 성도들을 성경 말씀으로 치유하고 하나님 나라를 체험하게 하는 것이 조용기 목사의 목회였다.[48]

1961년에 조용기 목사는 '치유의 소리' 선교회를 초청하여 24일간 천막 신유 집회를 개최하고 통역을 담당했다. 그 집회의 강사는 샘 토드(Sam Todd)였다. 이 집회가 성공적으로 끝나면서 순복음부흥회관의 개척 예배를 드리게 되었고 매일 열린 신유 집회를 통해 서울 시내에 영적인 새 바람을 일으켰다. 이 '치유의 소리'는 20세기 중엽 미국의 가장 유명한 신유 단체였는데, 이 단체의 설립자는 20세기 신유 운동의 중요 인물이었던 고든 린세이(Gordon Linsay)

---

46) 조용기, 『교회 성장, 진정으로 원하십니까?』 (서울: 서울서적, 1995), 11-20.
47) 박명수, "조용기 목사와 세계 오순절/은사 운동", 『2002 영산국제신학심포지움』 (군포: 한세대학교 순복음신학연구소, 2002), 252-53; 조용기, 『목사님, 병고침은 어떻게 해야 받을 수 있나요?』 (서울: 서울말씀사, 1997), 10-11, 56-57, 80-90.
48) 국제신학연구원, 『여의도순복음교회의 신앙과 신학』, II, 97-102.

였다. 그는 오순절 운동의 아버지라 불리는 찰스 팔함과 20세기 중엽의 대표적인 신유 운동가인 윌리엄 브랜햄의 영향을 함께 받았으며, 오럴 로버츠를 비롯한 다양한 전통의 신유 운동가들과도 깊은 교분을 맺고 그들의 신유 부흥 집회를 지원했다. 이러한 고든 린세이의 영향을 받은 샘 토드가 천막 신유 집회를 인도하였고 그의 신유 운동은 또한 조용기 목사에게 영향을 미쳤다. 그리고 고든 린세이와 함께 세계적인 신유 집회를 계획하면서 일했던 오스본(T. L. Osborn)은 전 세계를 다니면서 개인적인 신유 기도보다는 대규모의 신유 집회를 통해서 사역했는데 이러한 방법과 메시지도 조용기 목사에게 영향을 미쳤다.[49]

2) 신앙 운동과의 관계

조용기 목사는 케네스 해긴과 같은 신유 사역자들이 주도하는 신앙 운동과도 직·간접적으로 관련을 맺고 있다. 해긴은 20세기 초 성결 운동가인 케논(E. W. Kenyon)의 영향을 받았다. 케네스 해긴은 케논의 믿음의 법칙을 계승하여 오럴 로버츠의 신유 신앙과 깊은 관계를 맺고 영향을 주고받았다. 케네스 해긴은 믿음은 씨앗이며, 믿음을 갖는다는 것은 씨를 심는 것과 같다고 보았다. 그리고 이 씨를 심는 것은 믿음의 고백을 통해서 이루어진다는 것이다. 여

---

[49] 박명수, "조용기 목사와 세계 오순절/은사 운동", 255; 조용기, 『교회 성장, 진정으로 원하십니까?』, 84; David Edwin Harrell, Jr., *All Things Are Possible*, 63–66.

기에서 그는 로고스와 레마를 구별하는데, 로고스는 객관적인 말씀이지만 레마는 이것이 구체적으로 나의 말씀이 되는 것을 의미한다고 보았다. 따라서 로고스가 레마가 될 때 믿음의 씨가 심겨진 것이다.[50] 이 믿음의 고백은 하나님의 말씀과 능력에 대한 신뢰를 강조한 것이다. 조용기 목사는 믿음의 씨앗과 로고스와 레마의 개념을 목회에 적용하여 '기록된 말씀'(로고스)이 '선포된 말씀'(레마)으로 각 사람에게 다가와야 할 것을 강조했다.[51]

3) 조용기 목사의 신유

조용기 목사는 그리스도의 대속의 은총의 결과로 신유의 축복이 모든 믿는 자에게 주어졌음을 강조한다. 이 같은 사상은 심슨이나 고든 등의 복음주의자들에 의해 지속적으로 강조되어 온 사상이기도 하다.[52] 하나님께서 최초의 인간을 질병과 죽음이 없는 건강한 상태로 창조하셨으나 인간이 마귀의 유혹을 따라 죄를 범함으로써

---

50) Vinson Synan, *The Century of the Holy Spirit: 100 Years of Pentecostal and Charismatic Renewal* (Nasheille: Thomas Nelson, 2001), 357-59.
51) 조용기, 『4차원의 영적세계』 (서울: 서울말씀사, 1996), 112-13.
52) 찰스 니엔킬첸(Charles W. Nienkirchen)은 심슨이 오순절 운동에 미친 영향을 이야기하면서 다음과 같은 사례들을 들어 연관성을 설명하고 있다: ① 찰스 팔함이 신유의 집을 시작하기 전 심슨의 선교사 훈련원을 방문한 것과, ② 찰스 팔함이 수시로 심슨과 그의 친구 고든의 저서들을 그가 발행하는 사도적 신앙에 게재한 점, ③ 최초로 성령 침례 시 방언을 말한 아그네스 오즈만이 심슨을 그의 스승으로 꼽은 점, ④ 국제 사각 교회 창시자 에이미 샘플 맥퍼슨이 심슨의 사중복음의 내용을 대부분 수용한 점, ⑤ 하나님의성회가 창립될 때 그의 사상을 대폭 수용한 것 등을 들고 있다: Charlers W. Nienkirchen, *A. B. Simpson and the Pentecostal Movement* (Peabody: Hendrickson Publishers, 1992), 13-51.

저주를 받고 병들어 죽게 되었다. 조용기 목사는 성경에서 인간에게 질병을 가져오는 가장 큰 요인이 마귀와 범죄와 저주라고 말한다. 마귀가 인간을 범죄케 하고 인간의 범죄함으로 율법의 저주가 다가오게 되고, 그 저주로 각종 질병을 얻게 된다는 것이다. 그는 자신의 저서 『신유론』에서 아담의 범죄, 율법의 저주, 마귀와의 관계, 그리고 잘못된 생활 태도와 부주의를 질병의 요인으로 꼽고 있다.[53] 질병은 하나님의 뜻이 아니며, 사탄으로 말미암는 죄와 저주의 결과이기 때문에 신자는 질병의 치유를 간구하여야 한다. 인간이 타락한 결과로 영적인 죽음과 환경의 저주, 육신의 질병과 사망이 다가오게 되었다. 이처럼 인간 타락의 결과가 인간 삶의 전 영역에 미쳤기 때문에, 그리스도의 대속의 결과 역시 영혼의 거듭남, 환경의 축복, 그리고 육신의 건강을 모두 가져오는 전인적 구원이어야 한다[54](이 부분에 있어서 조용기 목사는 오럴 로버츠의 삼중축복과 해석을 같이 한다). 물론 기존의 오순절 운동이나 한국 교회도 병의 치유는 그리스도의 대속에 근거한다고 보았으며, 예수 그리스도의 십자가는 단지 죄만 담당한 것이 아니라 질병까지 담당했다고 보

---

53) 조용기, 『신유론』 (서울: 서울말씀사, 2001), 56–58.
54) 조용기 목사는 다음과 같이 신유의 조건에 대해 말한다: "신유를 원하는 환자는 건강을 열망하고, 죄를 회개하고, 용서받고, 타인을 용서하고, 믿음의 기도를 하며, 도덕적으로 성결한 삶을 살아야 한다. 특별히 믿음과 믿음의 고백은 신유의 기본 조건이다. 신유의 역사는 신유를 위한 그리스도의 대속의 은총을 믿는 자에게 성령의 사역에 의해서 이루어진다. 신유는 죄 사함과 같이 믿는 자에게 주시는 하나님의 선물이기에, 믿음은 성령의 역사를 위한 신유의 기본 조건이다." 조용기, 『목사님, 병 고침은 어떻게 해야 받을 수 있나요?』, 56–103; 조용기, 『오중복음과 삼중축복』 (서울: 서울말씀사, 1998), 124–69 요약 인용.

앞다. 그러나 질병에 대한 대속적인 이해가 더욱 널리 확산된 것은 조용기 목사의 신유 운동의 영향이라 할 수 있다.

또한, 조용기 목사는 질병의 배후에는 사단이 있으므로, 질병을 치료하는 것은 성령님의 활동과 역사임을 강조한다. 조용기 목사는 예수님의 신유를 하나님 나라의 임재와 연결시켜 성령의 능력으로 말미암아 귀신을 내어 쫓음으로 하나님의 나라가 임하게 됨을 강조한다(마 12:28). 이것은 천국의 임재와 치료가 분리될 수 없으며, 천국의 임재는 필연적으로 치료를 가져온다는 사실을 의미하는 것이다.[55]

위에서 살펴본 것처럼 조용기 목사의 신유 운동은 한국의 신유 운동 전통과[56] 세계 오순절 운동의 전통, 그리고 위에서 살펴본 기타 최근의 신유 운동들의 전통을 접목시켜 발전시킨 것이라 할 수 있다. 특히 조용기 목사의 외국 선교사들과의 동역은 그의 시야를 세계로 확대시켜 나가는 데 결정적인 역할을 했다. 그는 선교사들과의 교류를 통해 국제적인 오순절 운동, 성령 운동, 신유 운동을

---

[55] 조용기, 『신유론』, 72-75.
[56] 한국 기독교 내에서 일어나고 있는 치유 역사에 대해 김광일 박사는 정신 의학자의 입장에서 연구 논문을 발표한 바 있다. 그는 이 논문에서 각종 자료와 함께 성락교회, 순복음교회, 현신애복음선교회, 한얼산 기도원 등을 방문하면서 참여, 관찰한 내용을 소개하고 있다. 그는 질병관, 치유법을 소개하면서 귀신·마귀를 내어 쫓는 축사법에 대해 샤머니즘적 요소들이 기독교 내에 침투해 들어 온 현상으로 이해될 수 있다고 말하였다. 이 같은 주장은 일부 교회나 기도원 등에서 행해지고 있는 비성경적 치유 현상을 이야기한 것으로 보인다. 김광일, "기독교 치병 현상에 대한 정신 의학적 조사 연구", 『한국 교회 성령 운동의 현상과 구조』, 크리스챤 아카데미 편 (서울: 대화출판사, 1982), 233-96.

체득했다. 그뿐만 아니라 1970-1980년대에도 신유 운동가들과의 폭넓고 지속적인 교류를 유지함으로써 자신의 사역을 더욱 발전시켰다. 그러나 1983년부터 10년간 지속된 장로 교단(예장통합)과의 사이비 논쟁으로 그 기간 중 이전처럼 신유 사역을 강력히 전개하지 않자 교회 성장은 둔화될 수밖에 없었다. 조용기 목사는 사이비 논쟁이 끝난 후 다시 전과 같이 강력하게 신유 사역을 전개하기 시작했다.

조용기 목사는 예배 때마다 신유를 위해 기도하고 믿음의 치유를 선포하고 있는데, 이 신유 사역은 특히 국외 성회 시 크고 두드러지게 나타난다. 조용기 목사는 모든 성회에 예외 없이 치유 받은 자들의 간증 시간을 가짐으로써 지금도 살아 역사하시는 예수 그리스도의 신유의 역사를 강조하고 있다.

V 나가는 말

　오순절 운동과 신유의 역사는 불가분의 관계이다. 한국 교회는 초기부터 오순절주의적 경향이 짙었다. 한국 교회 성격을 규정짓게 한 1907년 대부흥 운동이 바로 그 대표적인 예이다. 그리고 일제강점기에 큰 부흥 운동을 일으켰던 길선주 목사의 종말 신앙 운동, 김익두 목사의 신유 운동, 이용도 목사의 그리스도의 고난에 근거한 신비주의적 성령 체험 모두 오순절적 요소가 강한 부흥 운동이었다. 특별히 김익두 목사의 신유 운동은 한국 교계뿐만 아니라 한국 사회 전체가 주목하는 대부흥 운동이었다. 일제강점기 때에 그의 부흥회만큼 많은 사람이 운집하는 집회가 없었다.

　그러나 이 같은 오순절적인 전통들이 해방을 맞으며 다가온 혼란기 속에서 점차 사라지게 되었고 이에 대한 반작용으로 사이비 성령 운동이 일어나 신유를 앞세운 이단이 등장하게 되었다.

　이때 다시 오순절적 성령 운동을 일으켜 한국 교회의 오순절적 전통을 회복한 것이 조용기 목사가 주도한 여의도순복음교회의 성령 운동이었다. 조용기 목사는 성령 침례와 신유를 강조하며 한국에 처음 뿌리를 내렸던 메리 럼시 이후의 여러 오순절 선교사들의 전통을 이어받아 강력한 성령 침례 운동과 신유 운동을 전개해 나갔다. 그뿐만 아니라 그는 세계 오순절 운동의 지도자들과의 교류를 통해 한국 교회 오순절 운동을 세계화하는 데 일조하였다. 신유 운동은 체험적 신앙과 불신자 전도에 가장 강력한 효력을 나타냈고, 교회의 급속한 성장과 부흥에 크게 이바지했다. 조용기 목사는 정통 복음주의적 신앙 전통을 따라 그리스도의 대속에 근거한 신유론을 강조하고 있으며, 이 사상은 오중복음과 삼중축복에 관계된 그의 저서 가운데 잘 나타나 있다.

여기서 한 가지 유념해야 할 내용은 신유 자체를 지나치게 추구하다 보면 한국인의 역사의식 속에 도도히 흐르고 있는 샤머니즘과 혼합될 위험성이 있다는 것이다. 샤머니즘은 한국 교회가 신앙적·신학적으로 풀어야 할 과제이다.[57] 한국에서 오순절 운동이 지속적으로 발전해 나가기 위해서는 성경적 신유관을 확립해야 한다. 신유는 성령의 은사 중 하나로서 복음 증거를 위한 도구로 이해되어야 하며, 그 궁극적 목적은 하나님께 영광을 돌리는 데 있음을 성도들에게 주지시켜 나가야 할 것이다.

---

[57] 조용기 목사의 오순절 운동과 샤머니즘과의 관계에 대해서는 다음의 논문을 참조하라. Allan Anderson, "David Yonggi Cho's Pentecostal Theology as Contextual Theology in Korea," 『2002 영산국제신학심포지움』 (군포: 한세대학교 순복음신학연구소, 2002), 15-42.

참고문헌

국제신학연구원.『성령이 너희에게 임하시면 – 조다윗 목사 사이비 시비 전말』. 서울: 국제신학연구원, 1994.

_____.『여의도순복음교회의 신앙과 신학』. Ⅰ. Ⅱ. 서울: 서울서적, 1993.

_____.『하나님의성회 교회사』. 서울: 서울말씀사, 1998.

김광일. "기독교 치병 현상에 대한 정신 의학적 조사 연구".『한국 교회 성령 운동의 현상과 구조』크리스챤 아카데미 편. 서울: 대화출판사, 1982.

로버츠, 오럴.『기적을 기대하라: 오럴 로버츠 목사의 나의 삶 나의 목회』전형철 역. 서울: 서울말씀사, 1995.

문화체육관광부.『한국의 종교 현황』. 서울: 문화체육관광부, 2008.

_____.『한국의 종교 현황』. 서울: 문화체육관광부, 2012.

민경배.『한국기독교회사』. 서울: 대한기독교 출판사, 1982.

박명수. "조용기 목사와 세계 오순절/은사 운동". 243-65.『2002 영산 국제신학심포지움』. 군포: 한세대학교 순복음신학연구소, 2002.

_____.『한국 교회 부흥운동 연구』. 서울: 한국기독교역사연구소, 2003.

변종호.『한국의 오순절 신앙 운동사』. 서울: 신생관, 1972.

베네트, 데니스 J. & 리타 베네트.『성령과 나』황명회 역. 서울: 두란노, 1993.

베네트, 데니스 J.『성령세례와 방언』김의자 역. 서울: 보이스사, 1998.

여의도순복음교회 40년사 편찬위원회 편.『여의도순복음교회 40년사』. 서울: 신앙계, 1998.

조용기.『교회 성장, 진정으로 원하십니까?』. 서울: 서울서적, 1995.

_____.『목사님, 병고침은 어떻게 해야 받을 수 있나요?』. 서울: 서울말씀사, 1997.

_____.『사차원의 영적세계』. 서울: 서울말씀사, 1996.

_____.『오중복음과 삼중축복』. 서울: 서울말씀사, 1998.

_____.『신유론』. 서울: 서울말씀사, 2001.

Anderson, Allan. "David Yonggi Dho's Pentecostal Theology as Contextual Theology in Korea." 15-42.『2002 영산국제심포지움』. 군포: 한세대학교 순복음신학연구소, 2002.

Anderson, Robert M. *Vision of the Disinherited*. Peabody: Hendrickson Publishers, 1992.

Batleman, Frank. *Azusa Street*. Plainfield: Logos International, 1980.

Blair, William N. *The Korean Pentecost: And Other Experience on the Mission Field*. New York: Board of Foreign Mission of the

Presbyterian Church in the U.S.A., 1910.

Blair, William N. and Bruce F Hunt. *The Korean Pentecost and the Suffering Which Followed*. Carlisle: The Banner of Truth Trust, 1977.

Bloch-Hoell, Nils. *The Pentecostal Movement*. London: Scandinavian University Books, 1961.

Blumhofer, Edith L. *The Assembly of God: A Chapter in the Story of American Pentecostalism*. vol. 2. Springfield: Gospel Publishing House, 1989.

Burgess, Stanley M and Gary B. McGee (eds). *Dictionary of Pwntecostal and Charismatic Movemments*. London: Grand Rapids: Zodervan Publishing House, 1988.

Dayton, Donald W. *Theological Roots of Pentecostalism*. Grand Rapids: Francis Asbury Press, 1987.

Gale, James Scarth. *Korea in Transition*. New York: Young People's Missionary Movement of the United States and Canada, 1909.

Harrell, David Edwin Jr. *All Things Are possible: Healing and Charismatic Revivals in Modern America*. Bloomington: Indiana University Press, 1975.

Menzies, William W. & Menzies, Robert P. *Spirit and Power*. Grand

Rapids: Zondervan Publishing House, 2000.

Nichol, John Thomas. *Pentecostalism*. Plainfield: Logos International, 1966.

Nienkirchen, Charlers W. *A. B. Simpson and the Pentecostal Movement*. Peabody: Hendrickson Publishers, 1992.

Synan, Vinson. *Aspect of Pentecostal-Charismatic Orgins*. Plainfield: Logos International, 1966.

_____. *The Holiness-Pentecostal Movement in the United States*. Grand Rapids: William B. Eerdmans Publishing Company, 1989.

_____. *In the Latter Days: The Outpouring of the Holy Spirit in the Twentieth Century*. Ann Arbor: Servant Publications, 1991.

_____. *The Century of the Holy Spirit: 100 Years of Pentecostal and Charismatic Renewal*. Nashevlle: Thomas Nelson, 2001.

곽봉조 목사의 아들 곽은식 장로와의 인터뷰. Washington D.C. 1991.

4

조용기 목사의
성령론이
한국 교회에 미친 영향

목 차

I. 들어가는 말

II. 중생(重生)에 있어서 성령의 사역

III. 성령 침례에 있어서 성령의 사역

  1. 성령 침례와 중생의 구분

  2. 성령 침례란 무엇인가?

  3. 성령 침례의 외적(外的)인 표적 – 방언(方言)

IV. 성령 충만과 성화

  1. 성령 충만

  2. 성화

V. 조용기 목사의 성령론 이해와 끼친 영향

  1. 사변적 성령 이해에서 체험적 성령 이해로

  2. 성령의 인격성 강조

  3. 구령 사역의 주체로서의 성령

  4. 교회 성장의 주체로서의 성령

  5. 말씀 운동과 기도 운동의 가장 중요한 요소로서의 성령

  6. 성령 시대의 시작과 종말론적 신앙의 강조

  7. 축복 신앙과 샤머니즘(무속적 기복 신앙)과의 관계 정립

VI. 나가는 말

참고문헌

들어가는 말

오순절 교단의 교리는 대부분 일반 보수 교단의 교리와 일치한다.[1] 그러나 특별히 성령론, 그중에서도 성령 침례와 방언, 그리고 성령 충만을 강조하는 것이 오순절 교단 교리의 가장 두드러진 특징 중 하나이며[2] 타 교단과 구별되는 부분이라 할 수 있다.

오순절 교단에서는 현대 교회가 영적 무감각에서 벗어나 체험적이고 생동적인 신앙생활을 해야 한다고 강조한다. 이와 함께 중생한 자에게 주어지는 성령 침례를 체험하여 능력 있는 복음의 증인이 될 것과 성령의 은사를 활용하여 하나님께 영광 돌리는 삶을 살 것을 주장한다.[3]

---

1) John T. Nichol은 오순절 교단의 교리가 근본주의(Fundamentalism)의 신학과 비슷하다고 말했다. John Thomas Nichol, *Pentecostalism* (New York: Harper and Row, 1966), 3. 그러나 성령론에 있어서는 은사 중지론을 주장하는 근본주의와 오늘도 성령의 은사가 나타나고 있음을 강조하는 오순절 교단의 입장에 큰 차이가 있다.
2) Frederick D. Bruner, *A Theology of the Holy Spirit* (Grand Rapids: William B. Eerdmans Publishing, 1970), 56–87; 더필드 & 밴 클리브, 『오순절 신학 기초』 임열수 역 (서울: 성광문화사, 1992), 530–65; William W. Menzies, *Bible Doctrines: A Pentecostal Perspective* (Springfield: Gospel Publishing House, 1993), 123–43.

조용기 목사의 성령론은 이 같은 오순절 교단의 성령론을 그대로 수용하고 있다.[4] 먼저 오순절 교단 신학자들의 저서를 중심으로 하여 오순절 교단의 성령론의 핵심적 내용을 살펴보고,[5] 조용기 목사의 성령론이 한국 교회에 미친 영향을 논하고자 한다.

---

3) 오순절 교단에 대한 평가에 대해서는 다음 서적을 참조하라. 해롤드 스미스, 『(안과 밖에서 본) 오순절 운동의 기원과 전망』, 박정열 역 (군포: 순신대학교출판부, 1994); Michael Welker, *God the Spirit* (Minneapolis: Fortress Press, 1994), 7-15.
4) William W. Menzies, "Yonggi Cho's Theology of the Fullness of the Spirit: A Pentecostal Perspective", 『2003 영산 국제 신학 심포지엄』, 한세대학교 영산신학연구소 편 (군포: 한세대학교출판부, 2003), 13-27.
5) 본 내용을 전개함에 있어 다음의 책들을 중심으로 참고했다.
  ① Myer Pearlman, *Knowing the Doctrine of the Bible* (Springfield: Gospel Publishing House, 1937).
  ② Ralph M. Riggs, *The Spirit Himself* (Springfield: Gospel Publishing House, 1949).
  ③ Ernest S. Williams, *Systematic Theology*. Vol.III (Springfield: Gospel Publishing House, 1953).

11 중생(重生)에 있어서 성령의 사역

　구원의 과정에 최초로 역사하셔서 죄인들의 마음에 죄를 깨닫게 하시는 분은 바로 성령이시다.[6] 성경은 "성령으로 아니하고는 누구든지 예수를 주시라 할 수 없느니라"(고전 12:3)고 밝히 말하고 있다. 성령은 구원의 전 과정을 주관하신다.[7] 성령은 죄인으로 하여금 자신의 죄를 회개하게 하고, 또 예수 그리스도를 주(主)로 믿고 고백하게 한다.[8] 그리하여 죄인들의 영혼을 거듭나게 하여 새사람으로서의 삶을 시작하도록 한다.

　이처럼 죄로 죽었던 영혼이 의(義)의 생명으로 거듭날 때 일어나는 놀라운 변화를 중생이라고 한다.[9] 펄만(Pearlman)은 인간의 영혼을 중생케 하는 성령은 창조의 역사를 통해서도 예시된다(창 2:7)

---

[6] Riggs, *The Spirit Himself*, 42.
[7] 펄만은 그의 구원론에서 구원을 ① 칭의(Justification), ② 중생(Regeneration), ③ 성화(Sanctification) 3단계로 나누어 설명하고 있다. Pearlman, *Knowing the Doctrine of the Bible*, 219-67.
[8] Riggs, *The Spirit Himself*, 42.
[9] Pearlman, *Knowing the Doctrine of the Bible*, 43.

고 말했다.[10] 이러한 중생의 수단으로는 '하나님의 작용'과 '인간의 준비'를 들 수 있는데 엄격히 말해서 인간은 중생의 행위에 협력할 수 없다. 중생은 하나님의 주권적 행위이기 때문이다. 그러나 인간은 '회개'와 '믿음'으로 중생에 참여한다. 성령은 그 과정에서 단독으로 사역(使役)하시는 것이 아니라 삼위일체 하나님으로서 역사하신다.[11]

중생의 결과로 우리에게는 위치적(positional), 영적(spiritual), 실제적(practical)으로 변화가 다가오게 된다.

먼저 위치적으로는 죄의 종에서 하나님의 양자(adoption)가 되어 하나님의 자녀로서의 특권을 누리게 된다.

영적으로는 성령을 통해 하나님과 그리스도와 영적 연합이 이루어진다. 이러한 영적 연합은 성령의 내주(divine indwelling)도 포함하고 있다(고후 6:16-18; 갈 4:5-6; 요일 3:24, 4:13, 2:20). 그리하여 '새 생명'(롬 6:4)이 주어진 믿는 자들은 '신성한 성품에 참여하는 자'(벧후 1:4)가 되며, 그의 영적 생명을 보존하고 살찌게 하기 위해서는 하나님과의 교제를 계속해서 유지해야 한다.

끝으로 실제적인 변화가 따라오는데 하나님께로부터 난 자는 자연스럽게 죄를 미워하고(요일 3:9, 5:18), 의(義)를 행하며(요일 2:29), 형제를 사랑하여(요일 4:7), 세상을 이기게 된다(요일 5:4).[12] 그러나

---

10) Ibid., 305.
11) Ibid., 246-47.

거듭난 후에 이러한 변화가 따르지 않는다면, 그는 참 그리스도인이라 할 수 없다.

---

12) Ibid., 247-48.

III 성령 침례에 있어서 성령의 사역

대부분 오순절주의자들은 성령 침례를 중생 이후에 이루어지는 '은혜의 둘째 사역'이라고 강조한다.[13] 이러한 성령 침례에 관한 교리는 오순절 교단 성령론의 중심을 이루고 있으며, 주로 누가의 저서, 즉 누가복음과 사도행전에 나타난 성령 침례 기사를 중심으로 그 신학을 전개하고 있다.[14] 특별히 대부흥사 드와이트 무디의 동역자였으며 무디성경학교의 교장이었던 아처 토레이는 오순절주의자들의 성령 침례에 관한 교리에 결정적인 영향을 미쳤다.[15]

성령 침례에 대한 하나님의성회[16]의 주장은 다음과 같다. 하나님

---

[13] Riggs, *The Spirit Himself*, 47; Anthony Hoekema, *What about Tongue-Speaking?* (Grand Rapids: William B. Eerdmans Publishing Company 1966), 53; Walter J. Hollenweger, *The Pentecostals* (Peabody: Hendrickson Publishers, 1988), 330-52; 더필드 & 밴 클리브, 『오순절 신학 기초』, 531-33; 윌리암 W. 멘지스, 『오순절 성경교리』, 총회 총무국 역 (서울: 기독교대한하나님의성회 총회출판국, 1994), 153-62.
[14] Bruner, *A Theology of the Holy Spirit*, 57.
[15] Riggs, *The Spirit Himself*, 47; Bruner, *A Theology of the Holy Spirit*, 62.
[16] 하나님의성회는 미국 하나님의성회 공식 사이트에 따르면 현재 6천500만 이상의 성도를 둔 유수의 오순절 교단이다. 미국 하나님의성회 공식 웹사이트 참조하라. http://ag.org/top/.

의성회는 '근본진리의 선언'이라고 부르는 16개 항으로 된 주요 교리를 발표했는데 제7항과 제8항에서 성령 침례에 대하여 다음과 같이 말하고 있다.

"모든 믿는 자는 우리 주 예수 그리스도의 명령을 따라서 성부께서 약속하신 성령과 불의 침례를 열심히 기대하고 열심히 구해야 한다. 이것은 초대 교회에서 모든 성도가 공적으로 경험한 것이었다. 여기에서 그들이 성역을 하는데 사용되는 은사들과 생활과 봉사하는 능력을 부여받았다(눅 24:49; 행 1:4, 8; 고전 12:1-31). 이 경험은 중생과 구별되는 것이며 중생의 경험 후에 오는 것이다(행 8:12-17, 10:44-46, 15:7-9). 성령의 침례는 성령의 충만함(요 7:37-39; 행 4:8)과 하나님을 깊이 두려워함(행 2:43; 히 12:28), 하나님께 헌신하고 하나님의 사업에 헌신하는 것(행 2:42), 그리스도와 하나님 말씀과 잃어버린 자를 위한 보다 적극적인 사랑(막 16:20) 등과 같은 경험들을 가져온다."[17]

---

[17] Carl Brumback, *A Sound from Heaven* (Springfield: Gospel Publishing House, 1961), 358-59.

1. 성령 침례와 중생의 구분

오순절 교단의 신학자 랄프 릭스(Ralph M. Riggs)는 자신의 대표적 저서 *The Spirit Himself*에서 중생과 성령 침례를 구분한 아처 토레이의 글을 인용하여, 성령 침례는 중생과 구분되며, 비록 성령은 모든 믿는 자와 함께하시지만(중생), 그들은 모두 성령 충만 또는 성령 침례를 받아야 한다고 주장했다.[18]

오순절 신학자들이 주장하는 성령 침례와 중생을 구분할 수 있는 성서적 증거는 다음과 같다. ① 먼저 예수 그리스도의 제자들은 세상에 속하지 아니하였고(요 17:14), 그들의 이름은 하늘나라에 기록되었으며(눅 10:20), 그들은 영적으로 깨끗했고(요 15:3), 포도나무에 붙어 있는 가지로 그들을 묘사하고 있음을 볼 때(요 15:5), 그들은 예수 그리스도와 하나가 되었음을 알 수 있다. 이러한 본문 등을 보면 그들은 구원받은 상태였음에도 그 이후에 성령 침례를 받았다는 점(행 2:1-4),[19] ② 예수의 이름으로 침례를 받고 죄 사함을 얻은 후에 성령을 받는다는 점(행 2:38),[20] ③ 사마리아 교인들이 예수

---

[18] 인용 전문은 다음과 같다. "성령으로 침례를 받는 것은 그의 중생케 하는 사역과 다르고 또 그 일에 첨가되어 행해지는 성령의 역사임이 분명하다. … 사람이 성령으로 말미암아 중생하지만 계속하여 성령의 침례를 못 받을 수도 있다. 중생을 성령의 능력으로 말미암아 생명이 주어져 구원받는 것이라고 한다면 성령 침례는 능력을 받는 것이며 성령침례를 받은 자는 하나님을 섬기기에 합당한 자가 된다." R. A. Torrey, *The Person and Work of the Holy Spirit* (New York: Fleming H. Revell Company, 1910), 174-76; Riggs, *The Spirit Himself*, 47-48.
[19] Ernest S. Williams, *Systematic Theology*, 42; Riggs, *The Spirit Himself*, 50-51; Menzies, *Bible Doctrines*, 124f. 이에 대해서는 Bruner, *A Theology of the Holy Spirit*, 63-69를 참조하라.

의 이름으로 침례를 받았으나 아직도 성령이 내리신 일이 없었다는 점(행 8:4-25), ④ 바울이 다메섹 도상에서 그리스도를 주(主)로 고백한 이후 3일 후에 성령 충만을 입었다는 점(행 9:1-19), ⑤ 에베소 교인들이 침례를 받았으나 성령을 받지 못했다는 점(행 19:1-7)[21] 등이다.

중생과 성령 침례를 비교해 보면, ① 중생에 있어서는 성령이 그 원인자(原因者 혹은 作爲者, agent)이며, 구속의 피가 그 수단이고 신생(新生, new birth)이 그 결과이다. ② 성령 침례에서 그리스도는 그 원인자이고 "그는 성령과 불로 너희에게 침례를 베푸실 것이요" (눅 3:16), 성령은 그 수단이며 권능으로 덧입혀지는 것이 그 결과라 할 수 있다.[22]

2. 성령 침례란 무엇인가?

성령 침례란 위로부터 능력을 부어주시겠다고 하신 하나님의 약속의 성취로서(눅 24:49), 특별히 그리스도의 복음을 땅끝까지 증거 하기 위한 권능임을 알 수 있다(행 1:8).[23] 펄만은 성령 침례에 대하여 다음 몇 가지 항목을 들어 이 이론을 뒷받침하고 있다.

---

20) Riggs, *The Spirit Himself*, 55.
21) Williams, *Systematic Theology*, 43; Riggs, *The Spirit Himself*, 48-54.
22) Williams, *Systematic Theology*, 47.
23) Riggs, *The Spirit Himself*, 80.

① 이 약속의 특징은 봉사를 위한 '능력'에 있는 것이지 영생을 위한 '중생'에 있는 것이 아니다. 성경에서 '성령이 임하다', 또는 '성령이 충만하다'고 표현한 것은 항상 봉사를 위한 능력을 전제하고 있다. ② 이 약속의 말씀은 그리스도와 가까운 관계에 있던 사람들(제자들)에게 주어졌는데, 그들은 이미 거듭났음에도 불구하고(눅 10:20), 복음 전파를 위한 능력을 얻기 위해 성령의 침례를 받아야 했다(행 1:8). ③ 이와 같은 성령의 부으심을 성령의 침례라고 말하며(행 1:5), 성령의 권능으로 채워지는 것을 '성령 충만'이라고 말한다.[24] 이러한 내용을 종합해 볼 때 성령 침례란 성령으로 거듭난 후, 주님의 복음을 증거하고 주님의 사업에 헌신하기 위해 성령의 능력을 경험하는 것이라 하겠다.[25]

3. 성령 침례의 외적(外的)인 표적 - 방언(方言)

오순절주의자들은 초대 교회 오순절 날 제자들이 경험했던 성령의 경험(행 2:1-4)을 오늘날도 동일하게 경험할 수 있다고 믿는다.

---

[24] Pearlman, *Knowing the Doctrine of the Bible*, 309-10.
[25] 프레드릭 데일 브루너는 이러한 '성령 침례를 받기 위한 조건들'에 대해 오순절 신학자들의 주장을 다음과 같이 소개하고 있다. Bruner, *A Theology of the Holy Spirit*, 92.
(1) 펄만: ① 바른 자세 ② 기독교인 동역자의 기도 ③ 교회가 하나 되어 기도함 ④ 믿음으로 깨끗게 함 ⑤ 개인적인 기도 ⑥ 순종
(2) 랄프 릭스: ① 중생 ② 순종 ③ 기도 ④ 믿음
(3) 도널드 기: ① 회개 ② 침례 ③ 믿음

이러한 경험은 전적으로 성경에 근거한 것으로, 그들은 특히 성령 침례를 받은 사람들은 성경의 기록과 같이 성령의 말하게 하심을 따라 '방언'을 하게 된다고 주장한다.[26] 사도행전에 나타난 성령 침례의 네 가지 사례를 도표로 그려보면 다음과 같다.

	성령 침례의 사례	방언	중생 후 성령 강림
1	2장 오순절 마가 다락방	○	○
2	8장 사마리아 교회		○
3	10-11장 고넬료 가정	○	○
4	19장 에베소 교회	○	○

앞 도표에서 보면 사마리아 교회에서만 방언에 대한 확실한 기록이 없는데 많은 학자는 사마리아 교회에서도 분명 방언 현상이 일어났을 것이라고 주장한다.[27] 그러나 방언은 성경에 나타난 외적이고 대표적인 '표적'일 뿐, 방언과 성령 침례가 동일시될 수는 없을 것이다.

성경에 나타난 방언이 오늘날까지 현존하느냐 하는 것이 오랫동안 신학계에서 논의되는 가운데[28] 최근에는 방언이 하나의 역사적 현실로 받아들여지고 있다. 그 대표적인 사례로 미국연합장로교단

---

[26] Nichol, *Pentecostalizm*, 8; Riggs, *The Spirit Himself*, 86.
[27] Brumback, *A Sound from Heaven*, 207–14.
[28] Bruner, *A Theology of the Holy Spirit*, 76–87.

에서는 1968년 제180차 정기 총회에서 성령 운동에 대한 교단의 방침을 정하기 위해 교단 중진 신학자들을 중심으로 특별연구조사위원회를 조직하여 그 결과를 보고하도록 했다. 그리고 제182차 정기 총회에서 발표된 보고서는 "성령의 감동으로 인한 방언은 금지되거나 멸시되어서는 안 된다."라고 규정함으로써 방언 현상을 사실로 인정했다.[29]

오순절 교단의 성령 침례와 방언 운동은 운동 초기에 은사 중지론을 고수하는 근본주의자들과 여러 교단으로부터 많은 비판을 받았다.[30] 그러나 방언 현상이 영적 부흥의 현장에서 보편화되고 이를 적극적으로 수용한 은사주의 운동이 지속적으로 일어나면서 대부분의 교단은 방언을 성령 체험의 한 현상으로 또는 성령의 은사 중 하나로 받아들이고 있다.

---

[29] Thomas Foster, *Report of the Special Committee on the Work of the Holy Spirit to the 182nd General Assembly* (New York: General Assembly of the United Presbyterian Church in the USA, 1970), 47.
[30] Nichol, *Pentecostalizm*, 70-80; Hollenweger, *The Pentecostalizm*, 32f. 위르겐 몰트만은 자신의 성령론에서 오순절주의가 강조하는 방언 기도에 대해서 문제점을 제기했다. 즉, 개인적인 카리스마적인 영적 체험들은 이 세상에서 우리가 중요하게 관심을 가져야 할 '평화 운동, 해방 운동, 생태계 보호 운동'을 소홀하게 취급한 것이 아니냐는 것이다. 몰트만에 따르면 '카리스마적인 은사 운동'은 비정치적인 종교 혹은 탈 정치화된 종교로 전락해서는 안 된다고 지적한다. Jürgen Moltmann, *The Spirit of Life. A Universal Affirmation* (Minneapolis: Fortress Press, 1992), 185f.

IV. 성령 충만과 성화

성경을 통해 볼 때 '성령 충만'이란 중생 이후 신앙생활을 하는 도중에 성령에 사로잡히게 되는 성령의 비상(非常)한 은혜이다.[31] 이것을 문자 그대로 해석하면 성령이 믿는 자들의 마음에 가득히 채워진 상태를 나타내며, 또한 가득 찬 성령이 넘쳐나는 것(요 7:38)을 말한다. 이러한 성령 충만의 상태는 믿는 자들의 성화(聖化) 과정을 돕는다.

1. 성령 충만

오순절주의자들은 첫 성령 침례의 경험을 성령 충만의 시작으로 본다. 즉 성령 침례는 단회적 사건이고 성령 충만은 계속적 사건이라는 것이다.[32] 또한 성령이 충만하다는 말은 영적인 사람 또는

---

[31] 박형룡, "성령의 세례와 충만", 『신학지남』 38(1971. 12), 9; 국제신학연구원, 『여의도순복음교회의 신앙과 신학』, 1권 (서울: 서울서적, 1993), 71; Welker, *God of the Spirit*, 228-39.

'성령의 열매'를 나타내는 사람들의 일상적인 삶을 가리키는 말이라고 주장한다.[33]

성경을 살펴보면 바울과 그의 동역자들은 항상 기쁨과 성령으로 충만하였다(행 13:52). 환란과 핍박은 그들을 더욱 큰 기쁨으로 나아가게 했다. 또한 바울이 전도한 자들도 기쁨이 충만하였다(행 16:34). 이것은 바로 성령이 예수님께 영광과 존귀를 돌리므로 오는 기쁨이었다.[34] 성령 충만의 참된 의의는 바로 여기에 있다. 사도 바울의 선교 목적이 오직 예수 그리스도께 영광을 돌리는 데 있었고, 그는 어떤 표적이나 지혜로 유대인이나 헬라인을 만족시키려 하지 않았다. 그는 단순히 십자가에 못 박힌 그리스도만을 전했는데(고전 1:22, 23, 2:2), 이때 성령의 나타남과 능력을 통해 여러 표적들이 나타났다(고전 2:4).[35] 따라서 믿는 자들이 성령 충만한 삶을 산다고 할 때 무엇보다 먼저 그 삶이 그리스도께 영광을 돌리는 삶이어야 하며, 또한 그 삶 가운데 성령의 열매를 맺어야(갈 5:22-23) 한다. 성령이 충만하다고 하는 사람이 그리스도께 돌아갈 영광을 자기가 차지한다든지, 생활에서 윤리적인 면에 결여가 있다면 진정으로 성령 충만한 사람이라 할 수 없다.

---

32) Pearlman, *Knowing the Doctrine of the Bible*, 316.
33) Ilbid., 316; 아처 토레이, "성령 세례 고찰", 『성령』, 제1집 (서울: 서울서적, 1981), 82-83.
34) Stanley M. Horton, *What the Bible Says about the Holy Spirit* (Springfield: Gospel Publishing House, 1977), 167.
35) Ibid.

2. 성화

성화라는 말은 성경에서 주로 하나님께 드리는 예배와 관련되어 있다. 이는 성령의 도우심으로 구원받은 자의 삶이 날로 거룩해지며 하나님을 위한 헌신의 삶을 사는 것을 의미한다.[36] 성화는 특별히 하나님의 속성 중 하나인 '거룩'과 관련되어 있는데 ① 분리(separation: 세속적인 것으로부터 분리되어 계신 하나님의 절대적 도덕의 완전성), ② 헌납(dedication: 하나님 일에 전적으로 헌신함), ③ 정화(purification or cleanliness), ④ 헌신(consecration: 거룩하고 의로운 삶), ⑤ 예배(service: 하나님을 섬기는 일) 등의 개념을 갖고 있다.[37]

성화는 '단번에 이루어진 것'(히 10:14)이라는 점에서 보면 '절대적인 것'이지만, 이와 동시에 '거룩함을 계속해서 쫓아 나가야 한다.'는 점에서 보면 점진적인 것이다. 또한, 성화는 죄인이 거룩한 예배자가 되었다는 점에서 보면 '지위상'(positional)의 변화를 나타내며, 의로운 생활을 요구한다는 점에서 보면 '실제적'(practical)인 것과도 연관이 있다.[38] 성경에는 성화의 이와 같은 양면이 모두 기록되어 있다. 그들은 성화 되었고 거룩하다고 불렸지만(벧전 1:2,

---

36) Pearlman, *Knowing the Doctrine of the Bible*, 219.
37) Ibid., 249–52.
38) Ibid., 252–54.

2:5), 또한 거룩하게 되라는 권면을 받았다(벧전 1:15). 그들은 죄에 대해 죽었으나(골 3:3), 또한 죄악 된 지체를 죽이라는 권면을 받았다(골 3:5). 그리고 그들은 옛사람을 버렸는데(골 3:9), 또한 옛사람을 벗어버리라는 권면을 받았다(골 3:9).[39]

이러한 '성화를 위한 하나님의 수단'(the divine means for sanctification)으로는 그리스도의 피와 성령과 말씀이 있다. ① '그리스도의 피'는 우리에게 영원하고 절대적인 지위상(Positional)의 변화를 주는 것으로 그리스도의 완성된 속죄 사역을 의미한다. 그 결과로 죄를 회개한 자들은 죄인 신분에서 거룩한 예배자가 되어(히 2:11) 그리스도와 영원한 교제를 맺게 된다. ② '성령'은 내적인 성화(internal sanctification)를 이루어(롬 15:16; 고전 6:11; 살후 2:13; 벧전 1:1-2) 중생한 자의 영혼 속에서 하나님의 일을 이루게 하신다. 성령 충만은 성령께서 하나님의 일을 하시도록 완전히 맡기는 삶을 말한다. ③ '말씀'은 외형적(external)이고 실제적(practical)인 성화를 이룬다(시 119:9; 요 15:3, 17:17; 엡 5:26; 약 1:23-25). 성도들은 말씀의 표준 앞에 서서, 말씀을 통하여, 매일매일의 삶을 정결하게 유지해야 한다.[40]

---

39) Ibid.
40) Ibid., 254-59.

V. 조용기 목사의 성령론[41] 이해와 끼친 영향

조용기 목사의 공헌은 성령님을 이론적 관점에서 해방시켜 모든 성도의 신앙 속에서 체험하도록 하였다는 데 있다. 한국 교회의 역사를 살펴볼 때 이전에 그 누구도 조용기 목사만큼 성령을 강조한 사람은 없다.

1. 사변적 성령 이해에서 체험적 성령 이해로

조용기 목사는 전통적인 오순절 교단의 성령론을 그대로 수용하고 있다. 조용기 목사는 오순절 교단의 성령론을 근거로 지금까지 이론적이고 사변적 이해에만 그친 성령에 관한 관점을 목회 현장으로 이끌어 내었다. 그리고 성령을 모든 자에게 임한 성령, 누구나 체험할 수 있고 교제할 수 있는 성령이 되게 하였다.

---

41) 조용기 목사의 성령론을 주제로 다룬 신학 저널로 다음의 책을 참조하라. 한세대학교 영산신학연구소 편, 『영산신학저널』, 제1호 (군포: 한세대학교출판부, 2004).

특별히 한국 교회는 하나님의 절대 주권과 예정 그리고 중생과 성령 침례를 동일시하는 장로교 신학의 영향을 가장 많이 받아왔다. 그뿐만 아니라 박태선, 문선명 등의 사이비 성령 운동의 여파는 한국 교회의 성령 사역을 위축시켰다. 이러한 이유들로 지금까지의 한국 교회는 성령 침례의 체험을 크게 갈구하지는 않았다. 그러나 조용기 목사가 주도한 오순절 성령 운동은 놀라운 교회 부흥을 가져왔다. 이에 전 세계 교회가 조용기 목사의 성령 운동을 주목하기 시작했고, 한국 교회 역시 성령의 역사에 차차 관심을 가지게 되었다.

여의도순복음교회를 중심으로 한 성령 운동은 교파를 초월하여 각 교회에 파급되어져 나갔고 성령 운동에 동참한 교회마다 부흥이 일어나기 시작했다. 그 결과 처음에는 비판적 태도를 취했던 많은 기성 교단과 교회들까지 성령의 사역에 문을 열고 성령 운동을 적극적으로 받아들였으며, 은사주의적 성향을 띤 새로운 교회들이 생겨나기 시작했다. 성령 침례와 방언의 체험은 성도들의 삶을 변화시키는 원동력이 되었고, 성도들로 하여금 능력을 받고 복음의 증인으로 살아가도록 함으로써 교회 부흥에도 크게 이바지하였다.[42]

---

42) Young-Hoon Lee, *The Holy Spirit Movement in Korea: Its Doctrinal and Historical Development*, (Ph.D. Dissertation, Temple University, 1996), 191-93.

2. 성령의 인격성 강조

성령의 인격성에 대한 강조는 자칫 잘못 흘러갈 수도 있는 성령운동의 방향성에 대해 분명한 기준을 제시한다. 교회 역사를 보면 성령을 단지 하나님의 힘, 혹은 신비한 능력 정도로만 이해했던 무리가 있었다.[43] 오늘날에도 성령의 인격성을 무시하고 성령의 은사와 능력에만 관심을 집중하는 경향이 있다. 성령의 신비한 능력만 강조한 한국의 대표적 이단이 바로 박태선의 전도관(천부교)이다.[44]

'성령님을 인정합니다. 환영합니다. 모셔 들입니다.' 라는 표현은 인격적 존재로서의 성령을 강조한 조용기 목사의 가장 잘 알려진 표현 중 하나이다. 조용기 목사는 자신의 저서 『성령론』에서 성령께서 인격을 지닌 존재임을 인식하고 늘 성령과 교제하며 살아갈 것을 강조한다.[45] 또한 무의식 가운데 성령을 인격적 존재가 아닌 어떤 힘이나 에너지, 능력 정도로 생각하고 하나의 수단과 방편으로 이용하려는 자세에 대해 경고한다.[46] 이와 같은 성령 이해는 한국 교회 목회자들과 성도들의 사고에 획기적인 변화를 가져왔을

---

43) 성령에 관한 교회사적 이해는, 김광식, 『조직신학』, II (서울: 대한기독교서회, 1990), 366-99를 참조하라.
44) 천부교에 대해서는, 탁명환, 『기독교이단연구』 (서울: 국제종교문제연구소, 1986), 161-84를 참조하라.
45) 조용기, 『성령론』 (서울: 서울말씀사, 1998), 7.
46) Ibid., 7, 17.

뿐만 아니라 성도의 삶과 교회 성장의 패러다임을 근본적으로 변화시켰다.

3. 구령 사역의 주체로서의 성령

영혼 구령은 주님의 지상 명령이며, 모든 성도가 힘써야 할 과제이다(마 28:19-20). 조용기 목사는 "성령님의 가장 큰 관심은 영혼 구령에 있다."[47]고 강조한다. 그러나 성도들은 성령의 능력을 받아야만 예수 그리스도의 증인으로서의 사명을 감당할 수 있다(행 1:8). 성령은 '영혼 구령의 원동력'이다. 성령은 교회와 그리스도인들을 복음 증거의 열정으로 뜨겁게 타오르게 하여, 그들을 택하고 보내신다. 또한 성령은 예수가 그리스도이심을 증거하고(요 15:26), 예수의 영광만을 나타냄으로(요 16:14), 성도들로 하여금 열매 맺는 삶을 살도록 인도하신다. 이 모든 것의 궁극적인 목적은 그리스도의 복음을 땅끝까지 전하여 죄인을 구원하는 것이다. '구령 사역의 주체는 성령님'이라는 개념을 바탕으로 조용기 목사는 성령 충만의 은혜를 먼저 체험할 것을 강조한다.[48] 성령 충만의 은혜를 체험한 성도들은 열정적인 복음의 증인이 되어 성령과 동행하며 수많은 영혼을 주님께로 인도한다.

---

47) Ibid., 216.
48) 조용기, 『오중복음과 삼중축복』 (서울: 서울말씀사, 1998), 98-101, 114-18.

4. 교회 성장의 주체로서의 성령

성령 충만의 신앙을 토대로 여의도순복음교회는 전 세계 교회가 주목할 만한 경이적인 교회 성장을 이뤘다. 1958년 대조동 천막 교회에서 다섯 명으로 시작한 순복음교회는 1964년 서대문에서 새롭게 출발하여 성도 수가 3천여 명으로 늘어났으며, 1973년 여의도로 교회를 이전한 후에는 교회가 폭발적으로 부흥하여 1979년 교회 창립 20여 년 만에 10만 성도를 달성하였다. 부흥은 계속되어 1992년 즈음에는 재적 70만 성도의 초대형 교회로 성장했다.[49] 조용기 목사는 이러한 성장의 비결에 대해 '성령님'을 '선배 동역자'로 모시고 성령의 이끄심을 따라 순종하며 성령과 함께 동역하는 데 있었음을 강조한다. 조용기 목사는 이때를 회상하며 "성령님과 교통하며 교제하기 시작하면서 교회 성장을 이루게 되었다."라고 고백한다.[50]

사도행전을 보면 성령이야말로 교회의 진정한 지도자로서 교회의 모든 결정을 주관했다(행 13:2, 15:28). 성령은 교회 성장의 주도자로서, 성령 충만한 지도자들을 통하여 날마다 교회가 부흥하도

---

[49] 〈순복음가족신문〉, "교회 창립 45주년 – 순복음의 뿌리를 찾아서 (I)", 2003년 5월 4일, 1면; 〈순복음가족신문〉, "교회 창립 45주년 – 순복음의 뿌리를 찾아서 (II)", 2003년 5월 11일, 1면 참조. 여의도순복음교회는 2008년 12월 20개 제자교회가 독립되면서 44만 3,148명으로 다시 출발했으며, 2009년 12월 44만 9,438명(6,290명 증가), 2010년 12월 45만 9,502명(1만 64명 증가), 2011년 12월 47만 1,616명(1만 971명 증가), 2012년 6월 현재 성도 수는 48만 2,221명으로 계속 부흥하고 있다. 〈순복음가족신문〉, "우리 교회 부흥의 역사 다시 쓰다", 2012년 8월 12일, 1면 참조.

록 이끄셨다. 성령은 전 인류에게 보편적으로 역사하며 모든 것을 하나님의 뜻대로 주관하시는 분이시다. 또한 인간이 믿음과 순종을 통해 하나님 말씀을 의지할 때 성령은 인간과 함께 동역자로 사역하시며 그들로 하여금 열매 맺게 하시는 분이다. 누구든지 성령을 영접하고 환영하고 의지하면 성령께서 함께하신다. 성령 충만한 빌립 집사는 사마리아 성에 복음을 전하여 큰 부흥을 가져왔으며, 성령의 지시를 따라 에디오피아 여왕의 국고를 맡은 내시를 전도함으로 아프리카에 복음이 전파되도록 하였다(행 8:5-8, 29). 나아가 성령님은 교회와 동역하시고 모든 역사를 주관하신다. 이처럼 조용기 목사는 성령을 자신의 목회 사역에 있어 선배 동역자로 모시고 성령의 도우심 아래 사역을 감당해 나가고 있다.[51]

5. 말씀 운동과 기도 운동의 가장 중요한 요소로서의 성령

조용기 목사는 철저히 말씀 운동과 기도 운동을 중심으로 성령 운동을 전개했다. 성령 운동은 말씀 중심의 운동이 되지 않을 때 극단적 신비주의, 나아가 이단이 되기 쉽다. 실제로 1900년 초 한국 교회에 일어난 부흥 운동은 철저한 사경회 중심의 건전한 성령 운

---

50) 조용기, 『교회 성장, 진정 원하십니까?』 (서울: 서울서적, 1995), 250-56.
51) 조용기, 『성령론』, 21; David Yonggi Cho, *The Holy Spirit My Senior Partner: Understanding of the Holy Spirit and His Gifts* (Lake Mary: Charisma Media, 1989).

동이었다. 하나님의 말씀을 사모하고 중요시하는 이러한 전통은 기도 운동과 함께 한국 교회의 신앙 형태를 형성하는 데 결정적인 영향을 미쳤다.[52] 말씀 중심의 성령 운동은 교회를 질적으로 그리고 양적으로 부흥시킨다. 1970년대 세계 최대 교회로 성장한 여의도순복음교회 역시 말씀 운동을 전제로 교회를 부흥시켰다. 조용기 목사는 말씀을 '기록된 말씀'과 '선포된 말씀'으로 구분한다. 그는 성령님이 밝혀주시는 '영원불변의 절대 진리'인 '기록된 말씀'(성경)을 분명한 믿음으로 받아들이고 그 말씀에 순종할 때, 성경은 '선포된 말씀'으로 역사하게 된다고 말한다.[53] 즉, 성경이 성령을 통해서 말씀하시며, 성령은 성경을 밝혀준다는 것이다. 또한, 조용기 목사는 말씀 중심의 성령 운동이 되게 하기 위하여 교회 내 성경학교, 성경대학 및 각종 교육 프로그램을 개설하고 전 성도가 이 과정을 이수하도록 격려하고 있으며 체계적인 구역 공과를 통하여 성도를 양육하고 있다.[54]

또한, 성령 안에서의 기도는 신자의 생활뿐만 아니라 교회의 성장을 위해서도 매우 중요한 영적 역동성을 지닌다. 교회의 성장은 바로 하나님의 능력에 달려 있기 때문이다. 여의도순복음교회는 모든 성도가 기도를 생활화하도록 인도하며 기도 운동을 진행하고

---

52) 민경배, 『한국 기독교회사』 (서울: 대한기독교출판사, 1993), 250-54.
53) 조용기, 『4차원의 영적세계』 (서울: 서울말씀사, 2003), 112.
54) 국제신학연구원, 『여의도순복음교회의 성령 운동 이해』 (서울: 서울서적, 2001), 45.

있다. 조용기 목사 자신이 기도의 사람으로서, 성도들에게 매일 한 시간 이상 기도 할 것을 권면하면서 기도의 실천을 위하여 이같이 말하였다. "성도로 하여금 기도하게 하기 위해서는 나 자신이 먼저 기도해야 한다. 내가 기도하지 않고는 기도하는 교회가 될 수 없다. 기도하지 않고서는 부흥 성장할 수 없다."[55] 이에 따라, 여의도순복음교회는 철야 기도, 새벽 기도, 금식 기도 등을 통해서 기도 중심의 성령 운동을 활발하게 행하고 있다. 이 같은 조용기 목사의 기도에 대한 강조는 특별히 영적 침체에 빠져 있던 서구 교회에 크게 영향을 미쳐, 기도 운동을 통한 영적 각성과 교회 부흥에 크게 이바지했다.[56]

6. 성령 시대의 시작과 종말론적 신앙의 강조[57]

초기 오순절주의자들은 오순절 날의 성령 강림을 요엘 2장 28-29절의 문자적 재성취로 보았다.[58] 오순절주의자들은 첫 번째 오순절이 그리스도의 몸 된 교회를 탄생시켰다고 한다면, 20세기 초 일어난 두 번째 오순절은 마지막 때 교회의 큰 부흥의 역사를 이루어 그리스도의 재림을 대비하도록 하기 위한 것이라고 믿는다. 그

---

55) 국제신학연구원, 『여의도순복음교회의 신앙과 신학』, 2권 (서울: 서울서적, 1993), 119-20.
56) Young-Hoon Lee, *The Holy Spirit Movement in Korea*, 190-91.
57) Ibid., 91-104; 조용기, 『오중복음과 삼중축복』, 201-47; 국제신학연구원, 『여의도순복음교회의 성령 운동 이해』, 140-61를 참조하라.

들은 초대 교회의 오순절 성령 강림을 첫 열매를 거두는 '이른 비'로, 자신들의 시대에 일어난 성령 강림을 마지막 추수를 위한 '늦은 비'로 보았다.[59] 따라서 오순절 운동은 종말에 대한 서곡이었다. 성서에 대한 문자적 해석과 전천년주의에 대한 믿음은 종말론적 긴박감을 자아내기에 충분했다. 더구나 일차적으로 오순절 신앙에서 종말이란 역사와 시간의 연장선 끝에 있는 것이 아니라, 성령을 통해 위로부터 내려오는 것이다. 따라서 오순절주의자들에게 있어서 종말은 성령으로 말미암아, 성령 안에서, 현재적으로 체험되는 것이었다.[60] 오순절주의자들은 하나님께서 말세에 자신들을 택하여 성령 운동에 사용하신다고 하는 신적 사명감에 사로잡혔고, 오순절의 메시지를 마지막 시대를 위한 메시지로 여겨서 복음 전도에 열과 성을 다했다. 조용기 목사도 같은 입장에서 재림의 때가 가까워졌기 때문에 천국을 사모하는 마음을 가지고 영적으로 깨어 기도하며 준비하는 종말론적인 삶을 살 것을 강조한다. 더불어 성도들이 세상에서 전도와 구제 등을 통해 세상의 빛과 소금의 역할을 담당하며 살도록 권면한다.[61]

---

58) Nichol, *Pentecostalizm*, 8–14; Bruner, *A Theology of the Holy Spirit*, 28.
59) 그란트 맥클렁 2세, "구원특공대", 『(안과 밖에서 본) 오순절 운동의 전망과 기원』, 해롤드 스미스 (군포: 순신대학교출판부, 1994), 92–94.
60) Bruner, *A Theology of the Holy Spirit*, 413–21.

7. 축복 신앙과 샤머니즘(무속적 기복 신앙)과의 관계 정립

조용기 목사의 성령 운동의 또 하나의 공헌은 샤머니즘의 극복이다.[62] 본래 축복 신앙과 샤머니즘은 물질적인 풍요를 축원한다는 점에서는 유사하지만, 조용기 목사는 다음과 같은 면에서 이 둘은 전혀 다르다고 주장한다. 첫째, 샤머니즘에는 구원이라는 개념이 없다. 따라서 샤머니즘이 말하는 복은 찰나적이고 허무한 것일 뿐이다. 그러나 축복 신앙은 그리스도의 구원을 전제하며, 영적 축복의 열매를 통해 환경 속에서의 축복과 육신의 건강이 함께 주어진다. 둘째, 샤머니즘은 사람의 현세적이고 이기적인 복(무병장수, 부귀영화 등)만을 강조하는 반면에, 축복 신앙은 이 세상에서 하나님으로부터 받은 복을 가지고 소외된 이웃에게 나누며 윤리적인 생활을 통하여 빛과 소금의 역할을 추구하는 것까지 포괄하고 있다. 그 결과 축복 신앙은 내세의 부활과 영생의 복락을 더 귀하게 여기며 소망한다. 마지막으로 샤머니즘은 요행이나 주술과 같은 윤리성이 결여된 방법을 통해 복을 받으려 시도하지만, 축복 신앙은 하나님의 계약과 약속에 그 근거를 두고 개인의 순종과 믿음을 강조한다. 이를 통해 각자의 삶 속에서 성실과 근면으로 온 힘을 다할

---

61) 조용기, 『오중복음과 삼중축복』, 244-45.
62) Young-Hoon Lee, *The Holy Spirit Movement in Korea*, 206-15. 버밍햄 대학의 앤더슨 교수는 이 같은 주장을 전적으로 지지하고 있다. 알란 앤더슨, "한국에서의 상황화 신학으로서의 영산의 오순절 신학", 『성령과 신학』 19(2003.5), 311-42.

때 하나님께서 약속하신 복을 받아 누리게 된다는 것이다.[63] 이처럼 조용기 목사에게 있어서 '축복'이란 그 자체가 목적이 아니라 좋으신 하나님의 영광을 구하여, 이웃 사랑을 실천하고 헌신의 삶을 살기 위한 하나의 과정으로서의 개념이다. 또한, 복은 하나님과의 인격적인 관계 속에서 하나님께 순종하며 하나님의 주권을 인정하는 가운데 누릴 수 있기 때문에, 통합적이며 존재론적으로 근원적인 것이다.[64] 결국, 일상의 고난이나 축복은 다 과정이며 모든 것은 종국적으로 합력하여 존재론적으로 근원적인 선을 이룬다(롬 8:28).

---

[63] 조용기, 『오중복음과 심중축복』, 194-98.
[64] 영산의 축복 신앙에 대해서는 다음 자료들을 참조하라. 마원석, "조용기 목사의 축복 신학", 『2003 영산 국제 신학 심포지엄』 (군포: 한세대학교출판부, 2003), 211-35; 도날드 데이튼, "조용기 목사의 좋으신 하나님 그리고 축복의 신학", 『영산신학저널』 제3권 1호 (군포: 한세대학교출판부, 2006), 7-36.

VI 나가는 말

조용기 목사의 성령론은 사변적 이해에 머무르던 성령에 관한 이해를 변화시켜 성령을 교회 사역의 현장과 성도의 삶에 체험적으로 역사하는 분으로 소개했다.

이와 같은 조용기 목사의 성령 이해는 20세기 후반 여의도순복음교회의 성령 운동에서 갑자기 출발한 것이 아니라 밖으로는 세계 오순절 운동의 성령 운동이 한국 교회에 접목된 것이고, 안으로는 1907년 평양 대부흥 운동 이래로 한국 교회에 도도히 흘러온 성령 운동의 흐름을 따른 것이라 볼 수 있다.[65]

체험적 성령 이해는 신비주의로 빠질 위험이 있으나, 조용기 목사는 인격적 성령 이해와 함께 말씀 운동을 강조함으로써 균형 있는 성령 운동을 전개했다.

조용기 목사의 성령론의 영향으로 한국 교회에 오순절적 성령 운

---

[65] 민경배, "조용기 목사의 성령신학과 한국 교회", 『영산신학저널』 제1호 (군포: 한세대학교출판부, 2004), 32-60; 박명수, 『한국 교회 부흥 운동 연구』 (서울: 한국기독교역사연구소, 2003), 219-38.

동이 전파되었으며, 은사주의적 교회가 많이 생겨났고, 교회는 급성장하여 대형 교회들이 탄생하게 되었다. 그뿐만 아니라 기도 운동을 확산시켜 성도들의 영성을 회복시키는 일에도 크게 이바지하였다. 나아가 종말 신앙을 강조함으로 성도들을 열심 있는 복음 전도자로 변화시켰다.

 조용기 목사의 성령론은 사도행전적 교회의 재현만이 교회를 부흥시키고 성도들로 하여금 복음의 증인이 되게 한다는 것을 한국 교회에 일깨워 주었다. 성령이 역사하는 교회는 지속적으로 성장할 것이다.

참고문헌

국제신학연구원. 『여의도순복음교회의 신앙과 신학』. 1,2권. 서울: 서울서적, 1993.

_____. 『여의도순복음교회의 성령 운동 이해』. 서울: 서울서적, 2001.

김광식, 『조직신학』. II. 서울: 대한기독교서회, 1990.

더필드 & 밴 클리브. 『오순절 신학 기초』 임열수 역. 서울: 성광문화사, 1992.

데이튼, 도날드. "조용기 목사의 좋으신 하나님 그리고 축복의 신학". 『영산신학저널』 제3권 1호. 군포: 한세대학교출판부, 2006, 7-36.

마원석. "조용기 목사의 축복 신학". 『2003 영산 국제 신학 심포지엄』. 군포: 한세대학교출판부, 2003, 211-35.

멘지스, 윌리암. 『오순절 성경교리』 총회 총무국 역. 서울: 기독교대한하나님의성회 총회출판국, 1994.

민경배. 『한국 기독교회사』. 서울: 대한기독교출판사, 1993.

_____. "조용기 목사의 성령신학과 한국 교회". 『영산신학저널』 제1호. 군포: 한세대학교출판부, 2004. 32-60.

박명수. 『한국 교회 부흥운동 연구』. 서울: 한국기독교역사연구소,

2003.

박형룡. "성령의 세례와 충만". 『신학지남』 38(1971. 12), 6-13.

서광선 외. 『한국 교회 성령운동의 현상과 구조』. 서울: 크리스찬아카데미, 1982.

스미스, 해롤드. 『(안과 밖에서 본) 오순절 운동의 기원과 전망』 박정렬 역. 군포: 순신대학교출판부, 1994.

순복음가족신문. "교회 창립 45주년 - 순복음의 뿌리를 찾아서(Ⅰ)". 2003년 5월 4일.

_____. "교회 창립 45주년 - 순복음의 뿌리를 찾아서(Ⅱ)". 2003년 5월 11일.

_____. "우리 교회 부흥의 역사 다시 쓰다". 2012년 8월 12일.

앤더슨, 알란. "한국에서의 상황화 신학으로서의 영산의 오순절 신학". 『성령과 신학』 19(2003. 5), 311-42.

이영훈. 『오순절 교단의 성령론 이해』. 연세대학교 연합신학대학원, 1983. 미간행 석사논문.

이재범. "새 물결의 파고 빈야드 운동 어떤 것인가?" 『목회와 신학』 72 (1995년 6월). 53-64.

조용기. 『교회 성장, 진정 원하십니까?』. 서울: 서울서적, 1995.

_____. 『오중복음과 삼중축복』. 서울: 서울말씀사, 1998.

_____. 『성령론』. 서울: 서울말씀사, 1998.

_____. 『4차원의 영적세계』. 서울: 서울말씀사, 2003.

탁명환, 『기독교이단연구』. 서울: 국제종교문제연구소, 1986.

토레이, 아처. "성령 세례 고찰". 75-126. 『성령』. 제1집. 조용기 편. 서울: 서울서적, 1981.

한세대학교 영산신학연구소 편. 『영산신학저널』제1호. 군포: 한세대학교출판부, 2004.

_____. "Yonggi Cho's Theology of the Fullness of the Spirit: A Pentecostal Perspective". 13-27. 『2003 영산 국제 신학 심포지엄』. 한세대학교 영산신학연구소 편. 군포: 한세대학교출판부, 2003.

Brumback, Carl. *A Sound from Heaven*. Springfield: Gospel Publishing House, 1961.

Bruner, Frederick D. *A Theology of the Holy Spirit*. Grand Rapids: William B. Eerdmans Publishing Company, 1970.

Cho, David Yonggi. *The Holy Spirit My Senior Partner: Understanding of the Holy Spirit and His Gifts*. Lake Mary: Charisma Media, 1989.

Foster, Thomas. *Report of the Special Committee on the Work of the Holy Spirit to the 182nd General Assembly*. New York: General Assembly of the United Presbyterian Church in the USA, 1970.

Hoekema, Anthony. *What about Tongue-Speaking*? Grand Rapids: William B. Eerdmans Publishing Company, 1966.

Hollenweger, Walter J. *The Pentecostals*. Peabody: Hendrickson

Publishers, 1988.

Horton, Stanley M. *What the Bible Says about the Holy Spirit*. Springfield: Gospel Publishing House, 1977.

Lee, Young-Hoon. *The Holy Spirit Movement in Korea: Its Doctrinal and Historical Development*. Ph.D. dissertation. Temple University. 1996.

Menzies, William W. *Bible Doctrines: A Pentecostal Perspective*. Springfield: Gospel Publishing House, 1993.

_____. "Yonggi Cho's Theology of the Fullness of the Spirit: A Pentecostal Perspective." 13-27. 『2003 영산 국제 신학 심포지엄』. 한세대학교 영산신학연구소 편. 군포: 한세대학교출판부, 2003.

Moltmann, Jürgen. *The Spirit of Life. A Universal Affirmation*. Minneapolis: Fortress Press, 1992.

Nichol, John Thomas. *Pentecostalism*. New York: Harper and Row, 1966.

Pearlman, Myer. *Knowing the Doctrine of the Bible*. Springfield: Gospel Publishing House, 1937.

Riggs, Ralph M. *The Spirit Himself*. Springfield: Gospel Publishing House, 1949.

Torrey, R. A. *The Person and Work of the Holy Spirit*. New York:

Fleming H. Revell Company, 1910.

Welker, Michael. *God the Spirit*. Minneapolis: Fortress Press, 1994.

Williams, Ernest S. *Systematic Theology*. Vol. Ⅲ. Springfield: Gospel Publishing House, 1953.

미국 하나님의성회 공식 웹사이트. http://ag.org/top/Press/organization.cfm.

5

영산 조용기 목사의
'좋으신 하나님 신앙'이
한국 교회에 미친 영향

목 차

I. 들어가는 말

II. '좋으신 하나님 신앙'의 배경

  1. 한국 사회와 '좋으신 하나님 신앙'

  2. 신학적 배경

III. '좋으신 하나님 신앙'의 산물 삼중축복

  1. 전제 - '좋으신 하나님'

  2. 적용 - 예수님과 성령님을 통한 삼중축복

IV. '좋으신 하나님 신앙'이 한국 교회에 미친 영향

  1. 절망의 현실에 도전한 희망의 신학

  2. 부정적 사고를 변화시킨 절대 긍정의 신학

  3. 체험적 신앙을 통한 신앙의 활성화

  4. 축복에 대한 새로운 이해

V. 과제

  1. 무교(Shamanism)적인 축복관의 문제

  2. 고난에 대한 관심과 사회 구원의 문제

VI. 나가는 말: 평가와 전망

참고문헌

I 들어가는 말

영산 조용기 목사의 성령 운동은 고난의 역사로 점철된 한국 교회 역사에 커다란 획을 그었다. 영산은 '좋으신 하나님'에 대한 절대 긍정의 믿음을 근거로 성령 운동을 일으켰다. 하지만 그는 초기에 오순절 운동이 태동했을 때 그러했던 것처럼 많은 비판과 저항에 직면했다.[1] 그러나 반세기를 지나오면서 영산의 성령 운동은 한국 교회의 패러다임을 새롭게 변화시켰다. 초창기 순복음교회에서만 볼 수 있었던 통성 기도나 손뼉 치며 찬양하는 모습은 한국 교회 어디서나 발견되는 일반적 현상이 되었다.

이 같은 영산의 '좋으신 하나님 신앙'은 유교적인 영향으로 감히 다가갈 수 없는 존귀한 하나님의 모습으로부터, 성령의 은혜로 언제나 다가갈 수 있는 어머니 같은 사랑의 하나님 모습을 제시해 주었다. 그뿐만 아니라 '좋으신 하나님 신앙'에 근거한 삼중축복, 오

---

1) 조용기 목사의 성령 운동에 대한 학문적 비판서로는 다음 저서를 참조하라. 서광선 외 4인, 『한국 교회 성령운동의 현상과 구조: 순복음중앙교회를 중심으로』 (서울: 대화출판사, 1987).

중복음의 신앙은 고난과 절망의 시기를 지나가던 한국인들에게 새로운 희망과 용기를 제공해 줌으로써 개인 신앙의 활성화뿐 아니라 교회 성장에 크게 이바지하기도 하였다.

영산의 '좋으신 하나님 신앙'은 철저히 하나님의 주권을 강조하는 신본주의에 기초하고 있으며, 또한 성경 전체를 통하여 보여 주고 있는 '하나님은 사랑이시다.'라는 신앙을 깊이 반영하고 있다. 나아가 이것은 세계 오순절 운동 및 은사주의 운동의 신학적 입장을 전적으로 수용하는 것인 동시에 이를 한국적 상황에 맞도록 뿌리를 내리고 꽃을 피우게 한 개념이다. 본 글에서는 영산 신학의 핵심이라고 볼 수 있는 '좋으신 하나님 신앙'의 내용과 이 신앙이 한국 교회에 미친 영향에 대하여 살펴보고자 한다.

II. '좋으신 하나님 신앙'의 배경

영산의 '좋으신 하나님 신앙'은 한국이 처한 역사적, 사회적, 종교적 배경 속에서 탄생하였다.

1. 한국 사회와 '좋으신 하나님 신앙'

한국 문화사의 한 특징은 시대를 따라 한국 문화를 지배하는 종교가 계속 교체되었고 지배 종교의 교체에도 불구하고 기존의 종교들이 그대로 존속했었다는 사실이다.[2] 고대에는 샤머니즘이, 삼국 시대와 통일 신라, 그리고 고려 시대에는 불교가, 조선 시대에는 유교가 당시 문화를 지배했다. 조선 후기 개화기에는 기독교가 들어와 한국 사회를 이끌어갈 대표적인 종교로 자리 잡았다.[3]

---

[2] 유동식 교수는 그의 저서에서 이 같은 내용을 상세히 서술하고 있다. 그는 저서에서 시대별로 샤머니즘, 불교, 유교, 천도교, 기독교의 다섯 가지 종교를 다루었다. 유동식, 『한국 종교와 기독교』(서울: 대한기독교서회, 1965)를 참조하라.
[3] Ibid., 13.

기독교는 세계열강의 틈에서 격동기를 보내고 있던 조선 시대 말기 한국에 전파되었다. 그리고 일본의 식민지 통치와 해방 후 혼돈기와 6·25전쟁의 시련기를 지나면서 한민족의 고난의 역사를 함께 겪었다. 영산의 '좋으신 하나님 신앙'은 이 같은 고난이라는 토양에서 꽃피우게 되었다. 1950-1960년대 한국 사회는 절망 그 자체였다. 6·25전쟁은 엄청난 인명 피해와 함께 한국을 잿더미로 만들어 버렸다. 당시는 그 어디에서도 희망을 발견할 수 없었던 시기였다. 이때 서울의 빈민 지역이었던 불광동 한구석에서 조용기 목사의 '좋으신 하나님 신앙'을 토대로 일어난 성령 운동은 절망과 좌절로 신음하는 민중에게 새로운 희망을 안겨 주었다.[4] 그들은 '좋으신 하나님'께서 모든 절망을 희망으로 변화시켜 주신다는 영산의 메시지를 듣기 위해 원근 각처에서 모여들었다.

　　불교는 허무를 말하고, 유교는 윤리와 도덕, 그리고 전통을 논하고, 기독교는 엄위하신 하나님을 선포할 때, 영산은 전통적인 기독교 신관의 틀을 깨고 '참 좋으신 나의 하나님'을 강조함으로써 절망 가운데 있던 사람들을 어머니 같은 사랑의 하나님께 나아가도록 이끌었다.

---

[4] 영산의 '좋으신 하나님 신앙'은 반드시 한국의 절망적인 역사적 상황과 연결하여 이해해야 한다. 영산의 '좋으신 하나님 신앙'이 한국의 역사적 상황이 배제된 채 논의되어질 경우 유부웅이나 홀렌베거(유부웅의 지도 교수), 하비 콕스와 같이 영산의 성령 운동을 샤머니즘으로 보는 우를 범하게 된다. 알란 앤더슨(Allan H. Anderson)은 이 부분을 토착화 신앙과 연결하여 심도 있게 다루고 있다. 이에 대해서는 본 논고 5장 1절을 참조하라.

2. 신학적 배경

조용기 목사의 '좋으신 하나님 신앙'은 고전적 오순절 신학과 은사주의 신학을 폭넓게 수용하고 있다.[5] 나아가 하나님의 주권과 예정을 강조할 때는 바울 신학의 예정론적 입장을 전폭적으로 수용한다.

> 하나님께서는 그의 성도들을 미리 정하고 미리 택하셨는데, 이것은 그 기쁘신 뜻을 따라 하신 것입니다. 그러므로 하나님의 예정과 선택으로 구원함을 받은 성도들은 하나님께서 모두 기뻐하시는 자들입니다. … 우리 하나님은 우리에게 구원의 예정과 선택을 해 주시고 우리의 모든 필요를 공급해 주시고 우리에게 영원한 천국을 상속으로 주실 참으로 '좋으신 하나님'이십니다. 바울은 이 '좋으신 하나님'께서 그 기쁘신 뜻대로 우리를 예정해 주셨다고 말하고 있습니다.[6]

일찍이 영어에 뛰어난 재능을 보인 청년 시절의 조용기 목사는 하나님의성회에 소속된 선교사들의 통역을 담당하면서 자연스럽

---

5) 박명수, "오순절 운동과 조용기 목사의 신학", 국제신학연구원 편, 『조용기 목사의 성령 운동 연구』 (서울: 서울말씀사, 2000), 24-25.
6) 조용기, 『에베소서 강해』 (서울: 서울말씀사, 1997), 20.

게 오순절 신학의 영향을 받았다. 그리고 결국 순복음신학교에 입학하면서 오순절 목회자의 길을 가게 되었다.[7]

오순절 운동이 강조하는 성령 침례 체험, 예수 그리스도의 보혈의 능력과 신유, 믿음의 역사, 그리고 기도와 선교는 영산의 목회에서도 핵심을 이루었다.[8] 영산이 담대하게 '좋으신 하나님 신앙'을 선포하게 된 것은 그가 폐병 3기로 고통을 겪고 있었을 때 그 자신이 오순절 신앙을 통하여 신유와 성령 침례를 경험했기 때문이다. 오순절 신학과 이 같은 체험들을 토대로 영산은 확고한 신념을 가지고 '좋으신 하나님'을 선포하게 되었다.

또한 사역 초기부터 선교사 및 외국 교회 지도자들과 많은 교류를 가졌던 영산은 은사주의 운동에 속한 오럴 로버츠와의 만남을 통해 '좋으신 하나님 신앙'과 '삼중축복'에 관하여 많은 영향을 받았다. 영산은 그의 저서와 오럴 로버츠의 자서전 추천의 글에서 이를 자세히 언급하고 있다:

> 불광동 천막 교회 시절의 일입니다. 개척한 지 1년이 넘도록 성장도 안 되고 설교할 내용도 모두 바닥나고 목회에 대한 처절

---

[7] Nell Kennedy, *Dream Your Way to Success: The Story of Dr. Yonngi Cho and Korea* (Plainfield: Logos International, 1980), 116.
[8] Young-hoon Lee, *The Holy Spirit Movement in Korea: Its Historical and Doctrinal Development* (Ph.D. diss., Temple University, 1996), 188-200; 박명수, "조용기 목사와 세계 오순절 / 은사 운동", 『영산국제신학심포지엄』 (군포: 한세대학교 순복음신학연구소, 2002), 243-65.

한 회의가 들었을 때 한 선교사님이 나에게 오럴 로버츠 목사님의 설교집 몇 권을 가져다주셨습니다. 이 책은 나의 목회 방향에 엄청난 영향을 끼쳤고 내 삶에 일대 변화를 가져오는 커다란 동기가 되었습니다.

나는 오럴 로버츠 목사님의 설교집을 읽고 굉장한 도전과 은혜를 받았습니다. 그분은 이것(요한삼서 2절)을 골자로 해서 미국 전역에 커다란 영향력을 끼치며 놀라운 성령 운동을 했는데, 이 설교는 나에게도 굉장한 충격과 감동을 가져다 주었습니다.[9]

---

9) 조용기, 『오중복음 이야기』 (서울: 서울말씀사, 1998), 19; 오럴 로버츠, 『기적을 기대하라』 전형철 역 (서울: 서울말씀사, 1998), 추천의 글을 참조하라.

III. '좋으신 하나님 신앙'의 산물 삼중축복

1. 전제 — '좋으신 하나님'

앞에서 언급한 바와 같이 1950-1960년대 그리고 1970년대까지도 한국의 상황은 가난과 굶주림, 정치적 격동으로 신음하고 있었다. 이러한 상황에서 삶의 문제에 대한 해결 없이 복음을 전하는 것은 사실상 불가능했다. 영산은 이 땅에서의 삶을 억누르는 많은 실제적이고 구체적인 문제들에 대한 성경적인 해답을 찾기 위해 노력했다. 그리고 그 해답을 요한삼서 2절[10]에서 발견하게 되었다. 그 이후 영산은 이 구절을 그의 모든 설교와 목회의 기초로 삼았

---

10) 요한삼서 2절("사랑하는 자여 네 영혼이 잘됨 같이 네가 범사에 잘되고 강건하기를 내가 간구하노라")은 헬라 시대 서신에 전형적으로 나타나는 의례적인 인사말의 표현으로 보는 것이 학계의 지배적인 견해이다. 그러나 요한삼서 2절에서 특이한 점은 당시 영혼의 형통이 육체의 건강과 만사형통의 근거가 되고 있다는 점이다. 영산은 이 구절을 그리스도인 모두에게 적용될 수 있는, 우리를 축복하시는 하나님의 말씀으로 본다. 이창국 교수 또한 요한 서신의 저자가 이 구절에서 신학적인 의미를 부여하고 있다고 해석한다. 이창국, "고린도전서에 나타난 바울의 신학과 영산의 삼중축복 신학",「오순절 신학 논단」제3호 (군포: 한세대학교 영산신학연구소, 2004), 78-79, 각주 5를 참조하라.

다.[11] 그는 1977년 『삼박자 구원』을 출간하여 삼중축복을 제시했고, 1983년 『오중복음과 삼박자 축복』을 출간하여 이를 이론화시켰다. 그에게 있어서 삼박자 축복(삼중축복)이 실천적인 신앙(실제와 적용)이라면, 오중복음은 순복음의 원리(이론과 교리)이다.[12] 모두가 주지하는 대로 삼중축복과 오중복음은 영산 신학의 핵심이 되었다. 특히 영산은 다음과 같이 삼중축복의 중요성을 강조하고 있다:

> 우리가 삼박자 구원(삼중축복)의 깊은 의미를 분명히 깨닫고 나면 창세기부터 요한계시록까지의 모든 성경 말씀을 삼박자 구원의 기초에 서서 해석하게 됩니다. 그때 비로소 성경의 모든 진리가 생생하게 살아나고 생명의 빛을 발하며 우리에게 다가오게 됩니다.[13]

요약하면, 삼중축복의 핵심은 '잘됨', 즉 요한삼서 2절의 영혼의 잘됨과 그에 따른 범사의 잘됨 그리고 더 나아가 육체의 잘됨이다.[14] 그런데 이러한 오중복음과 삼중축복의 대전제가 되는 것이

---

[11] 조용기, 『삼박자 구원』 (서울: 서울서적, 1977), 18.
[12] 조용기, 『오중복음과 삼박자 축복』 (서울: 서울서적, 1983), 머리말; 국제신학연구원, 『여의도순복음교회의 신앙과 신학』 (서울: 서울말씀사, 1983), 35. 영산은 삼중축복이라는 실제적인 면으로부터 오중복음이라는 원리를 귀납적으로 도출했다. 임승안, "영산 조용기 목사의 희망의 메시지에 대한 고찰: 절대절망에서 절대희망으로", 『영산신학저널』 제4호 (군포: 한세대학교 영산신학연구소, 2005), 73-77을 참조하라.
[13] 조용기, 『삼박자 구원』, 19.

바로 '좋으신 하나님 신앙'이다.[15]

그러면 도대체 삼박자 구원이란 무엇을 말하는가? 나는 이 대답을 드리기에 앞서 여러분을 '삼박자 구원'이라는 축복의 집 현관으로 모시겠습니다. 이 현관은 바로 '좋으신 하나님'이십니다.[16]

삼박자 구원에 이르기 전에 우리가 먼저 뵈어야 할 분은 '좋으신 하나님'입니다. '좋으신 하나님'에 대한 확신이 우리 마음 깊이 사무쳐야 합니다. '좋으신 하나님'의 영상이 우리 시야에 가득 차야 합니다. 오늘날 수많은 사람이 하나님께서 '좋으신 하나님'이라는 사실에 대해 확신을 하지 못하고 있습니다. 막연하게 공포의 하나님, 우리를 협박하시는 하나님, 좋은 것을 빼앗아 가시는 하나님, 그렇지 않으면 현재의 나와는 아무 상관도 없는 하나님으로 대단히 잘못 알고 있습니다.[17]

'좋으신 하나님'은 영산 신학의 출발점이다. 여의도순복음교회 부흥의 견인차 역할을 감당하고 있는 구역의 성도들을 훈련하는

---

14) '잘됨'의 신학은 마태복음 6장 33절 "…너희는 먼저 그의 나라와 그의 의를 구하라 그리하면 이 모든 것을 너희에게 더하시리라"의 가르침이 전제되어야 한다. 축복에 대한 성경적 이해는 다음을 참조하라. 이영훈, "번영신학에 대한 성서적 이해", 『성령과 교회』 2 (서울: 서울말씀사, 1996), 251-77.
15) 조용기, 『순복음의 진리』 상 (서울: 서울서적, 1979), 96-98.
16) 조용기, 『삼박자 구원』, 19.
17) Ibid., 20.

구역 성경 공부 교재 제1권의 첫 과도 '좋으신 하나님'에 대한 선언으로부터 출발한다.[18]

영산은 하나님과 인간의 전적인 차이만을 강조하는 전통적인 신학과는 달리 하나님은 자비롭고 사랑이 많으신 아버지라는 점도 함께 강조한다.[19] 그는 이를 통하여 기존의 하나님에 관한 인식에 혁명적 전환을 가져왔다. 영산은 인간의 전인적 구원(삼중축복)이 실현될 수 있는 근거를 무엇보다 '좋으신 하나님'이라는 신관에 두었다. 이 '좋으신 하나님'은 순복음의 7대 신앙의 네 번째에 위치하고 있으며[20] 오중복음과 삼중축복의 신학 전반에 흐르는 핵심적 개념이다.

배현성 교수 또한 영산의 '오중복음과 삼중축복'과 관련하여 그 배후에 '좋으신 하나님'의 사상이 자리 잡고 있음을 지적하고 있다. "순복음 신학에서 강조하는 '축복'은 바로 인간이 하나님의 사랑의 속성에 참여함으로써 누리게 되는 하나님의 은혜의 가시적, 비가시적 표현이라고 할 수 있다."[21]

---

18) "우리가 믿는 하나님께서는 좋으신 분이십니다. 좋으신 하나님께서 우리를 위하여 가장 먼저 하신 일은 말씀으로 우주 만물을 지으신 창조의 사역입니다. 하나님께서는 먼저 천지를 만드셨고 그 물질 세계를 다스릴 주체로서 인간을 창조하셨습니다. 하나님께서 인간을 창조하신 것은 인간을 사랑하기 위함이었고 인간으로 하여금 하나님께 영광을 돌리게 하기 위함이었습니다." 조용기, 『구역예배공과』 I. (서울: 서울말씀사, 2003), 9.
19) 박명수, "오순절 운동과 조용기 목사의 신학", 40을 참조하라.
20) 순복음의 7대 신앙은 다음과 같다: 갈보리 십자가 신앙, 오순절 성령 충만 신앙, 땅끝까지 전하는 신앙, 좋으신 하나님 신앙, 병을 짊어지신 예수님 신앙, 다시 오실 예수님 신앙, 나누어 주는 신앙. 보다 자세한 내용은 조용기, 『오중복음과 삼박자 축복』, 11-28을 참조하라.

영산의 이해에 따르면 '좋으신 하나님'은 자신의 사랑의 속성에 기초하여 인간을 사랑하시며 축복을 주기 원하시는 분이다.[22]

> 하나님은 영이시고 거룩하시고 공의로우시고 전지전능하시며 지혜로우시고 사랑하시는 '좋으신 하나님'이십니다. 이 모든 품성이 우리에게 관계될 때 그것들은 하나님의 사랑과 자비와 인자하심으로 나타납니다.[23]

요약하자면, 영산의 신학적 특성은 '좋으신 하나님'을 믿는 신관에 있으며, 이 '좋으신 하나님'을 통하여 삼중축복에서 강조하는 전인적 구원의 가능성이 열리게 되는 것이다.

---

[21] 배현성, "삼중축복의 제함축성과 신학적 인간 이해", 국제신학연구원 편, 『조용기 목사의 삼중축복에 대한 신학적 이해』 (서울: 서울말씀사, 2000), 75. 서광선 교수 등은 삼중축복에 대해 다음과 같이 평가한다: "조용기 목사의 삼중축복의 신학은 기독교 역사상 초유의 교회 성장의 결과로 나타났다. 1950-1960년대 절망과 가난과 질병으로 고난당하던 빈민 계층의 사람들에게 삼중축복의 메시지는 희망과 용기와 힘을 주어 절망에서 일어나 미래의 희망을 향해 나아가게 하였다. 이것은 복음이 참으로 인간의 삶을 변화시키는 놀라운 능력으로 나타난 현상이었다. 삼중축복 신앙은 소외된 민중들로 하여금 정체성의 회복과 구원의 길을 제시하였으며 한국의 신앙 운동을 주도하였다." 서광선 외 4인, 『한국 교회 성령운동의 현상과 구조』, 17-21.
[22] 조용기, 『순복음의 진리』 상, 93-99.
[23] Ibid., 95.

2. 적용 – 예수님과 성령님을 통한 삼중축복

우리는 예수 그리스도의 대속 사건, 즉 하나님께서 독생자를 보내셔서 십자가에 못 박혀 죽게 하시고 또한 부활하게 하심으로 죽을 운명에 있던 인간을 구원하신 놀라운 대속의 사건을 통해 '좋으신 하나님'을 체험하게 된다.[24] 영산에 따르면 '좋으신 하나님'께서는 그리스도의 십자가 사역을 통하여 인간의 근본적 문제인 영적 죽음의 문제, 생활 범사의 문제 그리고 육체적 질병의 문제를 해결하셨다는 것이다. 이것이 바로 우리에게 주어진 삼중축복의 근거가 된다. 영산은 예수 그리스도의 대속의 은혜를 통해 귀납적으로 깨닫게 된 '좋으신 하나님'의 개념을 역으로 예수 그리스도의 구속의 사건에 연역적으로 재적용함으로써 구원에 대한 이해의 폭을 넓힐 수 있었다.[25]

오중복음 중 축복의 복음과 삼중축복은 기독교의 구원이 영적 구원과 함께 범사와 육체, 그리고 물질의 영역까지 포함하고 있다는

---

[24] 조용기, 『삼박자 구원』, 23-30. 알란 앤더슨은 영산의 신학이 철저하게 그리스도 중심적이며 구원론적이라고 평가한다. Allan Anderson, "David Yonggi Cho's Pentecostal Theology as Contextual Theology in Korea", 『2002 영산국제신학 심포지엄』 (군포: 한세대학교출판부, 2002), 34. 또한, 윌리암 W. 멘지스, "조용기 목사의 성령 충만 신학: 오순절 관점", 『영산신학저널』 제1호 (군포: 한세대학교 영산신학연구소, 2004), 11-31. 특히 24-30을 참조하라.

[25] 신문철, "순복음 신앙과 신학이 한국 교회와 신학에 끼친 영향", 안준배 편, 『기하성 희년 신학과 성령역사 50년』(서울: 기독교대한하나님의성회희년대회, 2003), 207. 박명수 교수는 조용기 목사의 신학과 메시지의 가장 큰 핵심이 축복이라고 말하면서 많은 오순절 운동가와 부흥사들이 축복을 강조하여 왔지만, 이것을 신학적이고 교리적인 차원으로 강조한 사람이 바로 조용기 목사라고 지적한다. 박명수, "오순절 운동과 조용기 목사의 신학", 9-46을 참조하라.

것을 제시함으로써 구원의 의미를 확대시켰다. 그리스도의 대속 안에는 죄와 사망의 문제뿐만 아니라, 가난과 저주로부터의 해방과 같은 육체와 범사의 문제도 포함되어 있다고 보는 것이다. 영산은 하나님께서 베푸시는 전인적인 축복을 다음과 같이 언급했다.

> 첫째로, 하나님께서는 우리 삶의 근원적인 문제를 해결해 주십니다(렘 2:13) … 둘째로, '좋으신 하나님'은 치료자 하나님이십니다(사 1:5-6) … 셋째로, 환경과 운명을 변화시키는 하나님이십니다. … 마지막으로 하나님은 아버지 하나님이십니다.[26]

또한 영산은 예수 그리스도의 전인 구원에 대한 구절로 이사야 53장 5-6절을 즐겨 인용한다. 그에 따르면, 삼중축복은 영혼과 범사, 그리고 환경과 육체에 이르는 전 영역에까지 확대되는 하나님의 총체적인 복이다.[27] 영산의 삼중축복은 고난조차도 합력하여 선

---

[26] 조용기, 『순복음의 진리』 상, 97.
[27] 임승안, "역사신학의 입장에서 본 조용기 목사의 신학", 『한국 교회 설교가 연구 1: 조용기 목사의 설교와 신학』 (서울: 연세교회사학회 제11회 정기 모임 및 학술 세미나, 1996), 21. 혹자는 영산의 삼중축복 신학이 1950년대 이후 미국에서 형성된 번영신학의 한 분파라고 비판하기도 하지만 여기에 대하여 화용 교수는 영산이 말하는 성공은 단순한 물질적 축복을 구하는 것이 아니라 하나님의 영광을 위하여 하나님이 주신 목표를 이루는 것이라고 반론한다. 배현성 교수도 번영신학에서는 '부', '건강', '행복', '형통'의 측면이 주로 강조되고 있지만, 삼중축복은 고난까지 축복의 개념 속에 포함하고 있다는 점에서 분명히 차이가 있다고 말한다. 화용, "영산 신학의 선교학적 함의점들", 한세대학교 순복음신학연구소 편, 『21세기 신학적 패러다임을 위한 조용기 목사의 신학』 (군포: 한세대학교 출판부, 2003), 361-62; 배현성, "삼중축복의 제함축성과 신학적 인간 이해", 76.

을 이룰 것이라고 선포하는데, 이러한 인식은 '좋으신 하나님'에 대한 절대 신앙에 근거한 것이다.[28]

또한 하나님의 좋으심은 과거와 미래에만 적용되는 것이 아니라, 지금(now), 이 자리(here)에도 동일하게 적용된다. 오중복음과 삼중축복을 통해 영산은 인간이 예수의 십자가 대속의 결과로 '좋으신 하나님'의 전인적인 구원을 누릴 수 있게 되었다고 선포한다.

이 전인적 구원(삼중축복)의 삶을 실제로 열어 주시며 지속적으로 가능하게 하시는 분은 바로 성령 하나님이시다. '좋으신 하나님'께서는 성령을 보내셔서 우리로 하여금 하나님의 자녀로 삼으시고 하나님을 '아빠 아버지'라고 부르게 하신다.[29] 영산은 기존의 서방 교회 전통을 넘어서서 성령의 위치를 인격적인 삼위의 한 분으로 부각시켰다.[30] '좋으신 하나님'을 만나기 위해서는 예수 그리스도를 만나야 하는데, 예수 그리스도는 성령님을 통하여 만날 수 있다. 즉 성령님은 하나님의 풍성한 선물인 삼중구원을 우리에게 구체적으로 전달해 주시는 분이다. 종합하면 성부, 성자, 성령의 삼위일체 하나님은 '좋으신 하나님'으로서 우리의 삶에 개입하시어 축복과

---

[28] 조용기, 『오중복음과 삼박자 축복』, 289–91. 이에 대한 보다 자세한 고찰로는 배현성, 『순복음신학 이해를 위한 입문서: "젓가락과 신학의 만남"』(군포: 한세대학교출판부, 2002)과 김삼환, "순복음 신앙에 있어서의 선과 악의 문제: 영산의 삼중축복에 대한 신학적 기초연구", 한세대학교 순복음신학연구소 편, 『21세기 신학적 패러다임을 위한 조용기 목사의 신학』, 425–41을 참조하라.
[29] 조용기, 『삼박자 구원』, 59–61.
[30] 임형근, "조용기 목사의 성령이해: 성령과의 교제를 중심으로", 『영산국제신학심포지움』(군포: 한세대학교 영산신학연구소, 2003), 286.

구원을 주신다고 영산은 이해한다.

> 지금 회고해 보면… 예수님은 제 인생의 전부요, 예수 그리스도의 십자가는 제 설교의 핵심이었습니다. 그리고 항상 제 곁에서 능력으로 채우시고 인도하시는 보혜사 성령께서 설교의 동반자가 되어 주셨습니다. 또한 절대 주권자이신 창조주 하나님께서는 저의 인생에서 좋으신 아버지였습니다. 저는 이러한 삼위일체 하나님에 대한 깨달음과 체험에서 비롯된 말씀을 전했습니다.[31]

그러므로 영산의 삼중축복에는 '좋으신 하나님'(성부), 우리의 죄를 짊어지시고 대속하신 아들 예수 그리스도, 그리고 현재 우리를 예수 그리스도와 아버지께로 인도하시는 성령의 삼위일체적 사역이 나타나 있다.[32]

---

[31] 조용기, 『조용기 목사 설교집』(서울: 서울말씀사, 1996), 3-4.
[32] 신문철, "순복음 신앙과 신학이 한국 교회와 신학에 끼친 영향", 209. 신문철은 영산의 삼위일체 교리는 하나님의 한 분 되심을 강조하는 서방 신학보다는 삼위를 강조하는 동방 신학의 전통을 따른 것으로 이해한다. 신문철, "영산 조용기 목사의 삼위일체적 성령론", 『영산신학저널』 제2호 (군포: 한세대학교 영산신학연구소, 2004), 41-78을 참조하라.

IV | '좋으신 하나님 신앙'이 한국 교회에 미친 영향

1. 절망의 현실에 도전한 희망의 신학

희망의 신학자 위르겐 몰트만(Jürgen Moltmann) 교수는 영산과 두 차례 진지한 신학적 토론과 대회를 나누면서 서로 간에 상당한 부분의 공통점이 있음을 발견하게 되었다.[33] 몰트만의 희망의 신학이 제2차 세계대전 기간 동안 겪었던 죽음의 절망에서 태동된 신학이라면, 영산의 희망의 메시지는 6·25전쟁 이후 한국인의 절망, '한'에서 비롯된 것이다.[34] 그런데 영산의 희망의 신학에서 주목해야 할 것은 그의 신학이 철저하게 '좋으신 하나님 신앙'에 기초하고 있다는 것이다.

영산은 그의 설교 '소망의 하나님'에서 인생을 '희망을 향해 뛰

---

33) 자세한 내용은 다음의 논문을 참조하라. 위르겐 몰트만, "희망의 축복: 희망의 신학과 생명의 충만한 복음", 『영산국제신학심포지엄』 (군포: 한세대학교 영산신학연구소, 2004), 17-47.
34) Ibid., 33-34.

는 경주'로 묘사하면서 그가 믿는 '좋으신 하나님'에 대하여 이같이 묘사한다.

> 하나님께서는 천지와 만물을 지으셨습니다. 하나님은 우리 모든 생을 다 알고 계시며 우리의 머리털까지도 헤아리고 계십니다. 하늘의 수많은 별을 지으시고 그 가는 길까지 정하신 하나님께서는 우리 인류 한 사람 한 사람이 태어나서 걸어갈 길을 다 예정해 놓으셨습니다. 그러므로 우리는 하나님이 우리를 위해서 예정해 놓은 그 길로 걸어가야 희망을 얻을 수 있습니다.[35]

영산은 하나님의 뜻을 알게 되었다면, 그 뜻을 이루기 위해 정직과 성실, 그리고 근면과 하나님께 충성하는 자세를 가지고 희망의 고지를 향해 전진해 나아가라고 선포한다. 그리고 하나님은 희망을 향해 줄기차게 달려가는 사람과 함께 하신다고 말한다.[36] 이어서 덴마크의 니콜라이 프레데릭 세베린 그룬트비(Nikolai Frederik Severin Grundtvig) 목사와 엔리코 밀리우스 달가스(Enriko Mylius Dalgas) 대령의 예를 들며 하나님 안에서 희망을 가지고 전진해 나갈 때 다가온 하나님의 축복에 대해 논하였다.[37]

---

[35] 조용기, 『꿈꾸는 사람』 (서울: 서울말씀사, 2000), 29-30.
[36] Ibid., 31-33.
[37] Ibid., 33-34.

영산은 그의 설교 '내가 사망의 음침한 골짜기로 다닐지라도'에서 '좋으신 하나님'에 대한 희망을 품고 나아갈 때 비로소 다윗의 고백과 같이 하나님의 선하심과 인자하심이 일평생 함께 하심(시 23:6)을 체험하게 될 것이라고 말했다.[38]

이와 같은 희망의 신학은 절망에 익숙한 사람들의 사고를 근본적으로 바꾸어 놓았다. 현실적으로 눈에 보이는 자원이 하나도 없는 절망적인 상황에 부딪친 사람들에게 하나님 안에서 희망의 자원을 발견하게 함으로 성도들이 꿈과 희망을 가지고 절망의 환경에 도전하고 이를 극복해 나아가도록 하는 힘을 제공해 주었다. 그러므로 영산의 오중복음과 삼중축복의 내용은 '좋으신 하나님이 우리에게 주신 희망'이라고 이해할 수 있다.

2. 부정적 사고를 변화시킨 절대 긍정의 신학

절대 긍정의 신앙이란 하나님의 행위는 어떤 경우에도 선하시다는 사실을 믿는 것이며, '하나님은 좋으신 하나님이시다.'라는 신관이 그 기초를 이룬다.[39] 영산은 '좋으신 하나님 신앙'에 근거하여 로마서 8장 28절을 해석한다. 영산에 따르면 '좋으신 하나님'은 궁극적으로 모든 것이 합력하여 선을 이루도록 하시기 때문에, 좋

---

38) 조용기, 『고난을 딛고 일어서라』 (서울: 서울말씀사, 1998), 145-47.
39) 국제신학연구원, 『순복음 신학 개론』 (서울: 서울말씀사, 2002), 64.

은 것은 좋아서 좋고, 나쁜 것은 결국 좋게 될 것이니 절대 긍정의 믿음을 잃지 말아야 한다고 강조한다.[40]

절대 긍정의 신앙에서 모든 축복이나 고난의 상황은 하나님의 선하심에 이르는 과정이며 종국적으로는 그 모든 것이 합력하여 하나님의 선한 목적을 이루게 된다. 이처럼 절대 긍정의 신앙은 고난까지도 하나님의 축복으로 이해할 수 있는 길을 열어 준다.[41] 영산은 고난을 극복하기 위해서는 믿음이 필요하다고 말하는데, 이 믿음은 결국 긍정적 신앙과 연결된다.

> 믿음을 갖기 위해서는 긍정적인 생각을 가지고, 긍정적인 꿈을 꾸며, 긍정적인 말을 해야 합니다. … 그러므로 부정적인 말을 하지 말고 언제나 긍정적이고, 적극적이며, 창조적인 말을 해야 할 것입니다.[42]

이 긍정적 신앙은 '좋으신 하나님'을 향한 절대 긍정의 믿음의 산물이다. 영산의 모든 저서나 설교에는 절대 긍정의 믿음에 대한 고백으로 가득하다. 일부 학자들은 이 같은 영산의 신앙에 대해 케네스 해긴이나 로버트 슐러(Robert Schuller)의 영향력을 언급하기

---

40) 조용기, 『삼박자 구원』, 28.
41) 조용기, 『고난을 믿고 일어서라』, 19-20.
42) Ibid., 117. 믿음과 긍정적 신앙과의 관계에 대한 자세한 내용은 다음 저서를 참조하라. 조용기, 『4차원의 영성』 (서울: 교회성장연구소, 2005).

도 한다.[43] 그러나 영산의 신앙과 그들이 주장하는 믿음의 고백이나 긍정적 사고방식은 근본적인 차이가 있다.

케네스 해긴이나 로버트 슐러는 하나님의 주권 보다 사람의 자유의지에 더 초점을 맞추고 있다. 이에 반해, 영산의 긍정적 신앙은 철저하게 하나님의 절대 주권에 근거한 '좋으신 하나님 신앙'에 기초하고 있다. 영산은 그의 설교 '신앙의 3대 요소'에서 믿음에 대해 논하면서 다음과 같이 '좋으신 하나님'과 믿음을 연결하여 설명한다.

> 하나님을 믿고 따르려면 무엇보다도 믿음이 필요합니다. … 믿음 외에는 하나님을 기쁘시게 할 다른 무엇이 없다는 말씀입니다. 그러므로 우리는 '살아계신 하나님은 하나님을 간절히 찾는 자에게 상을 주시는 좋으신 하나님'이라는 사실을 마음속에 확실히 믿어야 합니다. … 그러므로 우리는 하나님께서 우리의 삶을 위해서 모든 것을 미리 작정하시고 예비해 놓으신 '좋으신 하나님'이라는 것을 믿어야 합니다.[44]

'좋으신 하나님 신앙'에 기초한 절대 긍정의 신앙은 고난에 처한 한국인들에게 큰 위로와 희망을 주었고, 교회 부흥과 성장에도 큰

---

43) 박명수, 『한국 교회 부흥운동 연구』 (서울: 한국 기독교 연구소 2003), 205-7.
44) 조용기, 『하나님의 손에 상처 입은 사람』 (서울: 서울말씀사, 2002), 177.

영향을 끼쳤다.

3. 체험적 신앙을 통한 신앙의 활성화

앞서 언급한 바와 같이 '좋으신 하나님 신앙'은 오순절 신앙의 모판에서 태동한 것이다. 오순절 신학의 한 가지 특징은 '직접성'에 있다. 이것은 곧 체험적 신앙을 의미하는 것이다.[45] '좋으신 하나님'은 어제의 하나님일 뿐 아니라, 지금 이 자리에 함께 계시는 하나님이시다. 영산은 "예수 그리스도는 어제나 오늘이나 영원토록 동일하시니라"(히 13:8)는 말씀을 즐겨 인용한다. 예수 그리스도의 십자가 대속을 통하여 우리에게 구원의 길을 열어 주신 좋으신 하나님은 지금 성령을 통하여 우리에게 역사하고 계신다.

영산의 '좋으신 하나님 신앙'은 '예수 중심의 신앙'을 통하여 우리에게 이중적으로 체험된다. 그것은 '그리스도의 십자가 대속 사역'과 '부활하신 주님께서 성령을 통해 역사하시는 성령의 사역'이다.[46] '좋으신 하나님'은 예수 그리스도의 십자가 대속 사역을 통하여 모든 믿는 자에게 영혼의 구원과 환경의 축복, 육신의 건강을 체험할 수 있는 길을 열어 놓으셨다. 그뿐만 아니라 '좋으신 하

---

45) 이영훈, "삼중축복 신앙의 오순절 신학의 이해", 『삼중축복에 대한 신학적 이해』(서울: 서울말씀사, 2000), 21-25.
46) Ibid., 30.

나님'은 성도들로 하여금 성령 충만을 통하여 하나님의 임재를 체험케 함으로 내적으로는 성화된 삶을, 외적으로는 능력 있는 증인으로서의 삶을 살아가게 한다.

이 같은 체험적 신앙은 유교적 영향으로 전통과 형식에 얽매어 영적으로 갈급해 있던 성도들에게 새로운 활력을 가져다 주었다.

한국 교회는 초기부터 체험적 신앙의 요소가 강한 전통을 갖고 있었기 때문에[47] '좋으신 하나님 신앙'은 한국 교회에 빠르고 강력하게 파급되었고, 성도들의 신앙의 활성화에 많은 영향을 주었다.

4. 축복에 대한 새로운 이해

영산의 '좋으신 하나님 신앙'은 축복에 대한 적극적 이해와 수용으로 한국 교회에 큰 반향을 불러일으켰다. 지금까지 한국 교회 역사에 있어 단 한 번도 신학의 주제나 신앙 운동의 중요한 요소 중 하나로 축복을 다룬 사람이 없었다. 따라서 영산의 축복 이해와 선포는 기성 교회들에게 있어 매우 도전적이고 충격적인 것이었다. 그 이전까지 한국 기독교는 계속되어 온 고난으로 인하여 고난에

---

47) 한국에 들어온 초기 선교사들은 성경에 대한 신뢰와 경험을 강조하는 복음주의자들이었다. 따라서 한국 교회는 초기부터 체험적 복음주의의 영향으로, 1903년 원산 부흥회로부터 시작하여 1907년 평양 대부흥회를 기점으로 부흥 운동의 물결이 한국 교회 부흥에 중요한 위치를 차지하게 되었다. 박명수, 『한국 교회 부흥 운동 연구』, 14. 한국 초기 선교사의 체험적 복음주의에 대한 자세한 설명은 다음을 참조하라. 박명수, "근대 복음주의와 초기 한국 교회", 『기독교 사상』 (1995.1), 98-117.

익숙한 기독교, 고난을 적극적으로 이해하고 수용하는 기독교라는 전통을 고수해 왔다. 어떻게 보면 고난은 하나의 미덕이었다. 일제 강점기 35년의 착취와 전쟁의 폐허 속에서 고난은 자연히 신앙의 일부분이 되어 버렸다.

그러나 영산은 처절한 가난과 저주에 둘러싸인 현장과 부딪치면서 이 문제와 씨름하게 되었다. 그리고 결국 '좋으신 하나님 신앙'을 통해 기존의 고난을 체념적으로 받아들이는 신앙에 정면으로 도전했다.

해방 후 혼란기와 전쟁 후 폐허가 된 현실 속에서 사람들은 그 어디에서도 희망을 찾지 못하고 있었다. 이때 영산은 성경을 재해석하고 기독교의 복음을 한국적 상황에서 새롭게 적용하여 '좋으신 하나님' 신앙을 토대로 축복의 복음을 선포하게 된 것이다. 영산은 복음이란 장차 다가올 천국에 관한 선포일 뿐 아니라 지금 고난당하고 있는 이 자리에도 천국을 가져올 수 있는 것이어야 한다고 역설한다.[48]

영산은 인간의 타락을 통해 영혼의 죽음, 환경의 저주, 육신의 질병과 사망의 삼중 형벌이 다가왔다고 주장한다. 이와 동시에 '좋으신 하나님'께서는 예수 그리스도의 십자가 대속을 통해 영혼이 살아나고 환경이 축복받아 잘 되고 육신이 강건해지는 삼중축복이

---

48) 조용기, "천국을 가지신 분 예수", 1995년 10월 1일 주일 설교 참조.

우리에게 다가오게 되었음을 강조함으로써 축복 이해에 대한 새로운 지평을 열었다.

이 같은 축복 신앙이 그가 주장하는 적극적인 사고, 그리고 긍정적 믿음과 연결되면서 '우리도 열심히 일하면 잘살 수 있다.' 라는 희망이 싹트기 시작했다. 그 결과 저주와 가난, 질병 속에 있던 수많은 성도가 절망의 터널을 빠져나오기 시작했다. 이 같은 영산의 주장은 가난의 터널을 통과하기 위해 몸부림쳤던 박정희 시대의 '잘살아 보세' 라는 새마을 운동의 주제와 맞물려 한국의 근대화에도 큰 공헌을 하였다고 본다.[49] 하비 콕스도 그의 저서에서 영산의 성령 운동이 한국의 경제적 기적을 일궈 내는데 크게 이바지하였음을 언급하고 있다.[50]

한국 기독교는 오랫동안 한국에 자리 잡고 있었던 불교와 유교의 영향을 받아 물질적 축복을 부정적으로 생각하는 전통에 익숙해져 있었다. 또한 일제강점기 35년 이후 계속돼 온 환경의 어려움으로 고난을 체념적으로 받아들였다. 그러나 영산의 '좋으신 하나님 신앙'과 축복의 복음은 이 같은 기존의 사상을 완전히 뒤엎어 성경적 축복관을 적극적으로 재해석하고 적용하도록 함으로써 성도의 삶에 큰 변화를 가져왔다.

---

49) 조용기, 『4차원의 영성』, 67-68.
50) Harvey Cox, *Fire From Heaven: The Rise of Pentecostal Spirituality and the Reshaping of Religion in the Twenty-First Century* (London: Cassell, 1996), 236.

V 과제

1. 무교(Shamanism)적인 축복관의 문제

축복을 강조하는 무교적 토양은 한국 교회 급성장의 여러 요인 중 하나로 볼 수 있다. 왜냐하면 이 때문에 사람들은 기독교의 복음을 큰 거부감 없이 받아들일 수 있었기 때문이다. '좋으신 하나님 신앙' 도 이 같은 한국의 종교적 토양에 뿌리를 내리게 되므로 급속한 교회 성장에 크게 이바지하였다고 본다. 이러한 면 때문에 영산의 '좋으신 하나님 신앙' 이나 그의 성령 운동이 무교적이라는 비판이 종종 제기되었다. 특히 한국의 오순절 운동을 연구한 유부웅의 논문은 한국 교회 오순절 운동을 샤머니즘화 된 운동으로 서술함으로써 한국 기독교를 연구하는 세계 신학자들에게 한국 오순절 운동에 대한 부정적 이미지를 심어 주었다.[51] 유부웅은 그의 또 다

---

51) Boo Woong Yoo, *Korean Pentecostalism: Its History and Theology* (Frankfurt-am-Main: Peter Lang, 1987)를 참조하라.

른 소논문에서 영산을 '무당'(shaman)과 같은 기능을 가진 자라고 혹독하게 비판하기도 했다.[52] 그의 학위 논문 지도 교수인 발터 홀렌베거는 그의 저서에서 유부웅의 주장을 그대로 받아들임으로 한국의 오순절 운동을 샤머니즘의 산물로 전락시켜 버렸다.[53] 저명한 신학자 하비 콕스도 그의 저서『하늘로부터의 불』(*Fire from Heaven*)에서 유부웅의 주장을 그대로 반영했다.[54]

그러나 한국의 오순절 운동을 심도 있게 연구한 학자들은 이 같은 주장들이 한국의 문화적, 종교적, 사회적 배경을 제대로 이해하지 못한 편협한 이해라고 주장한다.[55] 오순절 운동 연구로 잘 알려진 알란 앤더슨은 오순절 운동을 무조건 샤머니즘으로 보는 견해를 비판하고 토착화 개념 속에서 오순절 운동을 이해함으로 부정적 시각을 바로잡고자 했다.[56] 사실 어느 나라나 원시적 종교의 모습은 서로 대동소이하다. 이러한 토양 위에 시대적 상황에 따라 서로 다른 종교가 자리 잡게 되는데, 이는 한국의 경우도 크게 다르지 않다. 말하자면 무교적 토양 위에 먼저 신라, 고려 시대에 불교가

---

[52] Boo Woong Yoo, "Response to Korean Shamanism by the Pentecostal Church," *International Review of Mission* 75 (1986), 70–74.
[53] Walter J. Hollenweger, *Pentecostalism: Origins and Developments Worldwide* (Peabody: Hendrickson Publishers, 1997), 105.
[54] Harvey Cox, *Fire from Heaven*, 225–28.
[55] Jeong Chong Hee, *The Formation and Development of Korean Pentecostalism from the Viewpoint of a Dynamic Contextual Theology* (Th.D. diss., University of Birmingham, 2001), 201.
[56] Allan Anderson, "The Contextual Theology of David Yonggi Cho," *Asian Journal of Pentecostal Theology* 7 (2004), 24–38.

뿌리를 내리고, 조선 시대에는 유교가, 개화기 이후에는 기독교가 뿌리를 내리게 된 것이다.

사실 우리는 무교의 영향에 대해 늘 경계하지 않으면 안 된다. 왜냐하면, 조용기 목사의 '좋으신 하나님 신앙'에 근거한 축복 신앙은 영적인 면만을 다루지 않고 물질적 축복을 함께 포함하고 있기 때문이다.[57] 물질적인 축복을 소원한다는 점에서는 무교적 기복 신앙과 영산의 축복 신앙이 같은 주제를 다루고 있다고 볼 수도 있다. 그러나 이러한 주장은 잘못된 시각이다. 무교적 기복 신앙은 인간의 구원을 전제로 하지 않는다. 더욱이 이는 십자가 대속의 의미를 배제한 채, 단지 현세적인 무병장수와 물질의 번영만을 추구한다. 반면 영산의 축복 신앙은 예수 그리스도의 대속 사역을 그 근거로 하며, 복의 근원인 하나님께 간구하여 하나님의 약속의 말씀에 따른 복을 누리게 한다. 더 나아가 그리스도인으로서 봉사와 구제를 통한 책임 있는 삶을 사는 데까지 이르게 한다.

하지만 무교적 토양에 익숙한 신자들은 간혹 축복의 물질적이고 현세적인 면에 치우쳐 기복적 이기주의에 빠질 위험이 있다. 그러므로 '좋으신 하나님의 신앙'의 과제는 어떻게 부정적인 무교적 영향을 극복하고 균형 있는 성경적 축복관을 갖게 하느냐 하는 것이다.

---

[57] Ibid., 33-36.

2. 고난에 대한 관심과 사회 구원의 문제

'좋으신 하나님의 신앙'은 종종 축복에만 초점이 맞추어져 있고 고난에 대한 관심은 결여된 신앙이 아닌가 하는 지적을 받아 왔다.[58] 그러나 앞에서도 언급한 바와 같이 '좋으신 하나님 신앙'은 고난을 간과하지 않고 오히려 고난을 절대 긍정의 신앙 안에서 재해석한다. 고난까지도 하나님의 선하심을 이루는 한 과정으로 보는 것이다.

축복이 그 자체로 목적이 아니라 하나님의 선하심을 깨닫게 하는 하나의 과정이라면, 마찬가지로 고난도 하나의 과정일 뿐이며, 하나님 안에서 이 모든 것이 궁극적으로 선이 되어 축복의 요인이 될 수 있음을 주지할 필요가 있다. 사도 바울의 경우와 같은 특별한 경우에는 하나님의 뜻에 따라 고난 속에 머물러 있을 수 있음도 잊지 말아야 한다(고후 12:7).[59] 그러나 사람들은 고난의 중요성을 무시하고 축복에 치우쳐 신앙의 성숙과 사회 변화를 향한 개인적 희생과 헌신에 소홀한 경향이 있다.

따라서 '좋으신 하나님 신앙'은 고난에 관해 누구나 공감할 수 있는 더 깊은 연구가 필요하리라 본다. 또한 '좋으신 하나님 신앙'은 사회 구원과 변화, 갱신에 대한 문제에 대해서 소극적으로 보일

---

58) 서광선 외 4인, 『한국 교회 성령운동의 현상과 구조』, 57-70.
59) 조용기, 『목사님, 병 고침은 어떻게 해야 받을 수 있나요?』 (서울: 서울말씀사, 1997), 149-51.

수 있다. '좋으신 하나님 신앙'이 사회 속에 뿌리를 내리고 열매 맺기 위해서는 하나님의 선하신 뜻과 함께 고난에 관한 성서적 이해가 뒷받침되어야 할 것이다. 그뿐만 아니라 사회의 구조적 악에 대해 어떻게 '좋으신 하나님 신앙'이 적용되어야 할 것인가에 대한 연구도 뒤따라야 한다. 최근 들어 영산은 요한복음 3장 16절에 대한 새로운 해석을 언급하면서 '하나님이 세상을 이처럼 사랑하사'에서 '세상'은 사람을 포함할 뿐만 아니라 하나님의 피조 세계 전체를 포괄하고 있다고 주장했다. 이를 근거로 영산은 하나님의 구원의 차원이 사회 구원과 생태계 구원까지 확대되어야 할 것을 강조한다.[60] 이 같은 맥락에서 사회 구원과 생태계 구원까지 '좋으신 하나님 신앙'과의 연결점이 있다는 것을 알 수 있다. 이처럼 '좋으신 하나님 신앙'은 다가올 미래에 대한 무한한 가능성을 제공하고 있다.

---

[60] 임형근, "삼중구원 신학의 재조명", 『순복음의 구원론 이해』 (서울: 국제신학연구원, 군포: 한세대학교 영산신학연구소, 2005), 94-97.

나가는 말: 평가와 전망

영산의 '좋으신 하나님 신앙'은 기독교인들이 가지고 있던 전통적인 신관에 대변화를 가져왔다. 한국의 기독교는 유교적 문화에 영향을 받아 하나님을 이해할 때 가부장적인 권위와 위엄을 가진 하나님으로 이해해 왔다. 또한 초기에 있었던 강력한 회개 운동 역시 하나님의 모습을 사랑과 치료보다는 죄를 책망하시는 공의의 하나님의 모습으로 인식하게 하는 데 한몫했다.

그러나 하나님의 절대 주권을 강조하면서 '좋으신 하나님'을 강조한 영산의 신관은 공의의 하나님과 함께 사랑의 하나님을 체험하게 하였다. 두려움의 하나님에서 어머니 같은 친근한 사랑의 하나님으로 다가오게 한 것이다.

이 같은 '좋으신 하나님 신앙'은 한국이 처한 절망적인 상황 속에 뿌리를 내리면서 희망의 신학으로, 절대 긍정의 신학으로, 체험적 신앙으로, 삼중축복의 신학으로 성도들에게 다가갔다. 가난과 질병에 눌려 괴로워하던 수많은 사람이 '좋으신 하나님'의 메시지를 듣기 위해 순복음교회로 몰려왔다. 그 결과 영산이 담임하는 여의도순복음교회는 짧은 기간에 세계 최대의 교회로 성장하여 한국과 세계 교회 앞에 우뚝 서게 되었다.

그러나 '좋으신 하나님 신앙'에 대해 혹독한 비판도 있었다. 무엇보다도 '좋으신 하나님 신앙'이 삼중축복으로 표현되면서, 이 같은 신앙이 기복 신앙과 유사하다는 지적을 받았다. 특별히 샤머니즘의 영향이 절대적인 한국 문화에 편승하여 현세의 축복만을 바라보는 샤머니즘적 기복 신앙을 조장하지 않았느냐는 비난이 있기도 했다. 또한 축복이 자연히 강조되다 보니 고난에 대해서는 무관심하게 되었을 뿐 아니라 사회악이나 소외된 인권, 독재 정권의 불의에 대해서는 침묵하지 않았느냐는 지적도 있었다.

영산의 '좋으신 하나님 신앙'은 이 같은 지적이나 비판에 대해 귀를 기울일 필요가 있다. '좋으신 하나님 신앙'이 지금까지 사회 구원보다는 개인의 구원과 축복에 치중했다면, 이제 사회 구원, 자연 구원으로 새로운 장을 열어 가야 한다. 지금까지 개인 신앙의 활성화 및 한국 교회 성장에 절대적인 영향을 미쳤던 영산의 '좋으신 하나님 신앙'은 이제 소외된 이웃을 향한 섬김과 나눔의 실천을 통해 사회 구원으로까지 그 영역을 넓혀야 하며, 하나님이 지으신 자연 세계에 대한 관리와 보호, 회복 등의 자연 구원까지 그 개념을 확대해야 한다. 즉, '좋으신 하나님'의 사랑의 대상이 개개인에게만 국한된 것이 아니라, 하나님의 공의가 실현되는 사회, 그리고 하나님께서 창조하신 자연 만물에까지 확대되어야 한다는 것이다. 이것이 바로 온 우주 만물을 창조하시고 이것을 다스리는 축복을 인간에게 주신 '좋으신 하나님'을 올바로 이해하고 그 신앙을 바르게 실현하는 길이다.

'좋으신 하나님 신앙'은 무한한 가능성을 열어 놓고 있다. 이 세상을 향한 좋으신 하나님의 뜻이 개인과 사회, 자연 속에 이루어질 때 비로소 '좋으신 하나님 신앙'은 그 진면목을 나타내게 될 것이다.

참고문헌

국제신학연구원. 『여의도순복음교회의 신앙과 신학』. 서울: 서울말씀사, 1983.

_____. 『조용기 목사의 삼중축복에 대한 신학적 이해』. 서울: 서울말씀사, 2000.

_____. 『순복음 신학 개론』. 서울: 서울말씀사, 2002.

김삼환. "순복음 신앙에 있어서의 선과 악의 문제: 영산의 삼중축복에 대한 신학적 기초연구". 425-41. 한세대학교 순복음신학연구소 편. 『21세기 신학적 패러다임을 위한 조용기 목사의 신학』. 군포: 한세대학교, 2003.

멘지스, 윌리암 W. "조용기 목사의 성령 충만 신학: 오순절 관점". 11-31. 『영산신학저널』 제1호. 군포: 한세대학교 영산신학연구소, 2004.

몰트만, 위르겐. "희망의 축복: 희망의 신학과 생명의 충만한 복음". 17-47. 『영산국제 신학 심포지엄』. 군포: 한세대학교 영산신학연구소, 2004.

로버츠, 오럴. 『기적을 기대하라: 오럴 로버츠 목사의 나의 삶 나의 목회』. 전형철 역. 서울: 서울말씀사, 1998.

박명수. "근대 복음주의와 초기 한국 교회". 『기독교 사상』 (1995.1) 98-118.

_____. "오순절 운동과 조용기 목사의 신학". 9-46. 국제신학연구원 편. 『조용기 목사의 성령 운동 연구』. 서울: 서울말씀사, 2000.

_____. "조용기 목사와 세계 오순절 / 은사 운동". 243-65. 『영산국제 신학심포지엄』. 군포: 한세대학교 순복음신학연구소, 2002.

_____. 『한국 교회 부흥운동 연구』. 서울: 한국기독교역사연구소, 2003.

배현성. "삼중축복의 제함축성과 신학적 인간 이해". 69-101. 국제신학연구원 편. 『조용기 목사의 삼중축복에 대한 신학적 이해』. 서울: 서울말씀사, 2000.

_____. 『순복음 신학 이해를 위한 입문서: "젓가락과 신학과의 만남"』. 군포: 한세대학교출판부, 2002.

서광선 외 4인. 『한국 교회 성령운동의 현상과 구조: 순복음중앙교회를 중심으로』. 서울: 대화출판사, 1987.

신문철. "순복음 신앙과 신학이 한국 교회와 신학에 끼친 영향". 195-217. 안준배 편. 『기하성 희년 신학과 성령역사 50년』. 서울: 기독교대한하나님의성회희년대회, 2003.

_____. "영산 조용기 목사의 삼위일체적 성령론". 『영산신학저널』 제2호. 군포: 한세대학교 영산신학연구소, 2004.

유동식. 『한국 종교와 기독교』. 서울: 대한기독교서회, 1965.

이영훈. "번영신학에 대한 성서적 이해". 251-77.『성령과 교회』2. 서울: 서울말씀사, 1996.

_____. "삼중축복 신앙의 오순절 신학의 이해". 9-42.『삼중축복에 대한 신학적 이해』. 서울: 서울말씀사, 2002.

이창국. "고린도전서에 나타난 바울의 신학과 영산의 삼중축복 신학". 76-111.『오순절신학논단』제3호. 군포: 한세대학교 영산신학연구소, 2004.

임승안. "역사신학의 입장에서 본 조용기 목사의 신학". 17-55.『한국교회 설교가 연구 1: 조용기 목사의 설교와 신학』. 연세교회사학회 제11회 정기 모임 및 학술 세미나 자료집, 1996.

_____. "영산 조용기 목사의 희망의 메시지에 대한 고찰: '절대절망에서 절대희망으로'". 47-114.『영산신학저널』제2권 1호. 군포: 한세대학교 영산신학연구소, 2005.

임형근. "조용기 목사의 성령이해: 성령과의 교제를 중심으로". 281-306.『영산국제신학 심포지엄』. 군포: 한세대학교 순복음신학연구소, 2003.

_____. "삼중구원 신학의 재조명". 91-109.『순복음의 구원론 이해』. 서울, 군포: 국제신학연구원, 한세대학교 영산신학연구소, 2005.

조용기.『고난을 딛고 일어서라』. 서울: 서울말씀사, 1998.

_____.『구역예배공과』. 1. 서울: 서울말씀사, 2003.

_____. 『꿈꾸는 사람』. 서울: 서울말씀사, 2000.

_____. 『목사님, 병 고침은 어떻게 해야 받을 수 있나요?』. 서울: 서울말씀사, 1997.

_____. 『삼박자 구원』. 서울: 서울서적, 1977.

_____. 『순복음의 진리』. 상. 서울: 서울서적, 1979.

_____. 『에베소서 강해』. 서울: 서울말씀사, 1997.

_____. 『오중복음과 삼박자 축복』. 서울: 서울서적, 1983.

_____. 『오중복음 이야기』. 서울: 서울말씀사, 1998.

_____. 『조용기 목사 설교집』. 서울: 서울말씀사, 1996.

_____. "천국을 가지신 분". 1995년 10월 1일 주일 설교.

_____. 『하나님의 손에 상처 입은 사람』. 서울: 서울말씀사, 2002.

_____. 『4차원의 영성』. 서울: 교회성장연구소, 2005.

화 융. "영산 신학의 선교학적 함의점들". 343-71. 한세대학교 순복음신학연구소 편. 『21세기 신학적 패러다임을 위한 조용기 목사의 신학』. 군포: 한세대학교, 2003.

Anderson, Allan. "David Yonggi Cho's Pentecostal Theology as Contextual Theology in Korea." 11-31. 『2002 영산국제신학 심포지엄』 군포: 한세대학교출판부, 2002.

_____. "The Contextual Theology of David Yonggi Cho." *Asian Journal of Pentecostal Theology* 7. 2004. 24-38.

Cox, Harvey. *Fire from Heaven: The Rise of Pentecostal Spirituality and the*

Reshaping of Religion in the Twenty-First Century. London: Cassell, 1996.

Hollenweger, Walter J. *Pentecostalism: Origins, Developments Worldwide*. Peabody: Hendrickson Publishers, 1997.

Jeong, Chog Hee. *The Formation and Development of Korean Pentecostalism from the Viewpoint of a Dynamic Contextual Theology*. Th.D. diss. University of Birmingham, 2001.

Kennedy, Nell. *Dream Your Way to Success: The Story of Dr. Yonggi Cho and Korea*. Plainfield: Logos International, 1980.

Lee, Young-hoon. *The Holy Spirit Movement in Korea: Its Historical and Doctrinal Development*. Ph.D. diss. Temple University, 1996.

Yoo, Boo Woong. "Response to Korean Shamanism by the Pentecostal Church." *International Review of Mission* 75 (1986). 70-74.

_____. *Korean Pentecostalism: Its History and Theology*. Frankfurt-am-Main: Peter Lang, 1987.

Christian Spirituality and the Diakonic Misson of the Yoido Full Gospel Church

CONTENTS

Ⅰ. The History and Growth of the Korean Church

Ⅱ. Brief History of the Pentecostal Movement in Korea

Ⅲ. David Yonggi Cho and the Yoido Full Gospel Church

Ⅳ. Yoido Full Gospel Church's Missionary Engagement

Ⅴ. The Best Way …

Bibliography

The History and Growth of the Korean Church

After Catholicism was first introduced in Korea in 1784, many Catholic believers suffered persecution and martyrdom partly because of the problems that had arisen from the cultural differences between the Korean society and the Western world. Protestant Christianity was introduced in 1885 and Protestant Christians experienced no less persecution. Robert J. Thomas, a Presbyterian missionary from Wales, arrived in Korea on board the General Sherman ship in 1866 with high hopes for evangelising the country. As soon as he approached Pyongyang, however, he was arrested and beheaded in Yanggak-do's Ssuk Island in Pyongyang. He was only twenty-seven years old, and he was not able to proclaim a word of the gospel before his death.[1] He was reported as saying to his slayer, "Yaso, Yaso." (Jesus, Jesus) and offered him a package. It contained many copies of the Bible. However, his martyrdom was not fruitless at all. In fact, the blood of the martyrs—either the Western missionaries, or early national believers—is the very secret of how the Korean churches have been able to grow so fast in such a short time, with 12 million believers today.

In the history of the evangelisation of Korea, there is a unique feature: Korea had voluntarily sought for the gospel, even before any missionary was able to set foot on Korean soil. By the time the first Protestant missionaries reached Korea, most part of the Bible had already been translated into Korean—either by Western missionaries, or by Korean believers who lived or studied abroad, such as in China, Japan or in the U.S. or who were international trader—so that the earliest missionaries to Korea were able to preach with Korean Bibles.[2] Evidence abounds to attest to the enthusiasm of the earliest Korean believers over the

---

[1] More detail on the martyrdom of Robert J. Thomas is available in many sources, such as Manyeul Lee, *A Study on the History of Acceptance of the Korean Christianity* [in Korean] (Seoul: Dooraesidae, 1998), 38; Kyungbae Min, *The History of the Korean Church* [in Korean] (Seoul: Christian Literature Society of Korea, 1993), 101-02, 136-39.

Christian faith with the attitude and fervour of inquirers.[3]

There is another important feature of the growth of the Korean Churches: the attitude of humility found both among the missionaries and national believers. For example, Rev. Henry G. Appenzeller lived a simple life based on John Wesley's famous teaching, "sanctification, justification, and one penny a week," and dedicated himself to be a missionary to Korea at the early age of 26.[4] He came to Korea as one of the first Western official Protestant missionaries in 1885.[5] Another remarkable characteristic of Appenzeller's missionary work was his respect for local culture and the situation of Korea as much as possible. For instance, he made every effort not to violate any rule that the Korean government had set for

---

2) The Library of the British and Foreign Bible Society, *Historical Catalogues of Printed Editions of the Holy Scriptures* (London: The Bible House, 1903); Manyeul Lee, *A Study on the History of Acceptance of the Korean Christianity*, 38-44; Kyungbae Min, *The History of the Korean Church*, 165-67.

3) Manyeul Lee, *A Study on the History of Acceptance of the Korean Christianity*, 458-68.

4) William E. Griffis, *A Modern Pioneer in Korea: The Life Story of Henry G. Appenzeller* (New York: Fleming H. Revell Company, 1912), 70; Manyeul Lee, *A Study on the History of Acceptance of the Korean Christianity*, 202-49.

5) Appenzeller, a formally appointed Methodist missionary to Korea, arrived in Korea on the Easter day April 5, 1885 with Horace Underwood, an appointed Presbyterian missionary. *Annual Report of the Missionary Society of the Methodist Episcopal Church* (1885), 237; Tongshik Ryu, *A History of Chung Dong First Methodist Church, 1885-1990* [in Korean] (Seoul: Editorial Committee of Chung Dong First Methodist Church, 1992), 38.

the foreign missionaries. Consequently he devoted himself primarily to educational activities for a considerable period of time.[6] He sat with his legs folded on the floor of the small sanctuary in Korean fashion at the first worship service at Chung-dong First Methodist Church in 1887. He powerfully demonstrated his adaptability to local Korean culture.[7] In summary, in the birth and development of the Korean churches, humility, devotion, and obedience were evident both among the missionaries and national leaders. Their resolute commitment to the scriptural teaching resulted in persecution and martyrdom.

---

6) Jonghae Noh, *New View on the History of Korea Methodist Church* [in Korean] (Seoul: Poongman, 1988), 198-99; Tongshik Ryu, *A History of Chung Dong First Methodist Church, 1885-1990*, 40-46.
7) Henry G. Appenzeller, *Diary*, on October 11, 1887.

Brief History of the Pentecostal Movement in Korea

At the beginning of the twentieth century, God poured out the Holy Spirit simultaneously throughout the whole world. In 1904, God used a young man named Evan J. Roberts to spread the fire of the Holy Spirit in the United Kingdom centred on Wales.[8] In the United States, William Seymour, a son of an African American slave, was used by God to ignite the United States and Europe through the Holy Spirit with his humble Azusa Street Mission from 1906 to 1909.[9] Also in South America, countries like Brazil, Chile and Argentina experienced great Pentecostal outbreaks. India, influenced by the Wales revival

---

8) Young-hoon Lee, *The Holy Spirit Movement in Korea: Its Historical and Doctrinal Development* (Oxford: Regnum Books International, 2009), 27.
9) Ibid., 66–67.

movement, also experienced the flames of the Holy Spirit in the Khasa region and many other parts of India. The news of the Indian revival eventually reached the Korean Peninsula.

In 1903, Methodist missionaries invited Rev. M. C. White, who was ministering in China, for a revival meeting. White's spirituality had been shaped by the Keswick higher life movement, which emphasised the convention for the promotion of scriptural holiness.[10] In his Wonsan meeting, a strong manifestation of the Holy Spirit was felt by the participants. The revival in Wonsan had a direct influence to the Great Pyongyang Revival of 1907.[11] The Holy Spirit movement in the Korean churches started with repentance. On January 4, 1907, Pyongyang's Jangdaehyun Church, greatly inspired by the revival throughout the world including Wales and India, held a revival meeting for two weeks.[12] People were not being changed until the end of the event. Sun-joo Gil, an elder who participated

---

10) "Keswick Higher Movement," in Stanley M. Burgess and Eduard M. van der Maas (eds.), *The New International Dictionary of Pentecostal and Charismatic Movements* (Grand Rapids: Zondervan Publishing House, 2002), 820-21.
11) Young-hoon Lee, *The Holy Spirit Movement in Korea*, 25.

in the revival as a church leader, just led a prayer meeting. During the time of repentance, he publicly confessed his sins in front of the congregation as follows:

> I am like Achan, and because of me you could not experience the grace of God. Once my friend pleaded with me at his dying hour and said, "I'm dying now and I want you to dispose of all my fortune. My wife cannot do anything because she is uneducated, so I plead with you," and with these words he passed away. While I was disposing of his fortune, I took 100 Won for myself and deceived God. Early tomorrow morning I will give that money back to the widow.[13]

Gil's public repentance challenged and inspired many

---

12) 1910 Edinburgh World Missionary Conference described the great revival in 1907 in Korea as a "pure Pentecostal experience": World Missionary Conference 1910, *Report of Commission I: Carrying the Gospel to All the Non-Christian World* (Edinburgh and London: Oliphant, Anderson, and Ferrier; New York, Chicago, and Toronto: Fleming H. Revell Company, 1910), 77–80.

13) Kwangsoo Kim, *The History of the People in Korean Christianity* [in Korean] (Seoul: Kidokgeomunsa, 1981), 140–41; for more detail on the Pyongyang Revival of 1907, see William Newton Blair and Bruce Finley Hunt, *The Korean Pentecost and the Suffering Which Followed* (Edinburgh: The Banner of Truth Trust, 1977), 71–74; for more detail on the ministry and the theology of Rev. Sun-joo Gil, see Young-hoon Lee, *The Holy Spirit Movement in Korea*, 34–39.

others to follow his example in open confession of their sins. Missionaries also joined in their own public confessions.[14] The Holy Spirit's conviction of sins was the hallmark of the Pyongyang Revival. Other manifestations of the Holy Spirit also appeared: speaking in tongues, and being "slain" in the Spirit until the next morning by the power of the Holy Spirit. One child was under the conviction of the Holy Spirit and repented for stealing a Chinese pancake. Soon he went back to the store and paid for it. The revival from Pyongyang's Jangdaehyun Church spread throughout the country with the characteristic repentance.[15]

Korea had to go through an extremely difficult time until its independence in 1945, and so did the church. The revival brought an explosion of the church, and its flame was continued by several revival leaders in the next decades, although the revival itself ran its own course.

---

14) For instance, Rev. Hardie confessed his errors and arrogance in public and asked fellow missionaries and national Christians for forgiveness. All the participants then began to weep and repent altogether: William Newton Blair and Bruce Finley Hunt, *The Korean Pentecost and the Suffering Which Followed*, 71.

15) Young-hoon Lee, *The Holy Spirit Movement in Korea*, 29–33; Kyungbae Min, *The History of the Korean Church*, 276–81.

Christianity, once considered a vanguard of nationalism and independence spirit, became a formidable force for the transformation of individual life. The revival has brought a unique prayer life to the Korean churches, beginning with the daily early morning prayer and unison prayer traditions. They were later followed by the prayer mountain movement, weekly (usually Friday) all night prayer, and mass prayer rallies. The revival tradition laid a firm foundation for the surge of the Pentecostal movement. Korean Christianity in general, but the revival tradition in particular, also contributed to social transformation. For example, it led numerous campaigns to promote a biblical lifestyle, including the prohibition of alcohol and smoking,[16] and taking concubines, as well as to promote a prudent life, diligence, love for farming, the purchase of national products to support industries, and many other initiatives.

---

[16] International Theological Institute (ed.), *A Minister in Yoido: A Biography of Rev. Yonggi Cho* [in Korean] (Seoul: Seoul Logos Co., 2008), 30–32; Kyungbae Min, *The History of the Korean Church*, 266–67.

III | David Yonggi Cho and the Yoido Full Gospel Church

God had a plan for the Holy Spirit revival not only to impact Korea, but also to spread to many parts of the world. He took a nation which went through harsh colonial rule (1910-1945) and the pains of the Korean War (1950–1953). God also raised up an unlikely individual and his tiny congregation on the outskirts of Seoul among the poor and marginalised. This young man was David Yonggi Cho, and his Yoido Full Gospel Church has now grown to be the largest church in the world.[17]

The basis of the growth of Yoido Full Gospel Church is the Pentecostal Holy Spirit movement.[18] Cho started his first church at Daejo-dong, a suburban area of Seoul in

---

17) Yonggi Cho launched a tent church with his five family members as church members on May 18, 1958. Young-hoon Lee, *The Holy Spirit Movement in Korea*, 95.

1958.[19] This congregation was quickly known for claims of healing and miracles. First, an alcoholic was healed, and then two women who had been deaf and blind were also healed. Even a shaman came to repent. Soon the congregation was known for speaking in tongues as the Holy Spirit gave utterance. The message was clear: sin and suffering comes from human separation from God's lordship, and thus the proper solution to any human problem is God's lordship in life. According to this belief, the gospel impacts not only the spiritual aspect of human life, but also the physical and material dimension of daily life. The Daejo-dong tent church grew to six hundred members in three years.[20]

In 1961, when the church moved from the impoverished Daejo-dong to Sudaemun, Seoul's central business district, the work of the Holy Spirit intensified.[21] Initially people

---

18) Vinson Synan, *The Holiness-Pentecostal Tradition: Charismatic Movements in the Twentieth Century* (Grand Rapids: William B. Eerdmans Publishing Company, 1997), 287; Myung Soo Park, "David Yonggi Cho and The International Pentecostal / Charismatic Movement," *Journal of Pentecostal Theology* 12:1 (2003), 107.
19) Young-hoon Lee, *The Holy Spirit Movement in Korea*, 95-96.
20) Ibid., 95; Frank J. Lechner and John Boli, *World Culture: Origins and Consequences* (Oxford: Blackwell Publishing, 2005), 173.
21) Young-hoon Lee, *The Holy Spirit Movement in Korea*, 96-97.

suspected a preference of the wealthy over the marginalised. However, soon the church proved to be a sanctuary for the poor, the sick, and the socially marginal. Once a woman missionary asked Cho, "Reverend, why are there only sick people in this church? I can't stand the smell. How can our holy Lord come to this smelly place? Try not to gather these people anymore. And go out and preach the Gospel. Teach your congregation how to take a bath." Cho's answer to the missionary reveals his view of the church's role to the poor and suffering:

> Rightly said, these people are from heaven's first complex. Why is it the first complex? Because when Jesus comes, they will be the first ones to go to heaven. These people are not cleaning themselves not because they do not know how to take a bath. During winter they have to go to a public bath for washing but they cannot afford to as they are poor. They can only clean themselves in the summer at the Han River. As a missionary, you must know this. Do you think that Jesus ever took a bath? Foxes have holes and birds

have nests but Jesus had to sleep on the mountains and fields because He did not have a place to rest His head. Jesus could only take a bath in the Galilee beach when it rained. Jesus likes poor and smelly people because he belongs to them. Is there any greater news than healing the sick and helping the poor? Isn't this the gospel? This is the gospel, isn't this? God is our healer, isn't He?[22]

Like the Daejo-dong Church, Sudaemun Full Gospel Central Church was also a church for the poor and the sick. When the Holy Spirit started to work among them, their lives began to be transformed. First, there is regeneration, realising that what is visible in this world is not the full reality. People began to live with hopes for heaven, and naturally began to dedicate themselves to the Lord. They also began to live a sanctified life. Violent husbands became faithful to their wives and families, and those who always borrowed money from others started to

---

[22] Yonggi Cho, *A Commentary on the Gospel of Matthew* (Vol. 2) [in Korean] (Seoul: Seoul Logos Co., 2008), 240-42.

lend and share their possessions with others. Church revival was the natural result of such dedication and service to the Lord.

In 1973, Cho made another move for his church to Yoido. In this new location, the church continued its growth. But this time, the church increased its influence on the wider Christian world. For example, from 1977 until today, the annual Church Growth International (or CGI) conference has been held with thousands of ministers from around the world.

To provide its members with clear identity of faith, vitality in faith and hope in life, Cho developed a theological framework later known as "The Fivefold Gospel and Threefold Blessing."[23] The 'Fivefold Gospel' is five principal themes of the Bible: (i) salvation (by faith); (ii) fullness of the Holy Spirit; (iii) (divine) healing; (iv) (divine) blessing; and (v) the Second Coming of Jesus Christ. His holistic theology of salvation found its

---

23) Prof. Jürgen Moltmann succinctly summarises and analyses Cho's "Fivefold Gospel and Threefold Blessing" in his article, "The Blessing of Hope: The Theology of Hope and the Full Gospel of Life," *Journal of Pentecostal Theology* 13:2 (2005), 149–50; Young-hoon Lee, *The Holy Spirit Movement in Korea*, 100–2.

expression in 3 John 2: "enjoy good health and that all may go well with you, even as your soul is getting along well."[24] He tried to emphasise the fact that Jesus came to this world not only to save souls, but also to heal the sick and resolve human suffering.[25] Cho even argued that in the Gospels Jesus often treated salvation and healing as synonymous.[26]

The significance of this theological thinking is not only the new interpretation of salvation, but also its close attention to the social context where the gospel is proclaimed. The message of the fivefold gospel and threefold blessing was a message of hope to the nation, which was suffering poverty, devastation and destruction after the Korean War. To Cho, Christian salvation is holistic, encompassing spiritual, emotional, relational, physical and material levels of human existence.[27] The

---

[24] Ibid., 97–99.
[25] Some references to the healing ministry of Jesus are Matt 4:23, 8:2–4, 14–17, 28–34, 9:1–8, 18–26, 27–31, 32–35, and so on; for Jesus' feeding ministry, see Matt 14:13–21, 15:29–39; Mark 6:34–44, 8:1–9; Luke 9:12–17; John 6:1–13.
[26] For example, Matt 9:21,22; Mark 5:23,28,34, 10:52; Luke 8:36,48,50, 17:19, 18:42; Acts 4, 9, 14:9.
[27] Cf. David Yonggi Cho, *Salvation, Health and Prosperity: Our Threefold Blessings in Christ* (Altamonte Springs: Creation House, 1987).

work and intervention of the Holy Spirit is embodied in the message of hope, healing, miracle and blessing based on the fivefold gospel and the threefold blessing. This message has attracted the poor and marginalised to Yoido Full Gospel Church, which has eventually grown to be the largest church in the world.[28] The emphasis on holistic salvation was also expressed at a corporate level when Cho revolutionised church leadership by recruiting, training, empowering and appointing women lay leaders from the church's vast network of cell groups. Considering the male-dominant social culture of Korea, this was a radical decision. But theologically it is well traced to the Pentecostal theology of empowerment. Nonetheless, it is important to note that Cho's notion of salvation until the early 1980s was focused on the personal level.

---

[28] As the church moved to the Yoido area in 1973, it was renamed from Full Gospel Central Church to Yoido Full Gospel Church.

IV   Yoido Full Gospel Church's Missionary Engagement

Yoido Full Gospel Church's missionary engagement includes salvation, interrelation with society and beyond. First, the Church has been strong in missionary engagement in the sense of saving souls. As the congregation committed to Pentecostal beliefs, in 1976 the church sent its first missionaries to overseas Korean communities. From 1993, the church has had a strong emphasis on cross-cultural mission.[29] Cho's highly publicised overseas crusades have also changed their focus from North American and European countries to Asia, Africa, Latin America and East Europe. Yoido Full Gospel

---

29) Yoido Full Gospel Church, *The Fiftieth Anniversary of Yoido Full Gospel Church* [in Korean] (Seoul: Yoido Full Gospel Church, 2008), 197. As of 1212, Yoido Full Gospel Church has sent 707 missionaries in 62 countries; among them are 134 native missionaries in 46 countries.

Church's missionaries have been establishing Bible schools throughout the world to train national workers and leaders. Today's annual World Missions Conference of the church celebrates its missionary works in many countries of the world.[30]

The cross-cultural missionary work of the church has a strong emphasis on the empowerment of national leadership. This approach is based on the Great Commission: "Go and make disciples of all nations, baptising them in the name of the Father and of the Son and of the Holy Spirit, and teaching them to obey everything I have commanded you. And surely I am with you always, to the very end of the age" (Matt 28:19-20). The core of this commandment is "making disciples." This is understood as Jesus' disciples going to "all the ethnic groups" and making their leaders disciples so that they may in turn take this mandate to their own country and people, and beyond.[31]

Second, the Church's mission vision includes the poor

---

30) Ibid., 197-99.
31) IIbid., 197.

and suffering. As Korean society became politically stabilised and economically developed in the 1980's, the Church's ministries and the focus of its mission gradually started to change. Up to this point, much of the pastoral attention was focused on spiritual regeneration and empowerment to live a victorious Christian life. As theological maturity demanded that Christians seek for a higher purpose, there was a deep process of reflection. The faith of threefold blessing was clarified as not self-centred teaching, but as a missional commitment to bring transformation to personal and corporate life by practising Christ's ethical teachings. This theological change has given rise to several distinct ministries as a concrete expression of the theological awareness.

The church began to serve the needy in society. An initial inspiration was drawn from Acts 2:44-47 which defines the church's impact to society. The church responded to disasters, both domestic and overseas, with relief programmes. In 1982, the Church established a non-profit social programme called the "Movement of Sharing," and it supported orphanages, nursing homes, the rural poor, impoverished slums and the countryside churches. Support was offered in various forms: voluntary workers, finance, logistics, supplies and books. Free medical aid was given to orphans, seniors living alone, and social welfare recipients. A feeding centre was established to offer hearty meals to needy seniors. This is a significant shift in the church's mission strategy and practice by bringing the social diakonic element into the existing mission emphasis on evangelism.

This ministry of serving is intensifying as Cho has created another organization. Around Cho's retirement from his fifty-year pastoral ministry at the Church, the "Sharing of Love and Happiness Foundation" was created in 2008.[32] He is now devoting himself to a world-wide social relief and development ministry. This ministry requires not only many resources but a more fundamental theological realignment from self-centred faith to self-giving lifestyle. For this reason, the message of "Threefold Blessings" is now adapted with a godly purpose of blessing others. It is

---

32) In August 2011, the name of this foundation was changed into "Youngsan Cho Yonggi Charitable Foundation." For more information, visit at http://www.yonggicho.org.

encouraging to see the wholehearted and enthusiastic support and participation of the church in this ministry. As the new senior pastor, I publicly pledged my own commitment to support Cho's social ministry by equipping and empowering the church to be an instrument of God's transforming power of individuals and society.

Third, the Church has been nurturing the future of society. Among the various ministries of social service, the Church's attention to children and youth is noteworthy. In December 1982, the Church constructed and donated a building complex including a dormitory and a chapel to the Holt Children Services Inc., a major institution caring for abandoned children and arranging foster families in Korea.[33] In 1987, the church also constructed the Elim Welfare Town to provide youth with skills training and to care for homeless seniors.[34] Since 1984, the Church has committed approximately 11 million dollars to underwrite the cost for the heart operations of 4,268 children. The

---

33) Yoido Full Gospel Church, *The Fifteenth Anniversary of Yoido Full Gospel Church*, 181. The English website of Holt Children's Services Inc. is www.holt.or.kr/holten/main/main.jsp.
34) Ibid., 185.

church's role to serve society was formally recognised in 1996 by the Korean government which awarded Cho the "Order of Mugungwha," the highest recognition offered to a civilian by the Korean government. This honour recognised particularly the Church's contribution to children's welfare through the heart operations programme for underprivileged children and ministry to orphans.

Fourth, the Church has taken an important decision to play a substantial role in the formation of public culture. This was an important theological shift on the Christian understanding of the world. Christianity is not called to stay isolated from the world, but to transform the world with the gospel. In December 1988, the church started a massive media project by launching the Kukmin Daily News, a daily news paper with a distinct perspective drawn from the biblical teaching.[35] It requires enormous financial, personnel and logistical resources. Through the prayer and financial support of the members of the Church, the newspaper today has a half million daily

---

35) Ibid., 189.

subscribers as one of the country's top five newspapers.

Yoido Full Gospel Church's huge investment in education ministries has made a contribution for the future of society. To cultivate committed Christian leaders, the Church recognised the role of higher education. Conscientious Christian professionals can permeate Christian principle in their work places, with contributing to national life and global world. The Church transformed the former Full Gospel Theological School into Hansei University, a reputable Christian liberal arts university.[36]

Fifth, Yoido Full Gospel Church works for the unity of whole Korean churches. Just as in the book of Ephesians, to make every effort to keep the unity of the Spirit (Eph. 4:3), the Church has exerted every effort to create unity and agreement among the Korean churches. As Pentecostals are often blamed for creating divisions among Christians, this role is significant. Cho emphasises the personal experience of the Holy Spirit, but he seldom uses the Pentecostal term, "the baptism of the Holy Spirit." He

---

[36] Ibid., 191–93. Dr. Sunghae Kim, who is Pastor Yonggi Cho's wife, is currently the president of Hansei University (www.hansei.ac.kr/global/en/index.html).

prefers to use the term, "the fullness of the Holy Spirit." This is to prevent any theological disputes which may cause discord among denominations.[37]

Every year Yoido Full Gospel Church holds an international academic seminar and engages in various joint projects with churches from different denominations. I was a former director of the Theological Committee of The National Council of Churches in Korea (or NCCK), and am now serving as a co-chairperson of the Christian Council of Korea (or CCK), the national body for evangelical churches. Furthermore, as the senior pastor of Yoido Full Gospel Church and as the moderator of the NCCK, I am actively involved in various ecumenical events throughout the country. The pulpit of the Full Gospel Church accommodates

---

37) Dr. William W. Menzies, who is a theologian of the U. S. Assemblies of God, has often asked Pastor Yonggi Cho who likes to use the term, "the fullness of the Holy Spirit," to use the term, "the baptism in the Holy Spirit" instead in public because the former is not the terminology of the Assemblies of God. However, Cho has thus far refused his request for the sake of the unity of the churches. Jack Hayford, who is a pastor of the U. S. Four Square Church suggested at the Lausanne Conference in Manila in 1989 to use the "group of the fullness in the Holy Spirit" instead of "charismatic" or "Pentecostal" churches (Russell P. Spittler, "Maintaining Distinctives: The Future of Pentecostalism," Edited by Harold B. Smith, *Pentecostals from the Inside Out* (Wheaton: Victor Books, 1990), 133-34. As long as the theological debate on the baptism in the Holy Spirit is still going on, we had better use the term "the fullness in the Holy Spirit" for the pastoral intention to narrow the distance between denominations, and to be united as one in Christ.

a wide breadth of church traditions, while I am frequently invited to speak among wide variety of church bodies. For example, in 2009 I delivered the opening message at the general assembly of one of the largest Presbyterian denominations as it commemorated the centennial of its mission to Jeju Island, the southern providence of the nation.

Additionally, Yoido Full Gospel Church has participated in many interdenominational joint projects. Every year the Church records the highest number of worshippers at the joint Easter Service. I was invited as the main speaker at the 2010 joint Easter Service, at which more than twenty thousand believers from all different churches and denominations gathered at the City Plaza in downtown Seoul early Easter morning.

As I look back on the past century, I find it regrettable that the Holy Spirit movement and ecumenism have been regarded as mutually incompatible. In the Pentecostal movement, there have been ecumenical heroes. Seeking to achieve unity and agreement in church, David du Plessis, who is called Mr. Pentecost, preached a Pentecostal message to the Pope in Rome even though he was threatened with losing his denominational affiliation if he did so.[38] The Holy Spirit, however, is the Spirit of unity. On the instruction of the Holy Spirit, Peter risked exposing himself to criticism by entering the house of Cornelius, the Gentile, and sharing the Gospel with him (Acts 10:1-11:18). Yoido Full Gospel Church will continue to exercise its ecumenical leadership in the coming years not only within Korea but also at the global levels.

Sixth, sharing love and peace is a unique gift that Christians can offer to divided society and broken relationships. One strong motivation toward the care for the poor and marginalised is to bring reconciliation in society. Often the marginalised are the victims of unequal distribution of wealth or an unjust social structure. The victims are socially wounded, or people of han('grudge') according to Korean minjung theology. Therefore, without the practice of love and peace-sharing, restoration of harmony and justice in society is impossible. True people

---

[38] Because of this, David du Plessis was deprived of his certificate of affiliation by the Assemblies of God in the USA.

of God's blessing are those who embrace their neighbours and society with Christian love to foster peace and harmony.[39] This is the goal of Yoido Full Gospel Church's "Sharing of Love and Happiness Foundation".

In spite of continuing social and economic development, the Korean society is currently facing numerous social challenges. The biggest one is the current tension between North and South Korea, with the steady flow of North Korean refugees to South. Other social problems are labour management disputes, ideological divisions, an increase in marital breakdown, unwanted and abandoned children, abortions, babies born out of wedlock, low birthrates, and so on. Some of these are symptoms of the steady slide of moral values, family life and increasing egoism. So, they call for a strong role of the church. For example, the churches have a unique role in providing humanitarian support to lessen the food shortages of North Korea. Yoido Full Gospel Church's great investment in

---

39) Yonggi Cho, "Sharing of Love and Happiness." Sermon at the Thanksgiving worship service for the Fifty Anniversary of the Foundation of Yoido Full Gospel Church on May 18, 2008.

building a large-scale cardiac hospital in North Korea is a visible expression of the church's commitment to this national agenda. Another area which demands the church's immediate missional attention is the increasing number of immigrant workers in Korea and the many problems which arise from this social situation. Like many churches, Yoido Full Gospel Church has developed not only an English-speaking congregation, but also services for various language groups. Often such spaces provide social networking among immigrant workers. Such a social change also provides unprecedented missionary opportunities. Many of the immigrant labourers return home now as Christians, and some with completed Christian education in Korea. Many Chinese Koreans and Taiwanese have experienced the transforming work of the Holy Spirit at Yoido Full Gospel Church. As they return, they often go home with a deep sense of the missionary mandates. Naturally the Church makes efforts to support their ministries with training, prayer and financial support.

Finally, Yoido Full Gospel Church is experiencing another important mission paradigm shift. In 2005, during the church's opening service for the New Year, Cho confessed the shortcoming of his concept of holistic salvation. In his assessment, he said the message of personal salvation and social engagement is not sufficient to fulfil God's missional call. Interpreting John 3:16, he pointed out that "God so loved the world" and the world is more than human beings.

> Just recently I found out many insufficiencies of my forty-seven years of ministry. The Bible says, "For God so loved the world that he gave his only Son, so that everyone who believes in him may not perish but have eternal life" (NRSV). All these years, I had misinterpreted it. I understood that God so loved "human beings," not "the world," that he gave his only Son. What is the world? In the world, there are all things, including people, society, sky, land, ocean, plants, insects and animals. The Bible says that God so loved the "world" that he gave his only Son; it does not limit the scope of the world to human beings, but God so loved them all. 1 John 5:19 also says that the

world is under the control of the evil one. I thought that the evil one only controlled human beings not the world, which is why my message and salvation ministry, up to now, have been restricted to human beings.[40]

He contended that his limited understanding of the scope of God's plan for salvation had kept him from participating in God's integral salvation ministry in personal, social and environmental dimensions. He believed, "The fall of Adam is a universal event that became the origin of social evil and the decay of the environment. As result of Adam's sin, the devil took control not only of humankind, but also of the society as well as of the environment. Therefore, salvation without including our commitment to care for the ecosystem cannot be considered a holistic salvation." Cho declared, "From this New Year [that is, year 2005], we will bring about salvation of our souls, get rid of social evils, and actively work toward environmental

---

40) Yonggi Cho, "Sermon at the Opening Service for the New Year 2005."

protection." This shift toward stewardship of God's creation had a strong impact on each member of the church, and its mission policies and practices. This message was welcomed by many scholars from within and without. Prof. Jürgen Moltmann, for instance, learned of Cho's message, and completely supported his 'shift in policy' by sending Cho an e-mail message. Moltmann said, "If Yoido Full Gospel Church can save souls, save society and restore the environment, then I can assure you that this church can be a church that will embrace the world."[41)]

---

41) The entire content of Prof. Moltmann's e-mail is in the February 13, 2005 issue of the Full Gospel Family Newspaper (www.fgnews.co.kr/).

V   The Best Way ⋯

Having surveyed the formation of the Holy Spirit movement in Korea and the missionary engagement of Yoido Full Gospel Church, several points deserve our attention. The shift in mission and pastoral ministry of Yoido Full Gospel Church does not imply any change in the traditional Pentecostal understanding of the person and work of the Holy Spirit. Experience of the fullness of the Holy Spirit is all the more required to fulfil the church's mission to bring good news to the poor and the sick (Luke 4:18–19). The book of Acts teaches us that supplying one another's needs in the early church was a natural expression of hearts filled with the Holy Spirit. In fact, without the transforming power of the Holy Spirit, no true change can be possible, ranging from spiritual regeneration to behavioural change and social transformation. Without the Holy Spirit's touching our hearts, we cannot even practise love. This is the true expression of the Spirit's empowering presence. The missionary work of the Church will continue to anchor itself on belief in the Holy Spirit.

When I look back on modern Pentecostal history, I cannot but acknowledge the criticism of Pentecostals' spirit of triumphalism. The glowing success in missionary work and the exponential spread of the Pentecostal movement may have contributed to this perception. However, the truth is that all missionary work is the work of the Holy Spirit and it has been done only through the grace of God. Thus, one should humble oneself and approach ministries with the spirit of humility. We must glorify God alone, and our confession should be "We are unworthy servants. We have only done our duty" (Luke 17:10b). We are only messengers of the gospel of Jesus' cross and God's love. God empowered us to achieve His goal faithfully. Yoido Full Gospel Church well recognise this point and will do the best to bring God's message of salvation and love in the power of the Spirit with the heart of humility. So may God help us all to be faithful in our missionary call.

Bibliography

Annual Report of the Missionary Society of the Methodist Episcopal Church (1885).

Appenzeller, Henry G. *Diary* on October 11, 1887.

Blair, William Newton and Bruce Finley Hunt. *The Korean Pentecost and the Suffering Which Followed*. Edinburgh: The Banner of Truth Trust, 1977.

Burgess, Stanley M. and Eduard M. van der Maas. eds. *The New International Dictionary of Pentecostal and Charismatic Movements*. Grand Rapids: Zondervan Publishing House, 2002.

Cho, Yonggi. *A Commentary on the Gospel of Matthew* (Vol. 2) [in Korean]. Seoul: Seoul Logos Co, 2008.

_____. *Salvation, Health and Prosperity: Our Threefold Blessings in Christ*. Altamonte Springs: Creation House, 1987.

_____. "Sharing of Love and Happiness." Sermon at the Thanksgiving worship service for the Fifty Anniversary of the Foundation of Yoido Full Gospel Church on May 18, 2008.

_____. "Sermon at the Opening Service for the New Year 2005."

Griffis, William E. *A Modern Pioneer in Korea: The Life Story of Henry G. Appenzeller.* New York: Fleming H. Revell Company, 1912.

International Theological Institute (ed.), *A Minister in Yoido: A Biography of Rev. Yonggi Cho* [in Korean]. Seoul: Seoul Logos Co, 2008.

Kim, Kwangsoo. *The History of the People in Korean Christianity* [in Korean]. Seoul: Kidokgeomunsa, 1981.

Lechner, Frank J. and John Boli. *World Culture: Origins and Consequences.* Oxford: Blackwell Publishing, 2005.

Lee, Manyeul. *A Study on the History of Acceptance of the Korean Christianity* [in Korean]. Seoul: Dooraesidae, 1998.

Lee, Young-hoon. *The Holy Spirit Movement in Korea: Its Historical and Doctrinal Development.* Oxford: Regnum Books International, 2009.

Min, Kyungbae. *The History of the Korean Church* [in Korean]. Seoul: Christian Literature Society of Korea, 1993.

Moltmann, Jürgen. "The Blessing of Hope: The Theology of Hope and the Full Gospel of Life." *Journal of Pentecostal Theology* 13:2(2005), 147–61.

Noh, Jonghae. *New View on the History of Korea Methodist Church* [in Korean]. Seoul: Poongman, 1988.

Park, Myung Soo. "David Yonggi Cho and the International Pentecostal / Charismatic Movement." *Journal of Pentecostal Theology* 12:1(2003), 107−28.

Ryu, Tongshik. *A History of Chung Dong First Methodist Church, 1885-1990*. Seoul: Editorial Committee of Chung Dong First Methodist Church, 1992.

Spittler, Russell P. "Maintaining Distinctives: The Future of Pentecostalism." 121−34. *Pentecostals from the Inside Out*. Edited by Harold B. Smith. Wheaton: Victor Books, 1990.

Synan, Vinson. *The Holiness-Pentecostal Tradition: Charismatic Movements in the Twentieth Century*. Grand Rapids: William B. Eerdmans Publishing Company, 1997.

The Library of the British and Foreign Bible Society. *Historical Catalogues of Printed Editions of the Holy Scriptures*. London: The Bible House, 1903.

Yoido Full Gospel Church. *The Fiftieth Anniversary of Yoido Full Gospel Church* [in Korean]. Seoul: Yoido Full Gospel Church, 2008.

World Missionary Conference 1910. *Report of Commission I: Carrying the Gospel to All the Non-Christian World*. Edinburgh and London: Oliphant, Anderson, and Ferrier; New York, Chicago, and Toronto: Fleming H. Revell Company, 1910.

7

예수 그리스도의 십자가: 영산의 50년 목회와 영성의 뿌리

목 차

I. 들어가는 말: 십자가, 영산의 50년 목회의 뿌리

II. 십자가, 절대 절망에서 절대 희망으로의 전환점

  1. 십자가에서 이루신 전인적이며 우주적인 구원

  2. 십자가에서 주신 희망의 복음

  3. 십자가의 능력으로 삶을 변화시키는 4차원의 영성

III. 영산의 희망의 십자가 신학

  1. 십자가의 현재성: '이미'와 '아직' 사이의 신앙

  2. 십자가를 통해 변화된 자화상

  3. 십자가의 고난과 희망의 역설

IV. 십자가의 흔적: 십자가, 예수 그리스도를 닮는 성화의 능력

  1. 자기 부정으로서 십자가 신앙

  2. 부활의 희망으로서 십자가 신앙

  3. 종말론적인 승리로서 십자가 신앙

  4. 사랑과 행복 나눔의 원동력으로서 십자가 신앙

V. 나가는 말: 십자가, 희망을 향한 전진

참고문헌

들어가는 말: 십자가, 영산의 50년 목회의 뿌리

영산의 50여 년 목회 여정을 간략하게 정의한다면 십자가에 달리신 '예수 그리스도 안에서의 희망'이다. 해방 후 폐허가 된 한국 사회에서 영산은 절대 절망의 상황에 부딪쳐 있는 사람들에게 절대 희망을 외쳤다. 영산은 영적이고 정신적인 절망에 빠진 사람들뿐만 아니라, 가난과 질병의 절망 속에서 고통받는 사람들에게도 예수 그리스도의 십자가 대속을 통한 영혼, 환경(자연), 육체를 포함하는 전인 구원의 희망을 선포해 왔다. 오늘날 영산은 개인 구원의 의미를 더 확장시켜 십자가 신앙에 기초한 사랑과 행복 나눔을 실천하는 데 온전히 헌신하고 있다. 그러므로 영산의 목회의 출발점은 예수 그리스도의 십자가이며, 그 마지막도 예수 그리스도의 십자가라고 평가할 수 있다.

영산은 십자가 없는 믿음을 모래 위에 세운 집에 비유한다.[1] 십

---

1) 조용기, 『보혈의 신비』 (서울: 서울말씀사, 2004), 209–14.

자가의 은혜와 구원 없이는 기독교 신앙 자체가 성립되지 않는다. "갈보리 십자가는 영적인 삶의 모태이다. 십자가 없는 영적인 삶이란 존재하지 않는다."[2] 영산에게 십자가는 복음의 진수이다. "십자가 그 자체가 복음인 것입니다. 십자가 이외에 다른 여러 가지 이야기는 다 쓸데없는 것입니다. 기독교의 복음이란 십자가에 못 박히신 예수 그리스도인 것입니다."[3] 결국, 기독교는 십자가의 종교이다. 오늘날 기독교를 세계의 다른 종교들과 차별화할 수 있는 기준은 바로 십자가를 통한 대속의 은혜이다. 오직 예수님만이 죄 없는 하나님의 아들로서 인류의 죄를 대속할 수 있기 때문에 그가 친히 갈보리 십자가를 짊어지고 피를 흘려 인간의 죄를 용서해 주신 것이다. 이것은 결코 가감할 수 없는 기독교 복음의 진리 중의 진리이다. 영산은 "유대인은 표적을 구하고 헬라인은 지혜를 찾으나 우리는 십자가에 못 박힌 그리스도를 전하니"(고전 1:22-23)라는 말씀에 근거하여 기독교가 십자가 보혈에 대한 메시지를 증거하지 않으면 형식적인 종교, 즉 죽은 종교로 전락하고 만다고 주장한다.[4]

영산의 50년 목회는 예수 그리스도의 십자가에 기초한 삼중구원, 오중복음 그리고 4차원의 영성을 통한 절대 희망의 선포이다. 십자가는 인간의 영혼, 환경, 육체를 모두 포함하는 전인적인 구원

---

2) 조용기, "나의 새 생명의 모태 십자가", 주일 예배 설교 (2006.12.3).
3) 조용기, "십자가와 부활", 주일 예배 설교 (2009.10.11).
4) 조용기, 『보혈의 신비』, 70.

의 희망을 가져왔다. 십자가는 인류에게 구원으로 인도하는 중생의 희망을 가져다주며, 예수 그리스도의 영으로 충만한 성령 충만의 희망으로 우리를 인도한다. 또한 질병의 억압으로부터 해방시키는 신유의 희망을, 가난에서 부요함으로 인도하는 축복의 희망을, 그리고 종국적으로 다시 오실 예수 그리스도와 천국을 사모하는 재림의 희망을 제공한다. 나아가 예수 그리스도의 십자가는 4차원의 하나님 안에서 희망을 발견하도록 이끈다. 그러므로 영산에게 있어서 십자가는 분명 희망이다.

II. 십자가, 절대 절망에서 절대 희망으로의 전환점

십자가는 인간의 운명을 절대 절망에서 절대 희망으로 바꾸어 놓은 전환점이다. 영산은 "십자가를 통하지 않고는 희망을 줄 수 없습니다."[5]라고 말한다. 영산은 십자가를 '절망'이나 '고난'으로 이해하는 전통적인 해석을 뛰어넘어 십자가를 '희망'과 '승리'로 재해석한다. "주님은 십자가에서 몸 찢고 피 흘려 죄와 세속과 마귀를 멸하시고 저주와 가난을 대속하시고 죽음과 멸망을 없이 하심으로 우리로 하여금 이 깊은 수렁에서 다시 진리를 찾아 나올 수 있도록 구원의 생명줄이 되어 주신 것입니다."[6] 십자가는 인류가 절망의 수렁에서 빠져나와 희망을 붙잡도록 이끄는 유일무이한 축복의 통로이다.

---

5) 조용기, "성령의 역사와 설교", 『성령』, 제5집 (서울: 서울서적, 1989), 157.
6) 조용기, "진리가 무엇이냐", 주일 예배 설교 (1999.8.29).

1. 십자가에서 이루신 전인적이며 우주적인 구원

영산에게 인류 구원의 희망은 인간으로부터 비롯된 것이 아니라, 인간을 사랑하사 십자가에서 자신을 희생하신 예수 그리스도로부터 시작된다. "사랑은 여기 있으니 우리가 하나님을 사랑한 것이 아니요 하나님이 우리를 사랑하사 우리 죄를 속하기 위하여 화목제물로 그 아들을 보내셨음이라"(요일 4:10). 인류의 구원을 향한 희망의 출발점은 바로 예수 그리스도의 십자가이다. 광야에서 불뱀에게 물려 죽어가는 자들이 모세의 지팡이에 달린 놋뱀을 보고 살아났듯이, 예수 그리스도의 십자가를 바라볼 때 절망에 놓여 있던 인간은 비로소 새 희망을 품게 된다. 아담의 타락은 모든 인류를 포함한 온 우주의 타락을 가져왔지만, 예수 그리스도가 십자가에서 흘리신 보혈의 능력은 온 인류뿐 아니라 모든 우주 만물의 구원을 이루었다.[7]

인류의 조상인 아담과 하와의 범죄의 결과로 인간은 하나님으로부터 분리되어 더는 하나님과 교제하고 대화할 수 없게 되는 영적인 죽음을 맛보았다. 영혼이 타락한 인간은 더는 하나님과 교제하며 관계를 유지할 수 없는 영적인 고아가 된 것이다. 그뿐만 아니라 땅은 저주를 받아 가시덤불과 엉겅퀴를 내었으며, 갖가지 비극적

---

[7] 임형근, "영산의 기독론 이해: 영원토록 동일하신 예수 그리스도", 『영산의 목회와 신학』, Ⅰ (군포: 한세대학교말씀사, 2008), 155.

인 질병들이 삶을 도둑질하고 파괴해 그 누구도 피할 수 없는 육체적 죽음의 강이 인간의 역사 속에 흐르게 되었다.[8] 육체의 타락은 인간이 병으로 고통당하다가 죽음을 맞이하는 절망적인 운명을 가져왔다. 또한 죄의 결과는 여기서 끝나지 않고 전 우주적인 자연의 타락을 가져왔다.

영산에 의하면 인간은 이러한 절망적 상황을 극복하기 위하여 육체적이고 감각적인 쾌락을 추구하거나 철학과 명상에 심취하기도 하며, 다양한 종교들을 접함으로써 이러한 절망의 병을 치료하려고 시도한다.[9] 그러나 타락한 인간이 절대 절망을 벗어나 절대 희망을 바라볼 수 있는 유일한 길은 오직 예수 그리스도의 십자가뿐이다. 예수 그리스도만이 절망으로 가득한 마음에 새로운 희망을 줄 수 있는 유일한 존재이다.[10] 십자가를 통하여 인간은 첫째, 마치 한 번도 죄를 짓지 않은 사람처럼 부끄러움 없이 하나님 앞에 설 수 있는 영적인 구원을 얻게 되었다. 둘째, 저주받은 삶의 환경인 미움과 원망, 불안과 초조, 공포와 절망, 좌절과 죽음, 죄책과 정죄 등과 같은 모든 저주의 가시가 제거되고 마음속에 평화의 강물이 흐르는 삶을 누릴 수 있는 그리스도의 복이 주어졌다.[11] 셋째, 인간은 십자가를 통한 예수 그리스도의 대속에 입각하여 자신의 몸을 연

---

8) 이영훈, 『십자가, 순복음 신앙의 뿌리』 (서울: 교회성장연구소, 2011), 21.
9) 조용기, 『(행복을 주는) 꿈』 (서울: 교회성장연구소, 2007), 31-33.
10) Ibid, 37.
11) 조용기, 『오중복음과 삼중축복』 (서울: 서울말씀사, 1998), 130.

약하게 하고 파괴하는 질병에 대하여 치료와 건강의 회복을 단호하게 주장할 수 있게 되었다. 영산에게 예수 그리스도의 십자가는 인간의 실존을 사망에서 영생으로, 환경적인 저주에서 축복으로, 병약하고 연약한 존재에서 건강하고 튼튼한 존재로 옮기는 전환점(turning point)이다.

이러한 개인 구원의 차원을 뛰어넘어, 영산은 예수 그리스도의 십자가 대속을 자연과 생태계를 포함한 전 우주적 구원으로 확대하여 해석한다. 영산은 이제까지 구원의 대상을 인간에 한정시켜 온 자신의 성경 해석이 잘못된 것이었음을 고백하면서, 하나님이 우리 '인간'만이 아니라 자신이 창조한 모든 '세상'을 사랑하신다고 지적한다.[12] 요한복음 3장 16절은 "하나님이 세상을 이처럼 사랑하사 독생자를 주셨으니"라고 말한다. 영산은 이 구절이 의미하는 것은 "하나님이 '사람'을 이처럼 사랑하사 독생자를 주셨다고 말하는 것이 아니라 '세상'을 이처럼 사랑하사 독생자를 주셨다."[13]라고 말하는 것이라고 주장한다. 즉 본문의 세상은 사람, 사회, 하늘, 땅, 식물, 곤충, 동물들을 포함하며, 나아가 전 우주 세계 모두를 포괄한다는 것이다. 이러한 해석을 통하여 최근 영산은 예수 그리스도의 대속의 사건을 인간의 구원뿐만 아니라 피조 세계 전체의 구원으로까지 확대하여 재해석한다. "예수님의 십자가 죽음은

---

12) 임형근, "삼중적 구원 신학의 재조명", 『순복음 구원론 이해』 (서울: 국제신학연구원, 2005), 97.
13) 조용기, "신년 시무 예배 강연", (2005.1.4).

자연까지도 대속을 하셨습니다. 아담이 타락함으로 자연에 저주가 왔는데 예수님께서 돌아가실 때 흘리신 보혈의 능력은 자연에 대한 구원에까지 이릅니다."[14] 십자가를 통한 전인적이며 우주적인 구원을 요약하면 다음과 같다.

절대 절망	예수 그리스도의 십자가	절대 희망
사망		영생
전 우주의 타락		전 우주적 구원
병약한 인간		건강한 인간

오늘날 많은 사람은 영혼의 공허함을 채우기 위해 다양한 종교와 철학에 관심을 갖는다. 또한 건강의 문제는 인간다운 삶을 오래도록 영위하기 원하는 현대인들로부터 많은 관심을 받고 있다. 환경오염은 날로 심각해져서, 땅이 죽어가고 강물이 썩고 공기가 오염되어 생태계가 파괴되고 있다. 이러한 현상은 타락한 인간의 절망적인 모습을 잘 보여 주고 있다. 그러나 영산은 오늘날 인류가 맞닥뜨린 영혼의 공허함, 건강의 문제, 환경오염의 문제는 바로 예수 그리스도의 십자가를 통해 해결될 수 있다는 희망을 선포한다.

---

14) Ibid.

2. 십자가에서 주신 희망의 복음

영산이 주창한 오중복음(중생, 성령 충만, 신유, 축복, 재림)은 예수 그리스도가 인류의 구원을 위해 지신 십자가의 다섯 가지 희망들을 말한다. 첫째, 십자가는 죄를 짓고 타락함으로 하나님과의 관계를 상실한 채 죽음의 절망 가운데 놓이게 된 인간에게 새로운 생명을 얻게 되는 중생의 희망을 제공한다. 둘째, 십자가는 세상에서 참다운 예수 그리스도의 증인으로 살아가도록 하는 성령 충만의 희망을 제공한다. 셋째, 십자가는 성도들에게 질병으로부터 자유함을 얻어 건강하게 살 수 있는 희망을 제공한다. 넷째, 십자가는 구원받은 자들에게 가난과 저주에서 해방되어, 정직하고 근면하며 충성된 생활을 통해 풍성한 복을 누리고 그것을 이웃과 함께 나누는 축복의 희망을 제공한다. 다섯째, 십자가는 다시 오실 예수 그리스도의 재림에 대한 희망을 통하여 날마다 천국 소망을 품고 미래지향적인 삶을 살도록 이끈다.

1) 십자가, 하나님을 만나는 희망의 장소: 중생의 복음

영산에게 있어 십자가는 인간이 죄와 사망에서 완전히 해방되는 장소이다. 어떠한 죄를 지은 죄인이라도 갈보리 십자가 앞에 나가기만 하면 하나님과 화해하여 구원을 얻을 수 있다. "십자가를 통하여 4천 년 동안 인류를 괴롭혀 왔던 허물이 벗어지고, 죄도 끝이

나고 영원한 의가 우리에게 선물로 주어지게 된 것입니다. '의'는 우리를 일평생 죄를 한 번도 안 지은 것처럼 만들어 주는 것입니다."[15] 그러므로 십자가는 인간이 예수 그리스도와 함께 십자가에 못 박힘으로 다시 살아날 수 있는 희망의 장소이다. 요한복음 3장 16절은 "하나님이 세상을 이처럼 사랑하사 독생자를 주셨으니 이는 그를 믿는 자마다 멸망하지 않고 영생을 얻게 하려 하심이라"고 말씀한다. 예수 그리스도는 인류를 죄와 사망의 법에서 해방시키기 위해 이 세상에 오셨다. 따라서 누구든지 십자가에서 돌아가시고 사흘 만에 부활하신 예수 그리스도를 믿기만 하면 구원을 선물로 받을 수 있다.

십자가는 인간과 하나님의 소원해진 관계를 회복시키는 화해의 장소이다. 영산은 십자가를 통한 죄의 '대속'과 '화해'를 강조한다. 신약 성서에서 '대속'은 '갇혀 있는 사람을 자유하게 하기 위해 대가를 지불한다.'는 의미로 사용되고 있으며, '화해'는 '상태가 변화되어 관계가 개선된 것'을 의미한다.[16] 영산에 의하면 하나님과 인간의 관계에서 진정한 화해가 이루어진 곳이 바로 예수 그리스도의 십자가이다. "징계받아 쫓겨난 사람을 대신해 그리스도가 징계를 받으심으로, 그가 흘리신 보혈을 의지해서 이제는 하나님과 화목하고 하나님 품에 안길 수 있게 된 것입니다."[17] 영산은

---

15) 조용기, "십자가에서 일어난 우주적 사건", 주일 예배 설교 (2002.5.12).
16) 김성원, "영산의 기독론", 『영산의 목회와 신학』, Ⅰ (군포: 한세대학교말씀사, 2008), 77-78.

십자가를 하나님과 인간이 화해를 통하여 하나가 되는, 그러한 만남이 일어나는 현재적 장소라고 정의한다. "예수님께서 하나님과 우리 사이에 오셔서 우리 죄를 대신하여 심판을 받아 죄를 다 청산해 버리시고 하나님과 사람이 하나가 될 수 있게 하신 곳이 바로 십자가입니다."[18]

2) 십자가, 예수 그리스도로 충만한 삶: 성령 충만의 복음

예수 그리스도의 십자가는 인간이 율법의 억압과 정죄로부터 벗어나 성령의 법안으로 들어가는 전환점이다. 예수 그리스도는 인류의 원죄를 담당하시어 인간이 원죄와 자범죄로부터 해방되어 성령과 함께 거룩하게 살 수 있는 힘을 허락해 주신다. 십자가의 대속을 통하여 율법의 정죄로부터 온전한 자유함을 입은 인간에게는 더는 죄와 사망의 법이 영향력을 행사하지 못한다. 율법이 요구하는 모든 것을 예수 그리스도께서 십자가에서 다 이루시고 청산하셨기 때문에, 이제 그리스도인은 율법 아래 있지 않고 '성령의 법' 가운데 있게 된다.

영산은 "십자가의 보혈이 있는 곳에 성령 충만이 있다."라고 강조한다.[19] 그리스도의 십자가로 충만한 삶이 바로 성령 충만한 삶

---

17) 조용기, "저가 남은 구원하였으되 자기는 구할 수 없도다", 주일 예배 설교 (2003.4.13).
18) 조용기, "나의 새 생명의 모태 십자가", 주일 예배 설교 (2006.12.03).
19) 조용기, 『보혈의 신비』, 106-40.

이다. 그리스도와 함께 십자가에 못 박혀 죽었다가 다시 살아난 자들은 내가 사는 것이 아니라 그리스도가 내 안에 사시는 성령 충만한 삶을 살게 된다. 나의 몸은 이제 그리스도의 뜻을 성취하기 위해 사용되는 그리스도의 몸이 되고, 나의 마음은 그리스도의 생각을 품은 주님의 마음이 되고, 나의 의지는 주님의 의지의 지배를 받아 나의 전 인격과 재능은 남김없이 주님의 것이 되는 것이 성령 충만이다.[20]

3) 십자가, 질병이 치유되는 희망의 장소: 신유의 복음

십자가는 마음의 고통과 육신의 질병이 치유되는 장소이다. 성경은 "예수님이 십자가에서 인류의 질고를 짊어지셨다."라고 말한다 (사 53:4). 여기서 '질고를 짊어졌다'는 표현은 예수님이 죄를 대속하심으로 인류의 질병을 청산하셨다는 것을 의미한다. 질병은 죄에 그 근원을 두고 있으므로 예수 그리스도의 죄의 대속은 질병의 대속을 포함한다. 즉 예수 그리스도는 죄와 질병으로부터 인간을 구원하시기 위해 십자가에서 고난의 죽음을 당하신 것이다. 예수 그리스도는 온몸에 채찍을 맞으시며 인간의 병을 담당하셨다. 예수 그리스도의 십자가는 인간의 육신의 병과 마음의 병을 치료한다. 하나님은 인간의 죄의 문제만 해결하신 것이 아니라 죄의 결과

---

[20] 조용기, 『오중복음과 삼중축복』, 115.

로 나타나는 질병과, 더 나아가 질병으로 다가오는 모든 슬픔까지도 대속하셨다.

영산에 의하면 인간은 존재적으로 병들어 죽은 인생이다. "인간은 마음으로 병들어 시기, 분노, 질투, 미움, 원한이 꽉 들어차 있으며 우리 육체가 병들었지요. 그리고 우리 생활이 병들었습니다. 온 인류는 통째로 병든 인생인 것입니다. 에덴동산을 떠나자마자 인간은 머리끝부터 발끝까지 병든 인간인 것입니다."[21] 그러므로 십자가는 병든 영과 마음, 병든 가정과 사회가 건강해지도록 치료받고 온전케 되는 희망을 제공한다.

4) 십자가, 가난과 저주가 해결되는 희망의 장소: 축복의 복음

예수 그리스도는 십자가에 못 박히심으로 스스로 가난하게 되셔서 인간들을 부요하게 하셨다(고후 8:9). 예수 그리스도가 십자가에 달리신 것은 인간을 죄와 저주와 가난과 실패로부터 대속하시기 위함이었다. 구원받은 자들은 예수 그리스도의 십자가 안에서 생명을 얻되 넘치게 얻는 풍성한 삶을 살게 된다. 그러므로 십자가는 복된 삶을 향한 희망을 제공한다. 예수 그리스도의 십자가는 태초에 하나님께서 아담과 하와에게 주셨던 만물을 다스리는 복(창 1:26-30)을 회복하고, 아브라함에게 주셨던 축복(창 12:1-3)을 누리

---

[21] 조용기, "저가 남은 구원하였으되 자기는 구할 수 없도다", 주일 예배 설교 (2003.4.13).

며, 베풀고 나누는 풍성한 삶을 회복하는 장소이다. 예수 그리스도께서 십자가에서 저주를 받으신 목적은 아브라함의 복이 예수 안에서 이방인에게 미치게 하려는 것이다(갈 3:14). 영산은 십자가를 물질의 궁핍과 저주로부터 인간을 건져내어 그들에게 풍요로움을 제공하는 구원의 매개체로 이해한다. 다시 말해, 십자가는 죄의 문제뿐만 아니라 궁핍함과 가난의 저주에서 해방되는 희망을 제공한다.

5) 십자가, 다시 오실 예수 그리스도를 바라보는 희망의 장소: 재림의 복음

예수의 십자가는 그리스도의 재림과 영원한 천국에 대한 희망을 제공한다. 예수 그리스도는 하나님의 시간표에 의해 예정된 때에 반드시 이 땅에 다시 오시며, 인류의 역사를 새롭게 하실 것이다.[22] 십자가 신앙이 고난에만 머문다면, 그것은 성도들에게 아무런 의미가 없다. 그리스도의 죽음이 없으면 그리스도의 부활이 없듯이, 그리스도의 부활이 없으면 그리스도의 재림도 없다. 따라서 십자가 위에서 그리스도의 죽음은 부활을 안내하며, 그 부활은 예수 그리스도의 재림을 통한 최후의 승리를 알려주는 전주곡이다. 그러므로 십자가의 궁극적인 소망은 이 세상에 있지 않고 그리스도의

---

[22] 영산연구원, 『오중복음과 삼중구원의 축복』 (서울: 서울서적, 1993), 24.

재림과 영원한 천국에 있다. 예수 그리스도께서 지신 십자가는 고난과 고통의 의미를 뛰어넘어 다시 오실 예수를 향한 희망을 품게 한다.

3. 십자가의 능력으로 삶을 변화시키는 4차원의 영성

영산은 이 세상을 3차원으로, 그리고 하나님을 4차원으로 묘사한다. 4차원의 하나님은 3차원 세상의 시간과 공간 속에 거하시는 동시에 시간과 공간을 초월하여 계신다.[23] 태초에 인간은 4차원의 하나님과 자유롭게 대화를 나누고 3차원 세상을 돌보고 관리하는 영성을 소유하고 있었다. 그러나 하나님의 말씀에 대한 아담과 하와의 불순종은 인류의 전적인 타락을 가져왔다. 인류의 타락은 하나님을 바라보고 하나님과 관계를 유지하며 세상을 관리하는 청지기로서 지녀야 할 4차원 영성의 상실을 가져왔다. 그러나 십자가의 구원을 체험한 그리스도인들은 삶의 유일한 희망인 4차원의 하나님을 바라볼 수 있게 된다.

4차원 영성의 네 가지 요소인 생각, 믿음, 꿈, 말은 예수 그리스도께서 십자가에서 이루신 희망을 그리스도인의 삶에 적용시키는 역동적이고 실제적인 원리이다.[24] 십자가의 은혜를 체험한 그리스

---

23) 조용기, 『4차원의 영성』 (서울: 교회성장연구소, 2004), 64-66.

도인은 눈에 보이지 않는 4차원의 요소인 생각, 믿음, 꿈, 말을 통하여 3차원의 세상에 그리스도의 십자가 사랑을 실천함으로 세상을 변화시킬 수 있다. 생각, 믿음, 꿈, 말은 형체도 없고, 눈에 보이지도 않지만 3차원의 세상을 창조적으로 이끄는 4차원의 요소이다.

---

24) 김판호, "영산신학의 방법론과 특징", 『영산의 목회와 신학』, II (군포: 한세대학교말씀사, 2008), 397.

III 영산의 희망의 십자가 신학

1. 십자가의 현재성: '이미'와 '아직' 사이의 신앙

　십자가 사건은 과거에 일어난 역사적 사건이며, 오늘날에도 일어나고 있는 현재적 사건인 동시에 미래에 다시 오실 예수 그리스도를 소망하는 미래적 사건이다. 성경은 "허물로 죽은 우리를 그리스도와 함께 살리셨고 또 함께 일으키사 그리스도 예수 안에서 함께 하늘에 앉히시니"(엡 2:5-6)라고 말씀한다. 이 말씀은 오늘날의 그리스도인들이 과거의 십자가 사건에 그리스도와 함께 참여하고, 현재 부활하신 그리스도와 함께 다시 살아나고, 미래에 하나님 나라에서 예수 그리스도와 함께 앉아 있는 모습들을 모두 현재적으로 묘사한다.

　영산은 과거 예수 그리스도의 십자가 사건이 현재로 침투해 들어올 수 있음을 주장한다. "2천 년 전에 십자가를 붉게 물들였던 예수님의 보혈은 지금도 같은 효력을 발하고 있습니다. 주님의 십자가 앞에 나아와 회개하는 자를 용서하고, 믿는 자를 구원하고, 병든 자를 고치고, 눌린 자를 자유하게 하고, 가난한 자를 부요하게 합니다."[25] 하나님은 예수 그리스도의 십자가를 통하여 현재 인간의 삶 속에 침투하셔서 구체적으로 그들의 구원 문제를 다루시고 그들의 삶의 문제들 가운데 내재하셔서 인도하신다.[26]

영산에게 예수 그리스도의 십자가는 과거, 현재, 미래의 시간과 공간을 뛰어넘는다. "예수 그리스도의 십자가 사건은 시간적으로 진행되었습니다. 그러나 이 모든 사건이 하나님 앞에서는 한 가지 사건입니다. 영원 속에서 일어난 하나의 사건입니다. 인간은 시간 안에 갇혀 살기 때문에 과거, 현재, 미래를 나누어 생각하는 데 반해 하나님은 영원의 하나님이시기 때문에 모든 것을 하나로, 지금으로 보십니다."[27] 그러므로 예수 그리스도의 십자가의 은혜는 어제나 오늘이나 내일이나 언제나 영원토록 같다. 영산은 "우리가 예수 그리스도를 믿어 하나님의 자녀가 되었다면 하나님의 나라가 우리에게 다가와야 되는 것입니다."[28]라고 주장한다. 십자가를 통하여 미래에 다가올 하나님 나라를 현재에 미리 체험할 수 있다는 것이다. 그리스도인은 미래에 다가올 하나님 나라를 십자가 안에서 이미 성취된 과거로 선포함으로 미래에 도래할 하나님 나라의

---

25) 조용기, 『보혈의 신비』, 머리말.
26) 장광진, "내재하는 초월자", 『영산의 목회와 신학』, I (군포: 한세대학교말씀사, 2008), 63.
27) 조용기, 『예수여, 예수여』 (서울: 서울말씀사, 2003), 120-21.
28) 조용기, 『삼박자 구원』 (서울: 서울말씀사, 1988), 289.

기쁨과 환희를 현재에서 느끼며 살아갈 수 있다.

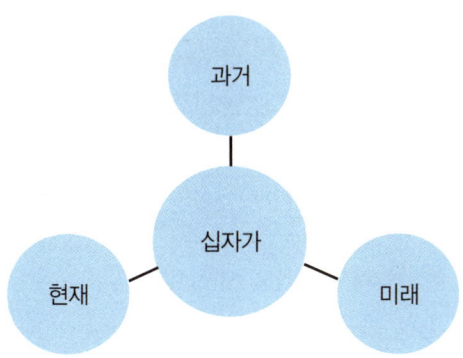

위의 도식에서 보듯, 영산은 십자가 안에서 '이미 오신 그리스도'와 '다시 오실 그리스도'를 '지금 현재의 그리스도'로 체험할 수 있음을 역설한다. 십자가는 예수께서 과거에 행하셨던 역사적 사건들을 이 시대 그리스도인들의 삶 속에 현재적 사건으로 되돌린다. 그뿐만 아니라 십자가는 미래에 일어날 그리스도의 재림을 그리스도인들의 삶 속에 현재적 사건으로 앞당긴다. 그러므로 십자가는 이미 일어난 과거의 사건을 현재에 다시 체험하도록 하며, 아직 다가오지 않은 하나님의 나라를 현재에서 누리도록 한다. 영산은 과거에 일어난 예수 그리스도의 부활과 장차 미래에 다가올 인류의 부활을 현재의 삶에서 체험할 수 있다고 주장한다. "우리가 항상 예수님의 죽음을 몸에 짊어짐은 예수님의 부활의 생명도 우리 몸에 나타나게 하기 위한 것입니다. 그러므로 놀라운 예수님의 부활의 생명이 미래에서만이 아니라 우리가 사는 현재의 삶 속에서도 나타나는 것은 내가 십자가를 짊어지게 될 때 체험하는 기적인 것입니다."[29] 영산은 십자가를 모든 인류의 죄를 사하기 위한 대속적인 죽음의 현장이며 오늘날에도 변함없이 구원을 이루는 생명의 근원지로 이해한다.

2. 십자가를 통해 변화된 자화상

영산은 예수 그리스도의 십자가를 통해 새사람이 된 그리스도인의 정체성을 다섯 가지 복음으로 설명한다. "첫째로 나는 용서받은 의인이다. 둘째로 나는 성령 충만한 사람이다. 셋째로 나는 치료받은 사람이다. 넷째로 나는 복 받은 사람이다. 다섯째로 나는 예수님과 함께 하늘 보좌에 앉아 있는 사람이다."[30] 영산은 그리스도인의 정체성은 예수 그리스도의 십자가를 통해 오중복음으로 뚜렷하게 밝혀졌다고 주장한다.

영산에게 예수 그리스도의 십자가는 죄인의 자화상을 하나님의 자녀의 자화상으로 변화시키는 장소이다. 키에르케고르(S. Kierkegaard)가 인간의 절망적 실존을 죽음에 이르는 병으로 묘사했듯이, 영산은 전적인 타락을 경험한 인간을 희망적 자화상을 잃어버

---

29) 조용기, "십자가와 부활", 주일 예배 설교 (2009.10.11).
30) 조용기, 『예수여, 예수여』, 59-63.

린 절대 절망의 존재로 이해한다.[31] 그리스도인은 예수 그리스도의 십자가를 통해 이전에 가지고 있던 죄의식, 병약함, 가난의 자화상을 벗어 버리고 존귀하고, 건강하며, 부요한 하나님의 자녀로서 희망적인 자화상을 회복하게 된다. 십자가의 보혈을 통과하는 순간, 절대 절망에 놓여 있던 인간은 '택하신 족속'이요 '왕 같은 제사장'의 자화상을 회복한다.

영산은 십자가를 긍정적이고 아름다운 자화상을 비추는 거울로 묘사한다. "예수 그리스도의 십자가에 반영된 여러분의 모습을 바라보십시오. 예수 그리스도 안에서 정죄 의식을 벗어 던진 자아의 모습을 볼 수 있어야 합니다."[32] 영산은 십자가를 통해 존귀한 자화상을 계속적으로 바라보도록 권고한다. "자신의 아들을 피 흘려 죽이시기까지 그 대가를 지불하시고 우리를 사실 정도로, 우리 인간은 하나님께서 보실 때 귀한 존재인 것입니다(벧전 2:9)."

예수 그리스도의 십자가를 바라보는 사람은 그리스도 안에서 새로운 피조물이 된다. "그런즉 누구든지 그리스도 안에 있으면 새로운 피조물이라, 이전 것은 지나갔으니 보라 새것이 되었도다"(고후 5:17). 여기서 '이전 것'은 하나님과 단절된 인간이 영적으로 죽어 있는 상태를 의미하는 것으로 예수 그리스도의 십자가에 전혀 관

---

31) 조용기, "나는 누구인가?", 주일 예배 설교 (2006.9.3).
32) 조용기, "그리스도 안에 있는 새로운 피조물", 『조용기목사설교전집』, 제17권 (서울: 서울말씀사, 1996), 111.

심을 드러내지 못하는 상태를 의미한다.[33] '이전 것'은 마음도 병들고 육체도 병들고 생활도 병들어서 정상적인 삶을 살지 못하는 절대 절망의 상태이다.[34] 예수 그리스도의 십자가 안에서만 '이전 것'은 새로운 피조물이 된다.

3. 십자가의 고난과 희망의 역설

십자가는 하나님의 공의로운 심판이 행해진 처절한 죽음의 자리인 동시에 하나님의 사랑이 온 천하에 선포된 희망의 자리이다. 영산은 십자가를 '고난'과 '희망'이 공존하는 장소로 이해한다.[35] 예수 그리스도의 십자가는 고난을 의미함과 동시에 인류에게 구원을 위한 희망의 통로이다. 그러므로 영산은 그리스도인이 현재 겪는 십자가의 '고난'을 하나님이 주신 '희망'을 향한 터널로 해석한다. "날이 밝기 전이 가장 어둡다. 잠시만 지나면 여명이 밝아 온다. 어둠은 흔적도 없이 어디론가 물러간다."[36]

영산은 고난을 '의미 없는 고난'과 '대속적인 고난'으로 구분한다. 의미 없는 고난은 세상적인 고통과 질병, 그리고 가난에 의한

---

33) 조용기 설교, "보라 새것이 되었도다", 주일 예배 설교 (2005.12.11).
34) Ibid.
35) 벨리마티 케르케이넨, "희망을 향해 행진하라: 조용기 목사의 희망의 오순절 신학", 『영산신학저널』, 4 (2005. 1), 35-39.
36) 조용기, 『절대절망 절대희망』 (서울: 서울서적, 1984), 108.

고난이며, 대속적인 고난은 그리스도의 영광을 위해 당하는 고난이다.[37] 그리스도인이 참여해야 할 고난은 바로 대속적인 고난이다. 영산은 대속적 십자가 고난에 그리스도인들이 함께 참여해야 함을 강조한다. 그리스도인들은 각자 담당해야 할 자기 십자가를 지고 예수 그리스도의 십자가 고난에 참여해야 하는 사명을 갖는다. 대속적인 고난으로서 십자가는 인간이 그리스도를 닮아 가도록 이끈다. "왜 하나님이 우리에게 십자가를 허락해 주신 것입니까? 그 괴로움을 말입니다. 그것은 십자가가 우리를 성화시켜 주는 것이기 때문입니다."[38]

일련의 주일 설교들[39]에서 영산은 그리스도인이 겪는 고통을 십자가로 이해한다. "십자가는 인류의 죄로 말미암은 하나님의 고난과 상처입니다. 십자가는 그러므로 편안한 것이 아닙니다. 십자가는 어마어마하게 고통스러운 것입니다." 영산에게 그리스도인이 직면한 이러한 십자가의 대속적 고난은 절망으로 인도하는 요소가 아니라, 하나님께 더욱더 가까이 나아가 새로운 희망을 발견하도록 돕는 촉매제이다. 고통을 겪는 자는 하나님을 더욱 의지하게 되고 하나님 안에서 고난을 극복하는 소망을 바라보게 된다. 십자가는 고난을 의미함과 동시에 소망을 의미한다.

---

37) 조용기, 『설교는 나의 인생』 (서울: 서울말씀사, 2005), 57.
38) 조용기, "십자가와 부활", 주일 예배 설교 (2009.10.11).
39) 조용기, "아! 십자가", 주일 예배 설교 (2002.12.1); "십자가와 부활", 주일 예배 설교 (2009.10.11).

그리스도인들이 희망을 하나님에게 두지 않을 때, 하나님은 그들을 고난과 고통이 있는 절망의 사막으로 인도하시어 그들로 하여금 하나님 안에서 희망을 발견할 수 있도록 이끄신다.[40] 야고보서 1장 2절은 "여러 가지 시험을 당하거든 온전히 기쁘게 여기라"고 말씀한다. 고난 중에 기뻐해야 할 이유는 바로 그 시험과 고난을 통해서 보이지 않는 하나님을 바라볼 수 있기 때문이다. 그리스도인에게 다가오는 시험은 고통이지만 그것은 소망을 이루는 통로이다. 로마서 5장 3-4절은 "우리가 환난 중에도 즐거워하나니 이는 환난은 인내를, 인내는 연단을, 연단은 소망을 이루는 줄 앎이로다"라고 말씀한다. 환난은 인내를 통해 결국 하나님의 소망을 이루는 통로이다. 그리스도인에게 고난은 꿈의 성취를 방해하는 장애물이 아니라 꿈의 성취로 나아가는 과정이다.[41] 영산은 이러한 고난과 희망의 역설을 값비싼 진주의 생성 과정에 비유한다. "이 세상 삶의 모든 시련을 하나님에 대한 신앙을 통해 극복한 성도들은 하나님의 영광을 받을 것이라는 사실을, 고통을 통해 생성된 진주가 우리에게 증명한다."[42]

십자가는 각자 져야 할 고난이면서 동시에 각자에게 주어진 희망이다. 그러므로 십자가에는 고난과 희망이 역설적으로 공존한다.

---

40) 조용기, "하늘의 별을 세는 사람들", 주일 예배 설교 (1999.4.11).
41) 조용기, 『(행복을 주는) 꿈』, 174.
42) 조용기, "내가 약할 그 때에 곧 강함이니라", 『조용기목사설교전집』, 제11권 (서울: 서울말씀사, 1996), 141.

그리스도인은 예수 그리스도께서 지신 고난의 십자가를 지고 세상을 아름답게 변화시킬 희망을 품는다. 예수 그리스도께서 고난의 십자가를 지심으로 절망의 세상에 희망을 제공하셨듯이, 그리스도인은 고난과 희망이 공존하는 십자가의 사명을 감당해야 한다.

IV. 십자가의 흔적: 십자가, 예수 그리스도를 닮는 성화의 능력

영산은 예수 그리스도의 십자가의 흔적이 성도의 삶 가운데 드러나야 한다고 주장한다.[43] 바울은 "이후로는 누구든지 나를 괴롭게 하지 말라 내가 내 몸에 예수의 흔적을 지니고 있노라"(갈 6:17)고 말한다. 바울이 말한 '예수의 흔적'에서 '흔적'이란 단어는 고대 세계에서 가축이나 노예의 몸에 소유주를 표시하기 위해 찍은 낙인을 의미한다. 바울은 복음을 전하면서 경험한 많은 박해로 자신의 몸에 난 상처 자국들을 예수의 흔적이라고 표현한 것이다.[44] 예수의 흔적을 지니고 있다는 말은 평생 예수의 소유가 되어 그리스도를 위해, 그리스도처럼 살겠다는 굳은 의지와 결단을 의미한다. 죄 없으시고 순결하신 예수 그리스도께서 멸시와 천대를 당하시고 채찍에 맞으시고 조롱을 당하심으로 세상에 희망을 제공하셨듯이,

---

43) 조용기, "십자가와 부활", 주일 예배 설교 (2009.10.11).
44) 조용기, 『성역 50주년 기념 조용기 목사 신약성경 강해전집: 갈라디아서, 데살로니가전·후서』 (서울: 서울말씀사, 2002), 202.

예수의 흔적을 가진 자들 역시 고난을 당하고 십자가에 못 박힘으로 세상에 희망을 심어야 한다.[45]

영산은 진정한 구원을 '예수 그리스도를 닮는 것'[46]이라고 정의한다. 예수 그리스도께서 온 인류의 아픔과 고통을 바라보시고 십자가를 통하여 최고의 사랑을 실천하셨듯이, 예수를 닮은 작은 예수들이 이웃의 아픔을 바라보며 그들에게 사랑을 나누어 줄 때, 진정한 구원에 이를 수 있다. 그러므로 십자가의 온전한 구원은 십자가에 달리신 예수 그리스도를 믿고 그 사랑을 실천하는 과정까지 포함한다.

1. 자기 부정으로서 십자가 신앙

영산은 새로운 피조물이 된 그리스도인들이 자신의 십자가를 지고 자기를 부인하여 십자가만 드러나는 삶을 살아야 한다고 강조한다. "오늘 우리가 생각해야 하는 것은, 십자가는 예수님만 짊어진 것이 아니라 우리 각자에게도 십자가가 있어 내게도 짊어지고 가야 할 십자가가 있다는 사실을 알아야 한다는 사실입니다."[47] 그리스도인은 절망에 빠진 세상에 희망을 전달하기 위해 자기를 부

---

[45] 이영훈, 『내안의 그리스도께서 사시는 것이라』 (서울: 서울말씀사, 2011), 293.
[46] 조용기, "참된 이웃", 주일 예배 설교 (2007.11.11).
[47] 조용기, "아! 십자가", 주일 예배 설교 (2002.12.1).

정하고 자신들의 십자가를 짊어져야 한다. "내가 은혜를 받고 그 은혜로 이웃을 변화시키기 위해서는 십자가를 짊어져야 하는 것입니다. 변화는 십자가를 통하여 옵니다. 온 세상을 구원하신 하나님의 은혜는 예수님께서 십자가를 짊어지셨기 때문에 넘쳐난 것입니다."[48] 그러므로 십자가 신앙이란 내 안에 그리스도께서 사시는 것, 즉 옛 사람인 내가 사는 것이 아니라 그리스도께서 내 안에 살아 역사하시는 신앙이다.[49]

영산에게 예수 그리스도의 십자가는 가장 극단적인 고난 속에서의 자기 부정을 상징한다(사 53:3). 예수 그리스도는 십자가에서 인간을 대신하여 극단적인 한계의 질고를 지셨다. 인간들을 구원하시기 위해 십자가에서 자신을 부정하고 진정한 화해를 보여 주신 것이다. 이것이 진정한 자기 부정이다. 영산은 십자가에서 분명한 자기 부정이 일어나 온전한 자아의 죽음을 체험해야 한다고 말한다. 영산은 '십자가는 살라고 주는 것이 아니라 죽으라고 주는 것'이라고 말함으로 진정한 십자가의 의미를 '자기 부정'으로 묘사한다.[50]

영산에게 십자가는 스스로 자기를 부정하고 예수 그리스도의 모습을 온전히 닮아 가는 과정을 의미한다. "예수님께서도 제자들에

---

48) Ibid.
49) 이영훈, 『내안에 그리스도께서 사시는 것이라』, 112.
50) 조용기, "십자가와 부활", 주일 예배 설교 (2009.10.11).

게 누구든지 나를 따라오려면 자기 십자가를 짊어지고 나를 쫓아오라고 말씀하셨습니다. 십자가가 우리에게 와서 우리를 성화시켜 주는 것입니다. 십자가를 짊어져야 우리가 깨어지고 순종하게 되는 것입니다."[51] 십자가는 자신의 고집과 의지가 사라지고 그리스도의 온유하고 겸손한 성품이 온전히 드러나는 곳이다. 영산은 그리스도 안에서의 자기 부정을 '그리스도의 그릇'으로 사용되는 것으로 묘사한다. "그리스도께서 내 안에 사신다는 것은 단순히 그리스도 안에서 산다든가 그리스도를 위해서 산다는 것 이상의 깊은 영적인 의미가 있습니다. 그리스도께서 나를 통하여 사시는 것이기 때문에 '나'라는 존재는 그리스도의 그릇에 불과합니다."[52]

십자가 신앙은 옛사람, 교만, 고집, 불순종, 원망, 불평, 상처, 걱정, 근심 등을 십자가에 못 박고 오직 예수 그리스도의 사랑과 화해의 모습만이 살아 움직이는 것이다.[53] 십자가 위에서의 자기 부정은 다른 사람을 향한 미움과 분노를 버리고 십자가의 사랑만이 드러나도록 하는 것이다. "미움과 분노를 덮을 수 있는 것은 십자가밖에 없습니다. 십자가를 가슴에 품을 때에 미움과 분노의 쓴 물이 사라지게 됩니다. 그 십자가가 우리의 마음을 변화시키는 것입니다."[54] 십자가는 인간이 가진 모든 분노, 증오, 좌절, 열등, 불안,

---

51) Ibid.
52) 조용기, 『성역 50주년 기념 조용기 목사 신약성경 강해전집: 갈라디아서, 데살로니가전·후서』, 80.
53) 이영훈, 『내안에 그리스도께서 사신 것이라』, 112.
54) 조용기, "물이 달아졌더라", 주일 예배 설교 (2003.7.27).

공포들이 사라지고 하나님이 주시는 평화와 화해가 머무는 곳이다. 그러므로 십자가는 세상의 탐욕과 욕심을 버리고, 가진 것에 자족하는 마음, 현재의 삶에 감사하는 마음, 그리고 자신의 소유를 이웃과 나누고 베푸는 마음이다.[55]

2. 부활의 희망으로서 십자가 신앙

십자가의 의미는 단순한 자기 부정과 자아의 죽음의 차원을 뛰어넘어 그리스도의 부활까지도 포함한다. 십자가에서 자아의 죽음은 예수 부활의 생명이 나타나기 위한 하나의 과정이다. 십자가의 자기 부정은 부활의 역동적인 새 생명이 나타나기 위한 필수적인 과정이다. 예수님의 십자가 대속과 부활하심으로 말미암아 예수 그리스도를 영접한 자는 누구든지 죄의 몸이 그리스도의 십자가에서 죽고, 부활의 새 생명으로 거듭나게 된다.[56] 영산에게 십자가는 예수의 고난으로 끝나는 것이 아니라 죽음을 이긴 예수의 부활로 연결되고, 나아가 미래에 있을 믿는 자들의 부활까지 확장된다. "십자가는 그리스도께서 잠자는 자들의 첫 열매가 되시고, 죽은 자들 가운데 먼저 사신 자가 되셔서, 미래에 믿는 성도들이 취하게 될 부활의 영광스러운 모습까지 약속한다."[57] 볼프하르트 판넨베르크

---

55) 이영훈, 『내안에 그리스도께서 사신 것이라』, 281.
56) 조용기, 『오중복음과 삼중축복』, 252.

(Wolfhart Pannenberg)가 말하듯, "미래의 희망은 현재 있는 것을 넘어서 아직 볼 수 없는 어떤 것에 이르게 한다(롬 8:24-25)."[58] 그러므로 부활의 희망은 현재를 넘어 다시 오실 예수 그리스도를 보게 한다.

십자가에 달려 죽으신 예수님께서 죽은 자들 가운데 다시 살아나셨다고 하는 부활 신앙은 기독교의 희망의 신앙의 기초이다. 위르겐 몰트만(Jürgen Moltmann)은 '십자가에 달리신 그분의 부활'에 초점을 맞추지 않고 '부활하신 그분의 십자가'에 초점을 맞춘다.[59] 부활의 빛 가운데서 십자가를 바라보아야 한다는 것이다. 영산이 십자가를 꿈과 희망을 갖는 장소요, 우리의 변화된 자화상을 가질 수 있는 장소요, 하나님이 약속한 축복을 받을 수 있는 장소로 해석하는 것은 십자가 사역의 완성인 부활의 빛 아래에서 십자가를 바라보기 때문이다.[60]

위르겐 몰트만은 "부활의 소망은 우주적이며 탄식하는 전 피조 세계를 포함한다."[61]고 주장한다. 그러므로 부활하시고 승천하셔서 이 세상에 다시 오실 예수 그리스도는 인간의 산 소망이 되실 뿐만 아니라 절대 절망으로 치닫는 온 우주의 유일한 희망이시다. 부

---

57) 조용기, 『성역 50주년 기념 조용기 목사 신약성경 강해전집: 갈라디아서 데살로니가전·후서』, 79.
58) Wolfhart Pannenberg, *Systematic Theology*, 3 (Grand Rapids: Eerdmans Publishing Company., 1988), 174. 벨리마티 케르케이넨, "희망을 향해 행진하라", 41에서 재인용.
59) 위르겐 몰트만, 『십자가에 달리신 하나님』, 김균진 역 (서울: 한국신학연구소, 2005), 283.
60) 임형근, "영산의 기독론 이해: 영원토록 동일하신 예수 그리스도", 152.
61) 위르겐 몰트만, "희망의 축복: 희망의 신학과 생명의 충만한 복음", 『영산신학저널』, 4(2005.1), 19.

활 신앙은 예수 그리스도의 부활이 인간에게 부활의 소망을 제공할 뿐 아니라, 그것을 통해 인간 역시 이 세상을 향한 하나님의 소망이 된다는 사실을 깨닫는 것이다. 위르겐 몰트만은 부활 신앙을 인간의 소망된 그리스도의 부활, 그리고 부활에 참여하는 인간을 향한 하나님의 기대로 정의한다. "우리는 하나님께서 우리의 소망이실 뿐 아니라, 우리 역시 이 세상 안에서 하나님의 소망이라는 사실도 경험하게 된다."[62] 그러므로 부활 신앙은 그리스도인들이 예수의 부활 안에서 희망을 갖는 동시에, 하나님도 그리스도인들에게 희망을 거시고, 그들을 기다리시며, 그들에게 무엇인가를 기대하시는 것이다.[63]

3. 종말론적인 승리로서 십자가 신앙

영산에 의하면 2천 년 전의 예수의 십자가와 부활 사건은 그리스도께서 마귀를 완전히 이기셨고 그 모든 악한 권세를 근본적으로 무장 해제시켰음을 보여 준다.[64] 십자가의 승리로서 부활은 그리스도인에게 영적인 삶의 최후 승리를 보장해 준다. "하나님은 십자가의 대속을 통하여 마귀의 나라를 허물어뜨리셨습니다. 마귀의

---

62) Ibid.
63) Ibid.
64) 조용기, "부활하신 예수 그리스도", 『조용기목사설교전집』, 제 20권, (서울: 서울말씀사, 1996), 104.

쇠사슬로부터 우리에게 자유와 해방을 주시기 위한 것입니다."[65] 십자가는 성도들의 억눌린 삶으로부터의 해방과 자유자로서 삶의 종국적인 승리를 보장한다. "마귀는 죄의 사슬로 사람을 종으로 삼았는데 보혈이 죄를 사하자 사슬이 끊어지고 우리는 마귀에게서 해방된 것입니다."[66]

영적인 최후 승리는 예수 그리스도께서 십자가에서 선포하신 "다 이루었다."라는 말에서 분명하게 드러난다. 이 말의 헬라어는 'τετέλεσται'인데 영산은 이 단어를 "채무를 청산하다."로 해석한다.[67] 예수 그리스도는 십자가 위에서 인류의 모든 죄를 위한 채무를 청산하시어 승리를 선포하실 수 있었던 것이다. 십자가는 이 땅에서의 최후 승리에 대한 확증이기 때문에 그것은 그리스도인의 삶 가운데 다가오는 모든 역경을 이길 힘을 부여한다. 예수 그리스도는 인간을 구원하시기 위하여 십자가에서 처절한 싸움을 하시고 승리하신 것이다.[68] 나아가 십자가는 인간에게 죽음이라는 저주가 완전히 사라졌음을 의미한다. 예수 그리스도께서 사망의 권세를 정복하시고 부활하셨기 때문에 그리스도인은 장래의 부활뿐 아니라 그리스도 안에서의 영원한 생명에 대한 참된 소망과 확신까지도 가질 수 있다.[69] 그러므로 십자가는 그리스도인의 최후 승리에

---

65) 조용기, "십자가에서 일어난 우주적 사건", 주일 예배 설교 (2002.5.12).
66) 조용기, "보혈의 능력", 주일 예배 설교 (2002.4.7).
67) 조용기, 『설교는 나의 인생』, 74.
68) 조용기, "야훼께서 너희를 위하여 싸우시리니", 주일 예배 설교 (2001.3.18).

대한 보증이다.

십자가는 다시 오실 그리스도에 대한 종말론적 희망을 제공해 준다. 십자가는 다시 오실 예수 그리스도에 대한 약속의 성취를 의미함과 동시에 다가올 하나님의 나라를 미리 맛보고 그것을 현실화하는 것이다.[70] 그리스도인이 고통과 어려움 가운데 현재를 살아가면서도 희망을 잃지 않는 이유는 다시 오실 예수 그리스도에 대한 종말론적 희망 때문이다. 십자가의 은혜로 구원받은 그리스도인들은 예수의 재림과 영원한 하나님의 나라에 대한 종말론적인 약속의 희망을 품고 사는 존재들이다. 십자가 신앙은 영원한 하나님의 나라를 소망하며 최후 승리를 얻기까지 이 땅에서 온 힘을 다해 주를 섬기겠다는 종말론적인 희망을 품는 것이다. 그러므로 십자가 신앙은 종말론적인 승리의 확신을 가지고 예수를 의지하여 세상에서 이미 이긴 싸움을 싸우는 것이다.[71]

4. 사랑과 행복 나눔의 원동력으로서 십자가 신앙

영산은 진정한 사랑과 행복 나눔의 근원을 바로 예수 그리스도의 십자가에서 찾는다. 십자가는 예수 그리스도의 사랑이 인간의 마

---

69) 조용기, 『순복음의 진리』, 상 (서울: 서울서적, 1988), 143.
70) 벨리마티 케르케이넨, "희망을 향해 행진하라: 조용기 목사의 희망의 오순절 신학", 39-40.
71) 조용기, "야훼께서 너희를 위하여 싸우시리니", 주일 예배 설교 (2001.3.18).

음과 삶 가운데 '샤론의 꽃'으로 피어나는 아름다움이다. 그러므로 예수 그리스도가 온 인류의 구원을 위해 달려 돌아가신 그 십자가는 사랑과 행복 나눔의 상징이요 표상이다. 최근에 영산은 모든 것을 십자가에서 나누시고 베푸시는 '좋으신 하나님 신앙'에서 한 걸음 더 나아가 하나님을 좋은 것을 나누어 주시면서 행복을 느끼시는 '행복하신 하나님'으로 정의한다. "하나님은 우리에게 햇빛을 주시고, 공기를 주시고, 물을 주시고, 식물을 주시고, 생명을 주시고, 행복을 주시고, 무엇이든지 자꾸 주심으로 행복을 느끼시는 분인 것입니다."[72]

영산은 인간 타락의 모습을 자기중심주의로 간주한다. "타락한 인간에게는 자기 유익을 먼저 구하는 마음이 뿌리내려 있습니다. 어떤 일이 있어도 자기 유익을 최대한 보장하려고 노력하기 때문에 다른 사람의 유익을 생각하지 않습니다."[73] 그리스도의 십자가를 통해 죄를 대속 받은 성도들은 받은 축복을 하나님께 드리고 이웃에게 나누어 주는 삶을 살게 된다. 그러므로 영산의 십자가 신앙은 하나님으로부터 받은 복을 이웃에게 나누어 주는 신앙이다.[74] 십자가 신앙은 나 자신의 이익만을 추구하는 이기적인 신앙이 아니다. 그것은 하나님 중심의 신앙이며 다른 사람의 행복을 생각하

---

72) 조용기, "사랑과 행복 나누기", 교회 창립 50주년 감사 예배 설교 (2008.5.18).
73) 조용기, "사랑할 수 있으면 해답이 보인다", 주일 예배 설교 (2001.10.7).
74) 이영훈, 『십자가, 순복음 신학의 뿌리』, 46.

고 그들을 기쁘게 만드는 신앙이다. 영산의 나누어 주는 신앙이란 십자가 보혈의 공로로 하나님께로부터 받은 복을 먼저 하나님께 드리고, 또 이웃에게 나누어 구제하는 신앙을 말한다.[75]

영산은 십자가의 사랑과 행복 나눔을 실천하기 위해 '사랑과행복나눔재단'을 설립하여 사회에서 소외되고 병들고 가난한 자들을 돕는 사역에 헌신하고 있다. 사랑과행복나눔재단은 '하나님의 말씀에 순종함으로써 어려운 이웃을 찾아 예수님의 십자가 사랑을 실천하는 선한 사마리아인들의 모임'[76]이다. 세상에서 고통받는 이웃들에게 하나님의 사랑과 행복을 나누는 일이야말로 참으로 중요한 십자가 신앙의 실천이다. 그러므로 사랑과 행복 나눔은 죽어가는 영혼 구원에만 관심을 기울이는 것이 아니라, 사회적 약자들과 가난하고 소외된 자들에게 미래를 향한 희망을 제공하는 운동이다. 십자가에서 사랑과 행복 나눔의 극치를 보여 주신 예수 그리스도께서 온 인류에게 바라시는 삶이 바로 사랑과 행복을 나누면서 사는 십자가 사랑 실천의 삶이다.

---

75) 조용기, 『오중복음과 삼중축복』, 29.
76) 여의도순복음교회50년사 편찬위원회, 『위대한 소명 희망목회 50년』, (서울: 여의도순복음교회, 2008), 314. 본 재단은 2011년 8월 재단 명칭을 '영산조용기자선재단'으로 변경했다. 자세한 사항은 http://www.yonggicho.org를 참조하라.

V
나가는 말: 십자가, 희망을 향한 전진

이상에서 살펴본 바와 같이, 영산의 목회와 신학의 중심은 '예수 그리스도의 십자가 안에서의 희망'이다. 시편의 시인이 "나의 영혼아 잠잠히 하나님만 바라라 무릇 나의 소망이 그로부터 나오는도다"(시 62:5)라고 고백하듯이, 영산은 예수 그리스도의 십자가만이 절망의 세상을 향하여 희망을 노래할 수 있다고 주장한다.

영산은 공허한 삶을 사는 영혼들에게 영적인 희망을, 질병으로 고통당하는 자들에게 강건함의 희망을, 가난하고 억눌린 자들에게는 부유하게 되는 전인구원의 희망을 선포했다. 영산에게 십자가는 하나님을 만나고, 그리스도로 충만하고, 가난과 저주를 해결하고, 다시 오실 예수 그리스도를 기대하는 희망의 장소이다.

영산에게 십자가의 의미는 예수 그리스도의 고난과 함께 부활과 재림을 모두 포함한다. 십자가는 '이미' 세상에 오셔서 십자가의 고통 가운데 인간들의 죄를 용서하시고 부활의 소망을 제공하신 예수 그리스도를 '지금 여기서' 다시 만나는 장소이다. 또한 '아직' 오지 않으신 다시 오실 예수 그리스도를 현재에 미리 앞당겨 만나는 장소이다. 그러므로 '현재'를 살아가는 그리스도인들은 '이미'의 과거와 '아직'의 미래 사이의 긴장 가운데 역동적인 현재적 삶을 살아야 한다. 십자가를 통과한 그리스도인들은 죄인의 자화상을 벗어 버리고 존귀한 하나님 자녀의 자화상을 소유하게 된다. 그리스도인은 예수 그리스도가 지셨던 십자가 고난에 자발적으로 참여함으로 고난 중에서도 하나님 안에서 절대 희망을 발견하게 된다. 그리스도인에게 십자가는 자기를 부인하고 예수 그리스도만이 내 안에서 사시도록 하는 신앙이다. 나아가 십자가 신앙은 부활의 희망을 노래하고 종말론적인 승리를 선포하는 신앙이며, 십자가의 사랑과 행복 나눔의 메아리가 온 세계에 울려 퍼지게 하는 것이다.

사도 바울은 자신을 "우리 구주 하나님과 우리의 소망이신 그리스도 예수의 명령을 따라 그리스도 예수의 사도 된 바울"(딤전 1:1)로 묘사한다. 그는 소망의 근원을 그리스도로 묘사한다. "소망이신 그리스도 예수"라는 사도 바울의 고백은 모든 그리스도인의 공통된 고백이 되어야 한다. 영산은 "예수 그리스도만이 죽음을 극복하셨고 부활하셨기 때문에 어느 장벽도 그리스도 안에서 우리의 미래를 막을 수 없다. 그리스도 안에 밝은 미래를 위한 소망이 있기

---

77) 조용기, 『철도원 이야기』 (서울: 서울말씀사, 2006), 162.

때문에 우리는 깊은 내면으로부터 용기와 기쁨을 갖게 된다."[77]고 말한다. 그리스도인들이 절망적인 환경 속에서 소망을 갖지 못한다면 하나님을 의지하지 못하고 하나님의 약속을 신뢰하지 못하는 불신의 죄를 짓는 것이다. 그리스도인들은 십자가의 깃발을 들고 용기 있게 희망을 향해 나아가야 할 것이다. 예수 그리스도의 십자가의 은혜를 체험한 그리스도인은 어떠한 절망적인 환경 속에서도 하나님의 희망을 노래하며 전진해야 한다.

영산은 묻는다. "오늘날 여러분과 나는 희망을 가지고 행진할 것입니까? 아니면 안과 밖의 적들에게 휘둘리며, 하나님이 이생에서 우리를 위해 예정하신 우리 개개인에게 '약속된 땅'에 결코 이르지 못할 것입니까? 나는 행진을 선택합니다. 여러분은 어떻습니까?"[78] 기적은 누구에게나 일어나지 않는다. 예수 그리스도의 희망으로 충만한 사람, 긍정적으로 앞을 바라보며 행진해 나가는 사람에게만 주어지는 축복이요 선물이다.[79] 이 땅에 사는 그리스도인 모두가 십자가, 희망의 행진곡을 부르며 앞으로 나아가기를 소망한다.

---

[78] 조용기, "희망을 향해 나아가라", 주일 예배 설교 (1998.8.23).
[79] 조용기, 『절대희망 절대절망』, 103.

참고문헌

김성원. "영산의 기독론". 65-98. 『영산의 목회와 신학』. Ⅰ. 군포: 한세대학교 말씀사, 2008.

김판호. "영산신학의 방법론과 특징". 373-99. 『영산의 목회와 신학』. Ⅱ. 군포: 한세대학교말씀사, 2008.

몰트만, 위르겐. 『십자가에 달리신 하나님』 김균진 역. 서울: 한국신학연구소, 2005.

_____. "희망의 축복: 희망의 신학과 생명의 충만한 복음". 『영산신학저널』 4(2005.1), 7-29.

여의도순복음교회50년사 편찬위원회. 『위대한 소명 희망목회 50년』. 서울: 여의도순복음교회, 2008.

영산연구원. 『오중복음과 삼중구원의 축복』. 서울: 서울서적, 1993.

이영훈. 『내 안에 그리스도께서 사시는 것이라』. 서울: 서울말씀사, 2011.

_____. 『십자가, 순복음 신앙의 뿌리』. 서울: 교회성장연구소, 2011.

임형근. "삼중적 구원 신학의 재조명". 91-109. 『순복음 구원론 이해』. 서울: 국제신학연구원, 2005.

_____. "영산의 기독론 이해: 영원토록 동일하신 예수 그리스도".

143-68.『영산의 목회와 신학』. Ⅰ. 군포: 한세대학교말씀사, 2008.

장광진. "내재하는 초월자." 46-64.『영산의 목회와 신학』. Ⅰ. 군포: 한세대학교말씀사, 2008.

조용기.『절대희망 절대절망』. 서울: 서울서적, 1984.

_____.『삼박자 구원』. 서울: 서울서적, 1988.

_____.『순복음의 진리』. 상. 서울: 서울서적, 1988.

_____. "성령의 역사와 설교". 149-58.『성령』. 제5집. 서울: 서울서적, 1989.

_____. "그리스도 안에 있는 새로운 피조물". 109-18.『조용기목사설교전집』. 제17권. 서울: 서울말씀사, 1996.

_____.『오중복음과 삼중축복』. 서울: 서울말씀사, 1998.

_____.『성역 50주년 기념 조용기 목사 신약성경 강해전집: 갈라디아서, 데살로니가 전·후서』. 서울: 서울말씀사, 2002.

_____. "내가 약할 그 때에 곧 강함이니라". 139-48.『조용기목사설교전집』. 제11권. 서울: 서울말씀사, 1996.

_____. "부활하신 예수 그리스도". 90-104.『조용기목사설교전집』. 제20권. 서울: 서울말씀사, 1996.

_____.『예수여, 예수여!』. 서울: 서울말씀사, 2003.

_____.『보혈의 신비』. 서울: 서울말씀사, 2004.

_____.『4차원의 영성』. 서울: 교회성장연구소, 2004.

_____. 『설교는 나의 인생』. 서울: 서울말씀사, 2005.

_____. 『철도원 이야기』. 서울: 서울말씀사, 2006.

_____. 『(행복을 주는) 꿈』. 서울: 교회성장연구소, 2007.

조용기. "희망을 향해 나아가라". 주일 예배 설교(1998.8.23).

_____. "하늘의 별을 세는 사람들". 주일 예배 설교(1999.4.11).

_____. "진리가 무엇이냐". 주일 예배 설교(1999.8.29).

_____. "야훼께서 너희를 위하여 싸우시리니". 주일 예배 설교 (2001.3.18).

_____. "사랑할 수 있으면 해답이 보인다". 주일 예배 설교 (2001.10.7).

_____. "보혈의 능력". 주일 예배 설교(2002.4.7).

_____. "십자가에서 일어난 우주적 사건". 주일 예배 설교(2002.5.12).

_____. "아! 십자가". 주일 예배 설교(2002.12.1).

_____. "저가 남은 구원하였으되 자기는 구할 수 없도다". 주일 예배 설교(2003.4.13).

_____. "물이 달아졌더라". 주일 예배 설교(2003.7.27).

_____. "신년 시무 예배 강연". 시무 예배 설교(2005.1.4).

_____. "보라 새것이 되었도다". 주일 예배 설교(2005.12.11).

_____. "나는 누구인가?" 주일 예배 설교(2006.9.3).

_____. "나의 새 생명의 모태 십자가". 주일 예배 설교(2006.12.3).

_____. "참된 이웃". 주일 예배 설교(2007.11.11).

_____. "사랑과 행복 나누기". 교회창립 50주년 감사 예배 설교
 (2008.5.18).

_____. "십자가와 부활". 주일 예배 설교(2009.10.11).

케르케이넨, 벨리마티. "희망을 향해 행진하라: 조용기 목사의 희망의
 오순절 신학". 『영산신학저널』 4(2005.1). 2005. 30-46.

Pannenberg, Wolfhart. *Systematic Theology*. vol. 3. Michigan: Wm.
 B. Eerdmans Publishing Company, 1998.

성령과
교회

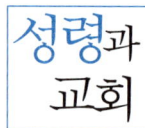

초판 1쇄 발행	2013년 3월 12일
6쇄 발행	2021년 3월 2일

지은이	이영훈
소 장	김영석
편집장	노인영
기획·편집	김태희 · 이초롱
디자인	서주영

펴낸곳	교회성장연구소
등 록	제 12-177호
주 소	서울특별시 영등포구 여의공원로 101 CCMM빌딩 7층 703B호
전 화	02-2036-7922
팩 스	02-2036-7910
홈페이지	www.pastor21.net
쇼핑몰	www.icgbooks.net

ISBN | 978-89-8304-182-2 03230

*값은 뒤표지에 있습니다.
*잘못된 책은 구입하신 서점에서 교환해드립니다.
*이 책 내용의 일부를 사용하려면 반드시 저작권자와 교회성장연구소 양측의 서면동의를 받아야 합니다.

"무슨 일을 하든지 마음을 다하여 주께 하듯 하라"(골 3:23)

교회성장연구소는 한국 모든 교회가 건강한 교회성장을 이루어 하나님 나라에 영광을 돌리는 일꾼으로 성장하는 것을 목표로, 목회자의 사역은 물론 성도들의 영적 성장을 도울 수 있는 필독서들을 출간하고 있다. 주를 섬기는 사명감을 바탕으로 모든 사역의 시작과 끝을 기도로 임하며 사람 중심이 아닌 하나님 중심으로 경영한다. "무슨 일을 하든지 마음을 다하여 주께 하듯 하라"는 말씀을 늘 마음에 새겨 하나님께서 주신 사명을 기쁨으로 감당한다.